EinFach Deutsch

Bertolt Brecht

Leben des Galilei

...verstehen

Erarbeitet von
Lars Osterfeld
Tanja Peter

Herausgegeben von
Johannes Diekhans
Michael Völkl

Bildnachweis

|Akademie der Künste - Literaturarchiv, Berlin: BBA FA 03/075 121.1. |Beu, Thilo, Bonn: 81.1, 157.1. |bpk-Bildagentur, Berlin: Max Ittenbach 125.1. |Bundesarchiv Berlin, Berlin: Bild 183-K1004-0032 / Fotograf: Vera Katschorowski-Stark 57.1; Bild 183-K1005-0020 / Fotograf: Vera Katschorowski-Stark 19.1. |Kassing, Reinhild, Kassel: 108.1, 110.1. |Picture-Alliance GmbH, Frankfurt/M.: akg-images 29.1, 112.1, 113.1; dpa/Tummescheit, Sophie 32.1. |Tamme, Andreas, Lüneburg: 243.1; © 2003 243.2. |Theater Osnabrück, Osnabrück: Jörg Landsberg 85.1. |ullstein bild, Berlin: 101.1.

westermann GRUPPE

© 2014 Bildungshaus Schulbuchverlage
Westermann Schroedel Diesterweg Schöningh Winklers GmbH,
Georg-Westermann-Allee 66, 38104 Braunschweig
www.westermann.de

Druck A^4 / Jahr 2022
Alle Drucke der Serie A sind im Unterricht parallel verwendbar.

Umschlaggestaltung: Nora Krull, Bielefeld
Umschlagbild: Peter Bause (Galilei), André Beyer (Sagredo), Theater Lüneburg, © Andreas Tamme (2003)
Druck und Bindung: Westermann Druck Zwickau GmbH, Crimmitschauer Straße 43, 08058 Zwickau

ISBN 978-3-14-**022516**-8

Inhaltsverzeichnis

An die Leserin und den Leser 5

Der Inhalt im Überblick 7

Die Personenkonstellation 12

Inhalt, Aufbau und erste Deutungsansätze . . . 14

Hintergründe 101
Der historische Kontext 101
   Der historische Galilei 101
   Die beiden konkurrierenden Weltbilder 107
Bertolt Brecht: Lebensstationen und Werk 111
Brechts Gesellschaftsauffassung 127
Brechts Themen 130
Episches Theater 135
   Brechts Dialektik 139
   Die Verfremdung 140
„Leben des Galilei" als episches Theater 144
Die Entstehungsgeschichte des Dramas
„Leben des Galilei" 149
Wirkung und Rezeption 154

**Das Drama „Leben des Galilei" in der
Schule** 159
Der Blick auf die Figuren:
Die Personencharakterisierung 159
Eine literarische Figur charakterisieren –
Tipps und Techniken 159
Galilei 161
Andrea Sarti 169
Ludovico 175

Der Blick auf den Text:
Die Szenenanalyse 181
Eine Szene analysieren – Tipps und Techniken 181
Beispiel einer linearen Textanalyse 183
Beispiel einer aspektgeleiteten Textanalyse......... 191

Der Blick auf die Prüfung:
Themenfelder 197
Übersicht I: Der Grundkonflikt zwischen alter
                und neuer Zeit................... 198
Übersicht II: Elemente des epischen Theaters im
                Stück „Leben des Galilei".......... 200
Übersicht III: Vergleichsmöglichkeiten mit anderen
                literarischen Werken.............. 202

Internetadressen 203

Literatur 203

An die Leserin und den Leser

„Das Wissen wird eine Leidenschaft sein und die Forschung eine Wollust." („Leben des Galilei", 9. Bild) Diese begeisterte Zukunftsvision der Figur Galilei lohnt es in zweifacher Weise, an den Beginn dieses Buches zu stellen. Denn einerseits gibt sie einen treffenden Eindruck der Figur Galilei, wie Bertolt Brecht sie entwickelt hat: Galilei als ein Mann voller Forscherdrang, Wissensdurst und gleichzeitig kein Verächter materieller Freuden. Andererseits kann sie Ansporn sein, eine gewinnbringende Beschäftigung mit dem Drama Brechts unter Zuhilfenahme dieses Bandes in Angriff zu nehmen.

Sie haben ihn wahrscheinlich erstanden, um Brechts Meisterwerk besser zu verstehen oder um Informationen für den Schulunterricht zu sammeln. Zunächst sollten Sie sich zur Lektüre ein Glas Milch holen. Warum? Weil ihnen neben dem Wissenserwerb auch das körperliche Wohlbefinden am Herzen liegt, ganz so wie dem Helden des Dramas? Oder würde sein Schöpfer Bert Brecht etwa protestieren, wenn er den Begriff „Held" in Verbindung mit seiner Hauptfigur läse? Schließlich heißt es doch im Drama: „Glücklich das Land, das keine Helden braucht." Nun, warum die Milch zum Buch passt und ob es der Helden bedarf oder nicht, darauf, und auf manches mehr, möchten wir Sie auf den folgenden Seiten hinweisen.

Häufig werden es ganz praktische Gründe des Schulalltags sein, die Sie dazu bringen, diese Zeilen zu lesen. Warum aber ausgerechnet Brechts Drama „Leben des Galilei" und nicht ein anderes Werk lesen? Wieso sollte ein Stück über das Leben eines seit ca. 370 Jahren verstorbenen Wissenschaftlers so wichtig sein, dass es in der Schule behandelt werden müsste? Das wird es aber schon seit vielen Jahrzehnten und auch die Theater verlieren nicht das Interesse daran. Insgesamt über 200 Inszenierungen des Werkes und 2,9 Millionen gedruckte

Exemplare sprechen für sich. Der Erfolg des Werkes kommt vor allem dadurch, dass sein Stoff stets Aktualität behält, weil immer wieder neue Facetten der Interpretation für immer neue Generationen von Zuschauern und Schülern an ihm gefunden werden. Im Mittelpunkt stehen dabei die Frage nach der Verantwortung des Wisschenschaftlers für seine Forschungen und die Frage nach dem Umgang mit Ideologien.

Daneben ist der Autor des Dramas, Bertolt Brecht, ein moderner Klassiker, der literarische Kunst von Weltrang geschaffen hat und der damit für den Deutschunterricht besonders interessant ist. Nicht nur seine Werke, auch seine theatertheoretischen Errungenschaften machen ihn zu einem wichtigen Schriftsteller. Sein episches Theater, über das Sie hier ebenfalls etwas erfahren können, ist ein Meilenstein in der Entwicklung des Theaters, weil es neue, ganz andere Maßstäbe setzt, als das, was Brecht vorgefunden hat.

Der vorliegende Band aus der Reihe „EinFach Deutsch … verstehen" möchte Ihnen möglichst anschaulich Anregungen und Hilfen für die Analyse und Interpretation dieses Dramas Bertolt Brechts geben. Sie erhalten Informationen zum Autor und Werk, zu kunsttheoretischen und geschichtlichen Hintergründen, zur Entstehung sowie zur Wirkung und Rezeption des Werkes „Leben des Galilei". Außerdem bieten sich die Möglichkeiten zur Einübung der Bearbeitung schulischer Aufgabenformate: die Personencharakterisierung und zwei textanalytische Verfahren.

Lassen Sie nun also das Wissen zur Leidenschaft und die Forschung zur Wollust werden und vergessen Sie die Milch nicht!

In diesem Sinne: Viel Spaß bei der Lektüre wünschen

Tanja Peter und Lars Osterfeld

Der Inhalt im Überblick

In den Mittelpunkt seines Dramas stellt Brecht die historische Figur des italienischen Physikers, Mathematikers, Astronomen und Philosophen Galileo Galilei[1]. Die Handlung setzt 1609 im Studierzimmer der titelgebenden Hauptfigur in Padua[2] ein. Galilei lehrt Andrea Sarti, den jungen Sohn seiner Haushälterin Frau Sarti, durch praktische Demonstration das kopernikanische Weltbild, in dessen Mittelpunkt nicht die Erde, sondern die Sonne steht, die von der Erde umkreist wird. Diese Lehre kündet vom Anbruch einer neuen Zeit, steht aber im Gegensatz zum ptolemäischen Weltbild, das von der Mittelpunktstellung der Erde ausgeht und die Unterstützung der Kirche erfährt. Die katholische Kirche, deren Einfluss auf Mensch und Politik ganz wesentlich von ihrer Deutungshoheit über den Aufbau und die Sinnhaftigkeit der Welt abhängt, verfolgt konsequent Anfechtungen ihrer Glaubenssätze. Deshalb ist es gefährlich, die neue Lehre Kopernikus'[3] öffentlich zu vertreten.

Um seinen Lebensunterhalt zu bestreiten, muss Galilei zusätzlich zu seiner Lehrtätigkeit an der Universität Privatschüler annehmen. Einer dieser Schüler, Ludovico Marsili, berichtet von einer neuen Erfindung, die er in Holland gesehen hat – dem Fernrohr. Da Galilei eine Gehaltserhöhung der Universität nur dann erhält, wenn er vermarktbare Erfindungen bzw. Schriften liefert, baut er das Fernrohr ver-

---

[1] Nähere Informationen zum historischen Galileo Galilei finden sich im Kapitel „Der historische Galilei".

[2] Padua: Stadt in Norditalien, die zu Galileis Zeiten zur Republik Venedig gehörte

[3] Nikolaus Kopernikus (1473–1543): Astronom und Mathematiker. Er entwickelte das nach ihm benannte kopernikanische Weltbild, das die Sonne im Mittelpunkt des Universums sieht (heliozentrisch, helios = Sonne). Es steht im Gegensatz zu dem bis dahin angenommenen geozentrischen Weltbild (gē = Erde).

bessert nach und gibt es kurzerhand als sein Werk aus. Die Begeisterung des Rats der Republik Venedig[1] ist groß, Galilei erhält seine Gehaltserhöhung. Die Bedeutung dieses Rohres ist damit aber nicht erschöpft. Vielmehr gibt Galilei bei dessen Präsentation seinem Freund Sagredo gegenüber zu erkennen, dass es von unschätzbarem Wert für die wissenschaftliche Forschung sei und sich vielleicht sogar das neue Weltbild damit nachweisen lasse. In der Tat macht Galilei mehrere wichtige neue Entdeckungen, vor allem, dass der Jupiter[2] von Monden umkreist wird. Der Glaube an starre Kristallschalen, an denen die Planeten angeheftet sind, kann damit ebenso widerlegt werden wie die Einzigartigkeit der Erde. Ein entscheidender und der kirchlichen Lehre gefährlich werdender Angriffspunkt gegen das ptolemäische Weltbild ist entdeckt. Sagredo warnt vor der kirchlichen Reaktion auf die Behauptung, da ihm die Konsequenzen für die kirchliche Lehre bewusst sind. Er fragt, wo Gott im neuen Weltbild bleibe.

Da ihm in Florenz, der Hauptstadt des Großherzogtums Toskana[3], bessere Bezahlung und damit mehr Zeit für die Forschung winkt, verlässt Galilei die Republik Venedig. Er wird Mathematiker am Hof der Herrscherfamilie Medici[4]. Die in Venedig gewährleistete Forschungsfreiheit existiert dort allerdings nicht. Vielmehr wacht hier die Inquisition[5]

---

[1] Republik Venedig: Venedig war in der frühen Neuzeit ein mächtiger Seefahrer- und Handelsstaat. Italien existierte noch nicht als Staatsgebilde.

[2] Jupiter: größter Planet im Sonnensystem, den nach heutigem Forschungsstand mindestens 67 Monde umkreisen

[3] Toskana: bedeutende Kulturlandschaft in Italien mit der Hauptstadt Florenz. Ab 1569 wurden die Medici Großherzöge der Toskana.

[4] Medici: Handelsgeschlecht im Florenz der frühen Neuzeit. Sie stiegen durch geschickte Politik von einer wohlhabenden Familie zu den Großherzögen von Florenz auf.

[5] Inquisition (inquirere = untersuchen): ein von kirchlichen Institutionen durchgeführtes Verfahren zur Untersuchung von Häresien (Ketzereien) und zur Verfolgung von Häretikern

über die Einhaltung der kirchlichen Lehre. Auf Sagredos Warnungen will Galilei nicht hören, da er glaubt, dass sich auch die Kirchenvertreter von seinen Beweisen überzeugen lassen würden. Dass dies aber nicht so ist, muss er am Hof in Florenz erfahren. Dem Großherzog möchte Galilei die diesem gewidmeten Jupitermonde präsentieren. Doch dessen Begleiter, Vertreter der Wissenschaften Theologie, Mathematik und Philosophie, weigern sich, durch Galileis Fernrohr zu schauen, unterstellen sogar Manipulation. Für sie hat die Lehrmeinung des Aristoteles[1], die sich im Einklang mit der Bibel befindet, Priorität. Und diese schließt eben die Existenz solcher Jupitermonde aus.

Dass auch Galilei in seinem Wissensdrang nicht immer vernünftig handelt, zeigt sich während der Pest. Um durch die Fortsetzung seiner Studien die Umlaufbahn der Venus um die Sonne beweisen zu können, verbleibt er auch nach Ausbruch der Seuche in Florenz und bringt sich, Frau Sarti und Andrea in Gefahr.

Sechs Jahre später wird Galilei nach Rom beordert, seine Beweise für das kopernikanische Weltbild werden dort im Vatikan[2] einer Prüfung unterzogen, die vom kirchlichen Hauptastronom Christopher Clavius geleitet wird. Die Kirchenvertreter sind sich ihrer Position so sicher, dass sie schon allein die Prüfung als Zumutung empfinden. Doch Clavius gibt Galilei recht.

Allerdings wird trotz des Clavius-Gutachtens die neue Lehre wenig später von der Kirche verboten. Dahingehende Forschungen werden ebenso verboten wie die Verbreitung dieser Lehre. Lediglich als mathematische Hypothese darf das kopernikanische Weltbild bestehen bleiben. Bellarmin

---

[1] Aristoteles (384 – 322 v. Chr.): griechischer Philosoph der Antike
[2] Vatikan: Kurzbezeichnung sowohl für das geistliche (Heiliger Stuhl) als auch das weltliche Zentrum (Vatikanstadt) der katholischen Kirche

und Barberini, zwei Kardinäle[1], die Galilei die Entscheidung der Kurie[2] mitteilen, streiten nicht ab, dass dahinter der Machtanspruch der Kirche und das aus ihrer Sicht mit dem Weltbild verknüpfte Seelenheil des Volkes stecken.

Galilei hält sich in den folgenden acht Jahren an das Forschungsverbot und beschäftigt sich und seine Schüler stattdessen mit solchen Arbeiten, die ihn nicht in Konflikt mit der Kirche bringen können. Doch auch diese Forschungen zeigen immer neue Widersprüche zur Lehre des Aristoteles. Als Kardinal Barberini, zugleich ein gelehrter Mathematiker und Naturwissenschaftler, als Nachfolger des Papstes gehandelt wird, nimmt Galilei die Forschung an der verbotenen Lehre wieder auf. Das hat allerdings persönliche Konsequenzen für Galileis Tochter Virginia, die mit dem Gutsbesitzer Ludovico Marsili, Galileis ehemaligem Privatschüler, verlobt ist. Da Galileis Festhalten an der neuen Lehre und sein Plädoyer für die soziale Verantwortung des Wissenschaftlers gegenüber dem Volk in starkem Widerspruch zu der von Marsili vertretenen konservativ-feudalen[3] Gesellschaftsordnung stehen, die sich durch das alte Weltbild legitimiert, wird die Verlobung gelöst.

Wieder vergehen einige Jahre, bevor die Handlung neu einsetzt. Galilei hat ein neues, aufgrund der vorgegebenen hypothetischen Behandlung erlaubtes Buch zu den beiden Weltbildern abgeschlossen. Da er im Volk als Bibelkritiker gefeiert wird, ist er sich der Gefahr für seine Person bewusst, distanziert sich von der sozialen Verantwortung des Wissenschaftlers für das Volk und hegt Fluchtpläne, um das

---

[1] Kardinal: ein kirchlicher Würdenträger. Der Titel wird vom Papst verliehen. Nur Kardinäle sind zur Papstwahl zugelassen.

[2] Kurie: seit dem Mittelalter die Spitze der Verwaltung der katholischen Kirche

[3] feudal: Feudalismus ist die vorherrschende Sozial- und Wirtschaftsform Europas im Mittelalter. Auf der Grundlage des Lehenswesens herrschte der grundbesitzende, privilegierte Adel über leibeigene, hörige Bauern.

Großherzogtum Toskana im Notfall unbeschädigt zu verlassen. Doch dazu kommt es nicht mehr. Vom florentinischen Hof wird Galilei zum Verhör nach Rom ausgeliefert. Nach anfänglichem Widerstand erlaubt der Papst die Androhung der Folter. Am 22. Juni 1633 widerruft Galilei seine Lehre, seine Anhänger sind zutiefst enttäuscht.

Als Gefangener der Inquisition lebt Galilei von nun an bis zu seinem Tod 1642 in der Nähe von Florenz. Seine Tochter Virginia übernimmt im Auftrag der Inquisition die Kontrolle über sein wissenschaftliches Werk und übergibt alles Geschriebene der Kirche. Dennoch gelingt es ihm, eine Abschrift seines Werkes „Discorsi"[1] anzufertigen. Andrea Sarti, der Galilei die Unterwerfung unter die Inquisition nicht verzeihen kann, besucht ihn Jahre nach dem Widerruf und erhält die geheime Abschrift. Er glaubt in diesem Dienst Galileis an der Wissenschaft, die den Widerruf rechtfertigende Erklärung zu finden. Doch Galilei selbst verurteilt sein damaliges Handeln aufs Schärfste, da er die soziale Verantwortung des Wissenschaftlers gegenüber dem Volk nicht angenommen habe und darüber hinaus die Wissenschaft um die Chance eines hippokratischen Eides[2] – Wissen nur zum Wohl der Menschen anzuwenden – gebracht hat. Die Abschrift gelangt in Andreas Hand über die italienische Grenze und kann so vor dem Zugriff der Inquisition geschützt werden.

---

[1] Discorsi: „Discorsi e dimostrazioni matematiche intorno a due nuove scienze" (Unterredungen und mathematische Demonstrationen über zwei neue Wissenszweige) aus dem Jahr 1635 ist ein Werk Galileo Galileis.

[2] hippokratischer Eid: bezeichnet die Verpflichtung aller Ärzte auf die Hilfe für und die Abwendung von Schaden von Kranken. Er wird (in heutiger Forschung umstritten) dem Hippokrates von Kos (ca. 460–370 v. Chr.) zugeschrieben, der als bekanntester Arzt der Antike gilt.

Die Personenkonstellation

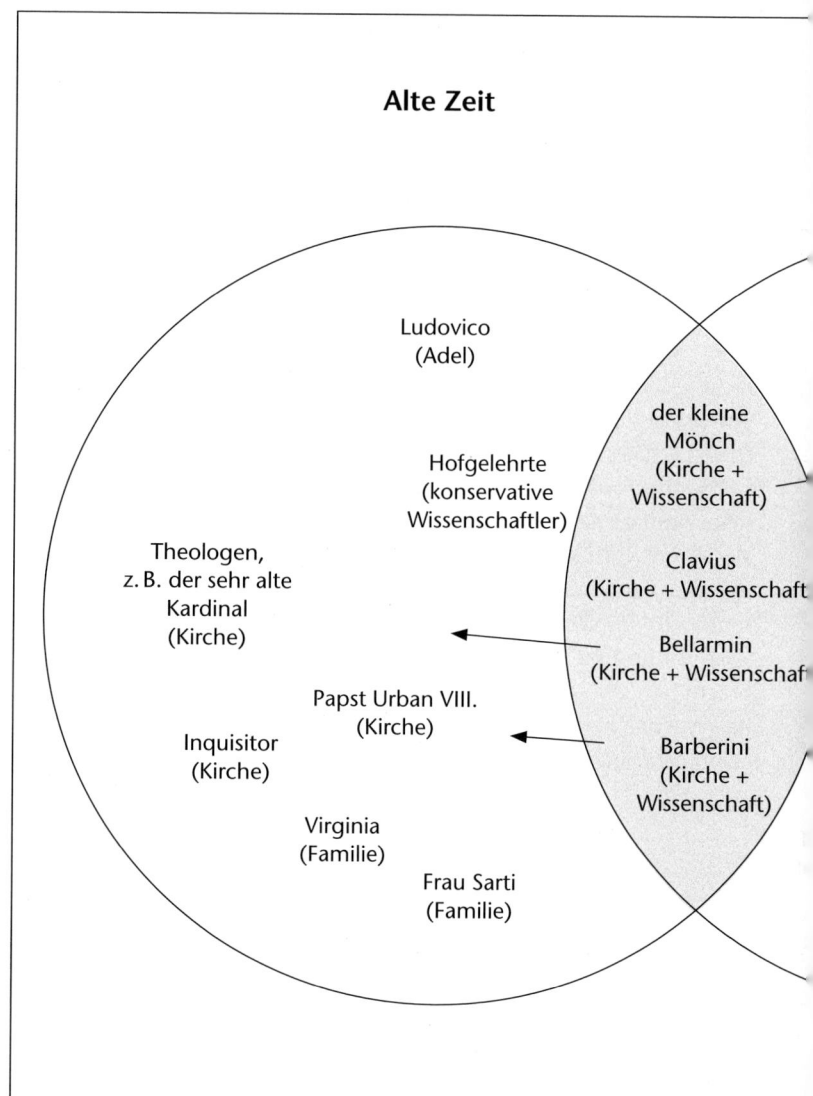

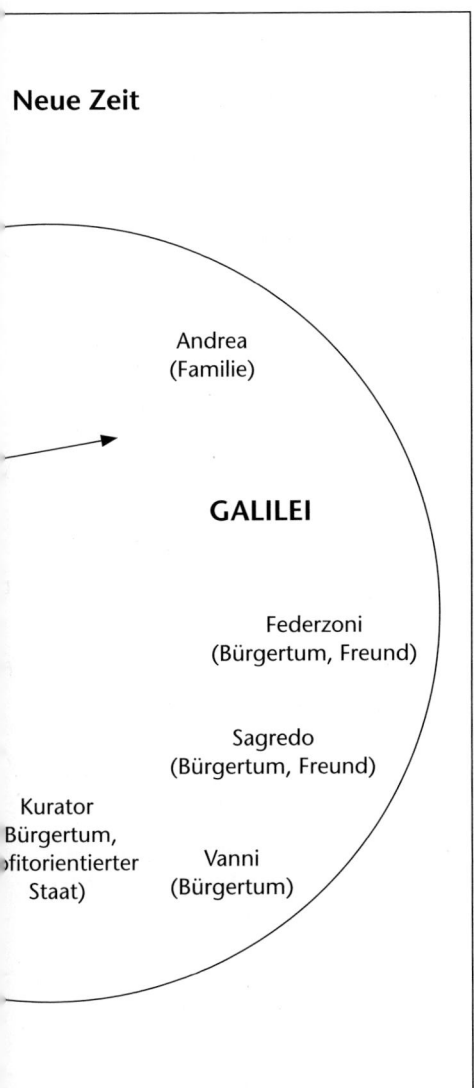

Neue Zeit

Andrea
(Familie)

GALILEI

Federzoni
(Bürgertum, Freund)

Sagredo
(Bürgertum, Freund)

Kurator
Bürgertum,
ofitorientierter
Staat)

Vanni
(Bürgertum)

Inhalt, Aufbau und erste Deutungsansätze

Die Ausgangs-
situation:
Padua 1609

1. Bild: Das Stück beginnt an einem Morgen des Jahres 1609 mit einem Gespräch zwischen dem 46-jährigen Mathematiker Galileo Galilei und Andrea Sarti, dem zehnjährigen Sohn seiner Haushälterin, der ihm das Frühstück bringt. In diesem Eingangsdialog werden bereits wesentliche Lebensumstände und Charakterzüge der Hauptfigur deutlich. Die Szene spielt in einem *„ärmliche[n] Studierzimmer"* (S. 7)[1] in Padua, Republik Venedig, und Galilei hat trotz seiner Stellung als Universitätsdozent so große finanzielle Sorgen, dass er nicht einmal den Milchmann bezahlen kann und ein Besuch des Gerichtsvollziehers droht.

Galileis Zwiespalt
zwischen
Wissenschafts-
eifer und
persönlichem
Wohl

Doch er lässt sich von seinen Geldproblemen nicht die gute Laune verderben. Für ihn ist wichtiger, dass Andrea sich bei der Darstellung dieser Alltagsproblematik einer korrekten Ausdrucksweise bedient (vgl. S. 7).

Galilei erscheint hier als ein in lebenspraktischen Fragen kurzsichtiger Mensch, dem die Wissenschaft anscheinend über alles geht. Auf der anderen Seite ist er aber während der Unterhaltung ausgiebig mit seiner Morgentoilette beschäftigt und auch im Bezug auf sein Frühstück an seinem körperlichen Wohlbefinden interessiert (vgl. S. 7 bzw. S. 8). Der Leser lernt Galilei also auch als sehr körperlichen und sinnlichen Menschen kennen, der die Freuden des Lebens zu schätzen weiß und kein rein vergeistigter Wissenschaft-

Motiv der Milch

ler ist. Das im weiteren Verlauf zentrale Motiv der Milch, das auf Nahrung, damit auf die Befriedigung von Bedürfnissen und im erweiterten Sinn auf das Interesse an Kom-

---

[1] Sämtliche Stellenangaben beziehen sich auf die im Literaturverzeichnis angegebene Textausgabe des Suhrkamp Verlags.

fort verweist, wird an dieser Stelle durch das Glas Frühstücksmilch eingeführt.

Schon hier wird also die Ambivalenz der Hauptfigur deutlich – der Zwiespalt zwischen bedingungsloser, d. h. über Alltagsprobleme hinwegsehender, wissenschaftlicher Wahrheitssuche auf der einen und der Sorge um das persönliche Wohlergehen auf der anderen Seite, der den inneren Grundkonflikt der Person Galilei bildet.

Der junge Andrea ist bereits in den Bann der wissenschaftlichen Forschung geraten. Als Galileis begieriger Schüler erschließt er sich mit dessen Hilfe anhand eines Modells das ptolemäische Weltbild mit der Erde in der Mitte und den sie umgebenden acht „kristallnen Sphären" (S. 8), die die Sterne tragen. Der Leser erhält so einen Einblick in Galileis wissenschaftliche Arbeitsweise, die von der genauen Beobachtung bzw. Beschreibung ausgeht. Andrea empfindet das ptolemäische Weltbild[1] als „schön", sieht aber auch die Enge dieses Systems („Aber wir sind so eingekapselt.", S. 8). Der Junge nimmt an dieser Stelle ganz unwillkürlich die Argumente „Schönheit" und „Begrenzung" vorweg, die im weiteren Verlauf in den gelehrten Disputen zwischen den Verteidigern des alten Weltbildes und ihren Kritikern immer wieder eine Rolle spielen. Galilei, der Andreas Einschätzung bestätigt, bezeichnet das Modell auch nur abschätzig als „das Ding" (vgl. S. 8).

> Andrea Sarti – ein würdiger Schüler Galileis

Im sich anschließenden großen Monolog Galileis (vgl. S. 8, S. 10) stellt dieser die alte Zeit, in der man an jenes ptolemäische System unhinterfragt geglaubt hat, und die neue, an diesem Weltbild zweifelnde Zeit, als deren flammender Vertreter er hier erscheint, gegenüber. Damit entfaltet er den dramatischen Grundkonflikt des Stückes – den Kampf des Alten gegen das Neue, der von ihm als allgemeines Merkmal des Zeitalters dargestellt wird, der sich im Weiteren aber vor

> Gegenüberstellung von alter und neuer Zeit als Grundkonflikt des Stückes

---

[1] Siehe dazu das Kapitel „Die beiden konkurrierenden Weltbilder".

allem in den Auseinandersetzungen um seine Person und Forschungen manifestiert.

Die alte Zeit als (geistiger) Stillstand

Galilei kontrastiert alte und neue Weltsicht anhand verschiedener Aspekte sehr anschaulich. Ausgehend von der Charakterisierung des geozentrischen Weltbildes als unbeweglich und eng beschwört er umso leidenschaftlicher den Aufbruch. Vorher, in der alten Zeit, spiegelte sich im Stillstand der Erde der Stillstand jeglicher Entwicklung. Ausdruck dessen war die Vorstellung von einem Weltbild, bestehend aus starren Himmelsschalen, an diese fest angeheftete Sterne und eine stillstehende Erde. Die Einengung des irdischen Himmelskörpers kann mit der geistigen Enge der Vertreter der alten Welt gleichgesetzt werden. Die Basis dieses Weltbildes bildet der (Aber-)Glaube der Menschen. Von jeher hätten Vertreter aller gesellschaftlichen Gruppen (vgl. S. 8) an die Überlieferung dieses Systems geglaubt. Unkritisch seien die Auffassungen aus „alten Büchern" (S. 9) übernommen worden, ohne sie auch nur im Mindesten zu hinterfragen.

Schiffsmetaphorik als Zeichen des Aufbruchs in die neue Zeit

Galilei markiert sehr deutlich den Bruch mit dieser Auffassung. Für ihn hat ganz zweifellos eine neue Zeit begonnen. Bezeichnend ist hierbei, dass die gesamte Eingangsszene an einem Morgen spielt und so auf Anbruch und Neubeginn oder auch Aufbruch verweist. Als Ausgangspunkt sieht Galilei die Entdeckungen der Seefahrer. Die hier intensiv verwendete und darauf verweisende Schiffsmetaphorik dient ihm zur Verdeutlichung des nun einsetzenden Wandels. In der alten Zeit seien die Schiffe „nur an den Küsten entlang gekrochen, aber plötzlich verließen sie die Küsten und liefen aus über alle Meere" (S. 9). Indem durch die Seefahrer – denken lässt sich an Christoph Kolumbus'[1]

---

[1] Christoph Kolumbus (1451–1506): italienischer Seefahrer und Entdecker in Diensten der spanischen Krone. Er gilt als Entdecker Amerikas, seit er am 12.10.1492 auf der Suche nach einem Seeweg nach Indien auf den Bahamas landete.

Fahrten nach Amerika sowie Vasco da Gamas[1] Umschiffung Afrikas mit dem Ziel Indien – zum einen die Kugelform der Erde belegt und zum anderen die Unüberwindbarkeit der Meere widerlegt wurde, sei der allgemeine Forscherdrang angestoßen worden und eine neue Geisteshaltung entstanden (vgl. S. 9).

Die Bewegung und der Aufbruchswille der Seefahrer dienen Galilei als Gleichnis der allgemeinen (neuen) Aufbruchsstimmung („Aber jetzt fahren wir heraus, Andrea, in großer Fahrt.", S. 9; ebenso S. 8 f.: „[…] da es so ist, bleibt es nicht so. Denn alles bewegt sich, mein Freund."). Seit den Entdeckungen der Seefahrer würden die Menschen auf ganz andere Weise an „Neuem" interessiert sein, Altes hinterfragen und Veränderungen aktiv angehen – die Neugier sei geweckt (vgl. S. 9). Diese Veränderungen zeigten sich in ganz unterschiedlichen Bereichen: Von einfachen Arbeitsabläufen wie der Bewegung von Granitblöcken im Steinbruch, über Verbesserungen in der Produktion im Textilbereich und auf Werften bis zu den großen Fragen der Astronomie[2] reichen die Beispiele, an denen deutlich wird, dass man Überkommenes hinter sich lässt. Der von Wissbegierde geprägte Forscherdrang nach der Wahrheit der Welt („da ist mehr, was noch gefunden werden kann", S. 9) eröffnet dem Individuum neue Freiheiten, die im Gegensatz zur Enge der Welt des ptolemäischen Weltbildes stehen.

Indem Galilei hier den Zweifel und die Kritik an überlieferten Vorstellungen dem Glauben an das Tradierte gegenüberstellt („Denn wo der Glaube tausend Jahre gesessen hat, eben da sitzt jetzt der Zweifel"; „[…] was nie bezweifelt wurde, das wird jetzt bezweifelt.", S. 9), verweist er auf

Die Seefahrt als Ursache einer allgemeinen Aufbruchsstimmung

Forschung nach dem Prinzip des Zweifelns

---

[1] Vasco da Gama (1469–1524): portugiesischer Seefahrer, der 1497 nach der Umseglung des Kaps der Guten Hoffnung den Seeweg nach Indien entdeckte.

[2] Astronomie: Sternkunde; eine Wissenschaft, die sich mit der Erforschung des Universums beschäftigt

René Descartes[1]. Von diesem wurde der Zweifel als Methode naturwissenschaftlicher Forschung begründet. Auch Galilei wird immer wieder den Zweifel als Grundlage seines Handelns betonen.

Die große gesellschaftliche Sprengkraft des von Galilei vertretenen kopernikanischen Weltbildes

Für Galilei verbindet sich die Forscherlust primär mit der Zielsetzung, das Universum zu erforschen. An die Schiffsmetaphorik anknüpfend attestiert er den Gestirnen, dass sie in „großer Fahrt" (S. 10) seien, wobei sich die Erde um die Sonne drehe (vgl. S. 10). Galilei vertritt ganz offenkundig das umstrittene, da nicht mit der Lehre der Kirche konform gehende, und bislang noch unbewiesene Weltbild des Kopernikus. Hierbei wird der Mensch aus dem Mittelpunkt des Universums herausgerückt. Er verliert dadurch seine erhabene Stellung. Der darin liegende soziale Sprengstoff, der, wie sich noch zeigen wird, die Hauptmotivation der Kirche hinsichtlich der Beibehaltung des ptolemäischen Weltbildes ist, deutet sich bereits an. Einerseits wird dies ersichtlich in Galileis Gemeinmachung der Kirchenvertreter mit dem Volk, die folglich den Verlust der herausgehobenen Stellung des Klerus zur Folge hat (vgl. S. 9). Andererseits weist Galilei auf die seiner Meinung nach unaufhaltsame Ausbreitung der neuen astronomischen Erkenntnisse hin, die sogar das bisher bildungsferne Volk in Gestalt der „Fischweibersöhne" erreichen werden (vgl. S. 10).

„Sehen statt Glotzen" – genaue Beobachtung als Grundlage wissenschaftlicher Forschung

Methodisch werden die angestrebten neuen Erkenntnisse durch den bereits angesprochenen Zweifel erreicht, der vor allem mit der Sinneswahrnehmung des Sehens verknüpft wird. Wissenschaftliche Untersuchung beruht auf genauer Beobachtung. Was Galilei unter „Sehen" (z. B. S. 9: „laßt uns jetzt selbst sehn") in Abgrenzung zu „Glot-

---

[1] René Descartes (1596–1650): berühmter französischer Philosoph und Naturwissenschaftler. Er gilt als Begründer des frühneuzeitlichen rationalistischen Denkens. Streng logische Folgerungen und der Zweifel als Ausgangspunkt der Erkenntnis waren die Basis seines Wirkens.

zen" (vom bloßen Augenschein auf Zusammenhänge und Ursächlichkeiten schließen) versteht, verdeutlicht die plastische Demonstration des kopernikanischen Weltbildes, mit der Andreas Lehrstunde fortgesetzt wird. An Galileis Willen, dass auch der junge Andrea die Funktionsweise des neuen Weltbildes versteht, zeigt sich

Wolfgang Heinz als Galilei in der erfolgreichsten „Leben des Galilei"-Inszenierung des Berliner Ensembles von 1971

sein unbedingter Aufklärungswille dem Volk gegenüber, dem er seine körperlichen Bedürfnisse und die Lösung seiner lebensweltlichen Probleme zeitweilig hintenan stellt (vgl. S. 11).

Indem er Andrea auf einem Stuhl positioniert und diesen im Verhältnis zu einem festen Punkt bewegt, verdeutlicht er dem Jungen gerade die Erddrehung, als Frau Sarti, die Haushälterin und Mutter Andreas, die Bühne betritt. Frau Sarti berichtet vom Eintreffen eines jungen, nach Unterricht verlangenden Herren und nutzt die Gelegenheit, um Galilei für den ihrer Meinung nach schlechten Einfluss auf Andrea zu schelten. Andrea, der sich Galilei gegenüber mäßig beteiligt zeigen wollte, verteidigt gegenüber seiner Mutter die von Galilei vermittelten Kenntnisse und offenbart auf diese Weise sein glühendes Interesse.

Andreas glühendes Interesse für die Wissenschaft

Frau Sarti als
warnende
Ratgeberin

Frau Sarti lehnt es als hauptsächlich an lebenspraktischen Fragen interessierte Person wegen der damit verbundenen Gefahren ab, dass ihr Sohn die neuen Ansichten vertritt. Sie hat Angst, dass Andrea diese in der Schule kundtut, was einen Besuch kirchlicher Vertreter, also Ärger, zur Folge haben könnte. Galilei selbst genießt völlig unbeeindruckt sein Frühstück und verkündet erneut „ein großes Zeitalter, in dem zu leben eine Lust" (S. 12) sei. Frau Sarti kontert mit dem Verweis, dass auch in dieser neuen Zeit die Rechnungen des Milchmanns nicht ausgesetzt werden.

Sie fungiert hier als Instanz, die Galilei an die Erfüllung alltäglicher Belange erinnert. Und eben dazu muss Galilei seine wertvolle Zeit zwischen wissenschaftlichen Forschungen und dem das Überleben sichernden Unterrichten aufteilen. Doch da er es damit nicht eilig hat, erklärt er Andrea zunächst anhand eines weiteren Visualisierungsobjektes – eines Apfels – die Rotation der Erde um ihre eigene Achse.

Demonstration
als Lehrprinzip
Galileis

Dem erfahrenen Physiker gelingt es durch die Veranschaulichung, Andreas Zweifel völlig zu zerstreuen. Indem Andrea sich aber kritisch zeigt und Galilei immer weiter herausfordert, erweist er sich als würdiger Vertreter der von diesem gepriesenen neuen Zeit des Zweifels an Autoritäten und der Wissbegier.

Ludovico Marsili
– ein notwendi-
ger Privatschüler

Ludovico Marsili, ein „reicher junger Mann" (S. 14), stellt sich bei Galilei vor, um Privatunterricht zu erhalten. Obwohl seine Interessen nicht bei der Wissenschaft, sondern der Pferdezucht liegen, meint seine Mutter, Kenntnisse in den neuen Wissenschaften seien „heutzutage" notwendig in den vornehmen Kreisen, in denen sich diese Familie bewegt (vgl. S. 15). Hier wird von anderer Seite Galileis Sicht der veränderten Zeiten bestätigt.

Das Fernrohr –
ein willkommenes
Instrument

Ludovico berichtet Galilei von einem Gerät, das er auf seinen Reisen in Holland sah – einem Fernrohr. Galilei notiert sich das physikalische Prinzip dieser in Italien noch unbekannten Erfindung, ist aber ansonsten wenig an dem jungen Mann interessiert und behandelt ihn herablassend. Aus finanziellen Gründen stimmt er schließlich aber zu – durch das Erscheinen Frau Sartis an die Zwänge des Alltags erinnert –, diesen zu unterrichten.

Frau Sarti, die sich sehr selbstsicher ihres Einflusses auf Galilei bewusst ist und ihn sogar kurzzeitig duzt (vgl. S. 16), was auf ein nahes Verhältnis der beiden schließen lässt, kündigt einen weiteren Besucher an: Der Kurator der Universität von Padua, Herr Priuli, verwaltet deren Finanzen. Deswegen wird er von Galilei auch als „wichtig" eingestuft (S. 16), denn Letzterer verspricht sich eine Einkommenserhöhung. Nichtsdestotrotz tritt er seinem Besucher gegenüber fordernd auf, indem er sich nach dessen Begrüßung unmittelbar ein Geldstück borgt, um Andrea mit der Besorgung zweier Linsen beauftragen zu können.

Gehaltsverhandlungen mit dem Kurator der Universität von Venedig

Der Kurator sucht Galilei auf, um dessen Antrag auf eine Gehaltserhöhung persönlich abzulehnen. Er verweist darauf, dass die Mathematik zwar eine Genuss verschaffende Wissenschaft sei, aber leider dennoch nicht den nötigen Zuspruch aufseiten der für die Universität Geld einbringenden Studenten finde und deshalb in der Rangfolge eindeutig hinter Philosophie und Theologie anzusiedeln sei. Hier wird von dem hauptsächlich am Geld interessierten Universitätsverwalter die von allen Repräsentanten der alten Zeit vertretene, überkommene Wertigkeit der verschiedenen Wissenschaften angeführt und damit auf den im Folgenden so wichtigen angeblichen Vorrang der Theologie vor den empirischen Naturwissenschaften verwiesen.

Geringe finanzielle Wertschätzung der Arbeit Galileis

Trotz der Bedeutung dieses Gesprächs für Galileis finanzielles Wohlergehen kann dieser sich zunächst nicht einmal von seinen Papieren/Forschungen abwenden (vgl. S. 16f.). Der Kurator, der seine ablehnende Haltung beibehält, verweist auf die Möglichkeit des Privatunterrichts als zusätzliche Einnahmequelle. Nun kann er sich Galileis ungeteilter Aufmerksamkeit sicher sein. Da Galilei selbst noch sehr viel

Den Forscherdrang störende Privatstunden

lernen müsse, um seine Wissenschaft voranzubringen, die bislang zu ihren wichtigen Problemen nur Hypothesen[1] besitze, müsse er sich seiner Privatschüler entledigen, um Zeit zum Forschen zu haben. Priuli stellt der nicht ausreichenden Bezahlung die Garantie der gerade für die naturwissenschaftlichen Fächer wichtigen Forschungsfreiheit in der Republik Venedig gegenüber.

Schlechte Bezahlung, aber Forschungsfreiheit in Venedig

Die Angestellten der hiesigen Universität würden von der fortschrittlichen Regierung vor der Inquisition geschützt, dem päpstlichen Gericht, das über die Einhaltung der Glaubenslehre wacht. Die Erwähnung der Verbrennung Giordano Brunos[2] – eines Vertreters der kopernikanischen Lehre – durch Galilei in diesem Zusammenhang verdeutlicht allerdings die Gefahr, der Kritiker des alten Weltbildes im Konflikt mit der Kirche grundsätzlich ausgesetzt sind.

Galilei wendet ein, dass es sich bei der Garantie der Gedankenfreiheit durch Venedig nur um einen Trick zum Sparen handele und dass generell in der Handelsrepublik Venedig auch in Bezug auf die Wissenschaft das Element des Geldverdienens im Zentrum stehe. Der Kurator entgegnet, hier werde dem ortsansässigen Wissenschaftler im Ergebnis aber eben freies Arbeiten ohne Überwachung oder Unterdrückung ermöglicht (vgl. S. 19). In Venedig gehe es gar nicht um Inhalte und damit im Vergleich zu den Staaten „ringsum" (S. 19) auch gar nicht darum, lediglich tradierte

---

[1] Gemeint ist hier, dass die Annahmen Galileis noch nicht hinreichend bewiesen worden seien, um als Wahrheit gelten zu dürfen. Vielmehr bedürfe es weiterer Forschungsanstrengungen, um die bisherigen Erkenntnisse zu sichern.

[2] Giordano Bruno (1548–1600): italienischer Priester und Philosoph. Er verfolgte eine pantheistische Weltsicht, d.h., er nahm an, dass Gott eins sei mit dem gesamten Weltall. Dies ließ keinen Platz für ein Jenseits, da das Weltall als unendlich gedacht wurde. Brunos Auffassungen waren unvereinbar mit dem Weltbild der Kirche und wurden deshalb als ketzerisch verboten. Von der Inquisition wurde Bruno zum Tode auf dem Scheiterhaufen verurteilt und verbrannt.

und von der Kirche akzeptierte Auffassungen wiederzugeben. Das wissenschaftliche Arbeiten sei in dieser Beziehung völlig frei. Das muss auch Galilei *„verzweifelt"* (S. 19) anerkennen.

Begründet wird die venezianische Toleranz in der Wechselwirkung zwischen neuen Erkenntnissen und deren Nutzbarmachung für Handel und Wirtschaft. Händler, die die Forschungsergebnisse in materiellen Gewinn umsetzen, unterstützen somit letztlich die Forschungsfreiheit (vgl. S. 19). Andererseits definiere aber eben der Markt auch den Wert der wissenschaftlichen Tätigkeit: „Sie können für das Wissen, das Sie verkaufen, nur so viel verlangen, als es dem, der es Ihnen abkauft, einbringt." (S. 18) Dabei sind praktische Erfindungen wie Galileis Proportionalzirkel[1] – von diesem selbst nur herabsetzend als „Schnickschnack" bezeichnet (S. 20) –, mit dem sich zahlreiche im Bereich der Wirtschaft und des Militärwesens nützliche Berechnungen durchführen lassen, ebenso gemeint wie vermarktbare geisteswissenschaftliche Schriften (S. 18: „Die Philosophie zum Beispiel, die Herr Colombe in Florenz verkauft, bringt dem Fürsten mindestens 10 000 Skudi[2] im Jahr ein."). Die Schattenseiten der materiellen Ausrichtung der Wissenschaft erfährt Galilei nun am eigenen Leib. Seine Entlohnung kann erst aufgestockt werden, wenn er eine vermarktbare Ware beibringt. Und eine solche bilden eben nicht die von ihm unternommenen Untersuchungen über die Fallgesetze, also Studien über die Schwerkraft. Diese brächten Galilei zwar enorme Anerkennung ein, auch außerhalb Italiens, aber eben Venedig keinen Geldgewinn.

Vermarktbare Forschungsergebnisse als Voraussetzung der Forschungsfreiheit

---

[1] Proportionalzirkel: auch Reduktionszirkel; Gerät zur Bestimmung von Streckenteilen und -verhältnissen sowie zur Teilung eines Kreisumfangs

[2] Scudo: Bezeichnung für mehrere Währungen im Italien der frühen Neuzeit.

Ungestillter Wissensdurst aufgrund praktischer und finanziell lohnenswerter Erfindungen

Die auf die Aufnahme der Fernrohrskizze hinweisende Regieanweisung (vgl. S. 20) zeigt aber, dass Galilei bereits eine Idee hat, an die von ihm erhofften 500 Skudi zu gelangen, indem er ein einträgliches Produkt anbietet, von dem der Kurator angetan sein wird. Solche nützlichen, praktischen Erfindungen bereiten Galilei zwar Freude (S. 20: „Ich gebe es zu, es macht mir Spaß, […] in eurem berühmten Arsenal, den Werften und Artilleriezeughäusern meinen Mann zu stellen."), können den leidenschaftlichen Wissenschaftler jedoch letztlich nicht befriedigen. Er strebt tiefere Erkenntnisse über den Zusammenhang der Dinge an (S. 20: „Aber ihr laßt mir keine Zeit, den weiterführenden Spekulationen nachzugehen, welche sich mir dort für mein Wissensgebiet aufdrängen."). Sein Wissenshunger und Forscherdrang sind ungestillt: „Ich bin 46 Jahre alt und habe nichts geleistet, was mich befriedigt." (S. 20)

Ermahnung Andreas zum vorsichtigen Umgang mit Forschungsthesen, Glaube an die Kraft von Beweisen

Galileo verbietet, durch die vorangehende Unterhaltung vorsichtig geworden, dem mit den Linsen zurückkehrenden Andrea mit anderen über ihre verbotenen Forschungen zu sprechen, auch da es sich momentan noch um unbewiesene Hypothesen handelt. Er erklärt ihm in diesem Zusammenhang das Prinzip von Hypothesen und die wissenschaftliche Notwendigkeit von Beweisen. Nebenbei baut er aus den Linsen ein Fernrohr und erklärt, dass diese ihn offenkundig nicht interessierende „Erfindung" sich finanziell lohnen werde. Andrea, der immer begeisterter ebenfalls Physiker werden möchte, also Galilei nachfolgt, richtet dieses neue wissenschaftliche Wunderwerk ironischerweise ausgerechnet als Erstes auf die Inschrift der Kirchenglocke, die die Preisung Gottes betont (S. 22: „Gracia dei").

Funktion des ersten Bildes

Insgesamt fungiert das erste Bild als Exposition der zentralen Konfliktfelder des Dramas. Sowohl der Gegensatz alte Zeit versus neue Zeit – auch im Hinblick auf die Spannung zwischen astronomischer Forschung und kirchlicher Lehre

– als auch der Konflikt Unbedingtheit der Wissenschaft versus Zwänge des Alltagslebens, die den weiteren Verlauf der Handlung bestimmen, werden hier eingeführt und dem Leser vorgestellt. Weiterhin werden, besonders in den Gesprächen mit Andrea und Frau Sarti, auch Galileis Charakter, seine Begeisterungsfähigkeit, seine Qualitäten als Lehrer und seine optimistische Weltsicht deutlich.

„Denn die alte Zeit ist herum, und es ist eine neue Zeit." (S. 8)

„Alte Zeit"	„Neue Zeit"
• ptolemäisches Weltbild: die Erde als Mittelpunkt des Universums (*„glaube die Menschheit, daß die Sonne und alle Gestirne des Himmels sich um sie [die Erde] drehten", S. 8*) → Astrolab	• kopernikanisches Weltbild: *„die Erde rollt fröhlich um die Sonne" (S. 10)* → Stuhldemonstration
• Unbeweglichkeit (*„so eingekapselt"; „Mauern und Schalen und Unbeweglichkeit", S. 8*)	• große Fahrt (*„sie [die Gestirne] sind in großer Fahrt [...] ohne Halt", S. 10*)
• Schiffe an den Küsten (*„nur an den Küsten entlang gekrochen"; „das große gefürchtete Meer", S. 9*); alter Kontinent	• Schiffe übers Meer (*„liefen aus über alle Meere"; „ist ein kleines Wasser", S. 9*); Entdeckung neuer Kontinente
• Glaube, Aberglaube (*„wo der Glaube tausend Jahre gesessen hat", S. 9; „Die Städte sind eng, und so sind die Köpfe.", S. 8*)	• Zweifel und wissenschaftliches Experiment → Dinge hinterfragen, kritische Haltung einnehmen (*„Und es ist eine große Lust aufgekommen, die Ursachen aller Dinge zu erforschen"; „was nie bezweifelt wurde, das wird jetzt bezweifelt", S. 9; „neuerungssüchtige[n] Menschen unserer Städte", S. 10*)
• „glotzen" → unkritisches Erstaunen/Übernehmen von Dingen, ohne sie zu hinterfragen → „alte[...]" Bücher (S. 9)	• Sehen und begreifen (*„Ich lehre ihn sehen", S. 12; „laßt uns jetzt selbst sehn", S. 9*) → neue Erkenntnisse (*„da ist mehr, was noch gefunden werden kann", S. 9*)

Gehaltserhöhung
durch Fernrohr-
betrug

2. Bild: Im Großen Arsenal von Venedig, der technischen Produktionsstätte der Republik, als deren Direktor Galilei fungiert, präsentiert dieser den Ratsherren und dem Regierungsoberhaupt, dem Dogen[1], das von ihm nachgebaute Fernrohr. Dabei gibt er es als Ergebnis 17-jähriger eigener Forschungen aus. Galileis Geldmangel in Verbindung mit der Hoffnung auf eine Gehaltserhöhung durch die Republik, die ihm lästige Privatschüler vom Hals halten könnte, welche ihm Zeit für seine wissenschaftlichen Forschungen rauben, haben ihn zu der betrügerischen Präsentation einer fremden Erfindung als eigene wissenschaftliche Leistung geführt. Er versteht es exzellent, den Anwesenden und seinem Arbeitgeber, der Republik Venedig, bei der Vorstellung des Rohrs zu schmeicheln, indem er sich sehr demütig gibt. Gleichzeitig betrachtet er aber insgeheim die Veranstaltung nur als „Zeitverlust" (S. 24). Galileis Wissenschaftsfreund Sagredo, der ebenfalls zugegen ist, erinnert ihn an die Lösung seiner Alltagsprobleme, die mit dem Erfolg des Fernrohrs unmittelbar bevorstehe.

Der Wert des
Fernrohrs in den
Augen des
Kurators: ein
Kriegsinstrument

Der Kurator preist in seiner Rede das Fernrohr gegenüber den offiziellen Vertretern Venedigs in mehreren Stufen. Zunächst betont er den wissenschaftlichen Ruhm, den diese Erfindung für die Republik bedeuten werde, was zunächst nur verhaltenen Beifall hervorruft. Der Hinweis auf die Vermarktbarkeit und damit finanzielle Einträglichkeit des Produkts vermag schon für mehr Begeisterung zu sorgen. Schließlich benennt der Kurator die im Krieg zu erlangenden Vorteile, was mit frenetischem Beifall honoriert wird. Hier werden die den Beweggründen Galileis diametral gegenüberstehenden Interessen der obrigkeitlichen Vertreter der Handelsrepublik Venedig deutlich, für die der prak-

---

[1] Doge: Der Doge war das gewählte Oberhaupt einer italienischen Republik, hier Venedig.

tische Nutzen gegenüber dem wissenschaftlichen Ertrag weit überwiegt.

Während sich die einfältigen Ratsherren und der Doge durch das Hindurchschauen und Observieren ihrer Umgebung von der praktischen Nützlichkeit des Rohrs überzeugen, erläutert Galilei seinem Freund Sagredo leise den tatsächlichen Wert der gestohlenen Erfindung für die Wissenschaft. Für die Astronomie eröffnen sich ungeahnte Möglichkeiten, indem man das Fernrohr für die Beobachtung der Gestirne einsetzt und es so zu einem Werkzeug der wissenschaftlichen Erkenntnis werde. Galilei gibt in leisen Seitengesprächen seinem Freund gegenüber beispielsweise zu erkennen, dass er um die Zusammensetzung der Milchstraße wisse. Das neue Instrument werde ihm eventuell sogar dazu dienen, „eine gewisse Lehre" (S. 25) nachzuweisen. Gemeint ist das kopernikanische Weltbild, für das bislang die Beweise fehlten. Sagredo tritt bereits an dieser Stelle als warnende Instanz vor diesem gefährlichen Unternehmen auf („Nimm dich zusammen.", S. 25).

Der Wert des Fernrohrs in den Augen Galileis: ein Hilfsmittel, um das kopernikanische Weltbild zu beweisen

Ludovico, der Galileis Betrug durchschaut hat, gratuliert ihm peinlich berührt zu seinem Erfolg. Galilei betont hingegen zu seiner Rechtfertigung, die durch ihn vorgenommene Verbesserung der holländischen Erfindung, die ihm schließlich die Bewilligung der gewünschten Gehaltserhöhung von 500 Skudi durch den Dogen und den Kurator einbringt. Im Gespräch mit Virginia, Galileis 15-jähriger Tochter, die das Fernrohr der Republik übergeben hat, offenbart der ausgenutzte und enttäuschte Ludovico, dem gegenüber sich Galileo bei ihrer ersten Begegnung ja so überlegen präsentiert hatte, anzufangen, „etwas von Wissenschaft zu verstehen" (S. 26). Diese sarkastische Einsicht verweist wiederum auf die praktischen Zwänge, in denen sich Galilei und mit ihm die neue Wissenschaft befinden: Um die Probleme des Alltags zu bewältigen, müssen moralische Kompromisse eingegangen werden.

Das Wesen der Wissenschaft aus Ludovicos Sicht: Betrug

Funktion des
zweiten Bildes

Im Mittelpunkt des zweiten Bildes steht das Fernrohr. Einerseits dient es der Charakterisierung Galileis: Indem er es betrügerisch als eigene Erfindung ausgibt, offenbart er seine Anpassungsfähigkeit an den wissenschaftlichen Betrieb und seine moralische Skrupellosigkeit. Gleichzeitig wird das Fernrohr zum Basisinstrument, um die kopernikanische Lehre zu beweisen, und damit zu einem Handlungsmotor, um den Konflikt mit der Kirche voranzutreiben. Damit wird die Exposition entscheidend ausgebaut.

Gespräch mit
Sagredo über
neue Entde-
ckungen: durch
Berge auf dem
Mond ...

3. Bild: Die Szene beginnt mit einer praktischen Demonstration darüber, welchen Wert das Fernrohr über die naive, am Finanziellen ausgerichtete Vorstellung der venezianischen Ratsherren hinausgehend besitzt. Am 10. Januar des Jahres 1610 beobachten – gemäß der Devise: Sehen und nicht glotzen (vgl. S. 11) – Galilei und Sagredo von Galileis Studierzimmer aus den nächtlichen Sternenhimmel. Dabei machen sie ganz ungeheuerliche (vgl. S. 27) Beobachtungen: Auf dem Mond gibt es Berge! Diese werden sowohl direkt von der Sonne als auch indirekt von der das Sonnenlicht reflektierenden Erde angestrahlt.

... Gefährdung
der Außerge-
wöhnlichkeit der
Erde laut
ptolemäischem
Weltbild

Mit der Verifizierung dieser Beobachtung verlöre die Erde ihre Außergewöhnlichkeit, da sie hinsichtlich ihrer Oberflächenbeschaffenheit lediglich ein Himmelskörper unter vielen wäre und darüber hinaus dieselbe Funktion, die der Mond gegenüber der Erde ausfüllt, diesem gegenüber einnähme und somit mit ihm gleichzusetzen wäre.

Galilei betätigt sich hier als anleitender Lehrmeister Sagredos, der schrittweise vom Gesehenen überzeugt wird, sodass auch das Publikum die Zusammenhänge und Relevanz dieser Entdeckungen nachvollziehen kann, ehe Sagredo den Wert des Ganzen auf den Punkt bringt: „Aber das widerspricht aller Astronomie von zwei Jahrtausenden." (S. 27) Galilei kommentiert diese „Sprengkraft" lediglich lakonisch (vgl. S. 28).

Fernrohr aus dem Besitz Galileis

Warnung Sagredos vor den Folgen der neuen Erkenntnisse

Durch den Vergleich mit den von Giordano Bruno geäußerten Überzeugungen betont Sagredo auch die Gefahr, die von dieser Erkenntnis ausgeht, und erweist sich erneut als warnende Instanz. Die von Galilei behauptete Abschaffung des Himmels bewertet Sagredo als „furchtbar" (S. 28). Damit charakterisiert sich der an der Wissenschaft Interessierte indirekt auch als jemand, der ebenso die Perspektive der Vertreter der alten Welt einnehmen kann.

Konfrontation mit dem Fernrohrbetrug durch den Kurator

Bevor Galilei Sagredo weitere Entdeckungen offenbaren kann, werden sie vom plötzlich erscheinenden Kurator gestört. Er stürzt mitten in der Nacht in Galileis Studierzimmer, was darauf schließen lässt, dass er ein sehr dringliches Anliegen verfolgt. Tatsächlich will er sich Gewissheit über Galileis Rolle beim Fernrohrbetrug verschaffen, der nun durch die Ankunft holländischer Rohre offenbar wurde. Dabei steigert sich das Auftreten des Kurators von höflich/ abwartend (vgl. seine Entschuldigung für die Störung und die Bitte um ein Vieraugengespräch sowie die Bezeichnung des Vorfalls als etwas „Unglaubliches", S. 29) bis wütend/ ungläubig. Galilei behandelt ihn indes von oben herab, indem er seine Bitte ausschlägt und so seiner Verbundenheit zu Sagredo Ausdruck verleiht bzw. seine Arroganz zur Schau stellt: „Herr Sagredo ist es gewohnt, in meiner Gegenwart Unglaublichem zu begegnen, wissen Sie." (S. 29) Nach dieser Verständigung über das bevorstehende Gespräch kommen sie inhaltlich zum Punkt. Der Kurator bezeichnet das Fernrohr als wertlos („Das Ding können Sie gerade so gut wegwerfen.", S. 29) und unterstellt Galilei indirekt Betrug („diese Ihre Erfindung, die Sie als Frucht einer siebzehnjährigen Forschertätigkeit bezeichnet haben", S. 29). Das Fernrohr sei nicht viel mehr als ein billiges holländisches Massenprodukt, das der Republik Venedig demzufolge keinerlei Vorteile verschaffen werde. Galilei reagiert kurz und sachbezogen, den Vorwurf ignorierend.

Verteidigung des wissenschaftlichen Werts des Fernrohrs

Unbekümmert und selbstsicher versuchen er und Sagredo, den Kurator vom Wert des Rohres für die Wissenschaft zu überzeugen, nichts von Galileis Rolle beim Betrug preisgebend. Irritiert über Galileis Ruhe legt der Kurator verärgert und sarkastisch (er malt eine Situation aus, in der der Betrug durch die Benutzung des Fernrohrs aufgedeckt würde) seine eigene Rolle bei den Ereignissen dar: Er hat sich von Galilei betrügen lassen, wie nun aufgrund der spärlichen Reaktionen des Wissenschaftlers für ihn feststeht. Galilei habe seine Ahnungslosigkeit und Gutgläubigkeit ausgenutzt (vgl. S. 30). Dabei findet er immer drastischere Bezeichnungen für das Fernrohr („Ding", „Schund"), was die Steigerung seiner Emotionen bezeugt. Sagredo versucht sich durch einen Hinweis auf die Bedeutung des Fernrohrs für die Philosophie erneut als Schlichter. Und auch Galilei greift nun ernsthaft in das Gespräch ein. Er reagiert zwar noch immer nicht auf die persönlichen Vorwürfe, versucht jetzt aber ebenfalls, den Kurator zu besänftigen. Priuli soll vom möglichen Wert des Fernrohrs bei der Erstellung neuer Seekarten überzeugt werden, durch die Ersparnisse bei der Schifffahrt erreicht werden könnten. Sie seien in der Lage, die Handelsverluste der Republik zu verringern. Galilei ist sich also völlig im Klaren, dass er Priuli nur durch finanziell vermarktbare Ergebnisse beschwichtigen kann.

Den Kurator erreicht er aber damit nicht mehr, denn dieser ist in seinem Selbstmitleid gefangen: Er wirft Galilei vor, ihn zum Gespött der Stadt gemacht und bewusst ausgenutzt zu haben. Wütend über die befürchtete Blamage erhebt er an dieser Stelle erstmals den direkten Vorwurf, betrogen worden zu sein. Er ist persönlich so sehr von Galilei enttäuscht, der an keiner Stelle die Sachebene verlassen und sich auf die gegenseitige Beziehung bezogen hat, dass er ihm nicht mehr glauben kann und auch keine Erklärungen mehr erwartet („Lassen Sie's. Ich habe Ihnen schon zuviel zugehört.", S. 30). Interessanterweise urteilt er von diesem konkreten Fall ausgehend über die Welt: „[…] mich ekelt diese Welt an!" (S. 32) Sein Verlassen des Hauses ohne Verabschiedung (vgl. die Regieanweisung, S. 32) deutet auf den Abbruch freundschaftlicher Beziehungen zu Galilei hin. Dem Kurator scheint nicht klar zu sein, dass die Einstellung der Republik Venedig, die er durch seine Funktion als Kurator repräsentiert, lediglich vermarktbare Forschung zu protegieren, Anteil hat an dem Dilemma, in dem er sich nun befindet. Dementsprechend bezeichnet er sich selbst im Kontrast zu Galilei als ehrlichen Mann. Die Ursachen, die zu Galileis Handeln geführt haben, interessieren ihn nicht. Allein das Ergebnis zählt. Rücksicht auf individuelle Beweggründe nimmt er nicht, wenngleich er so egoistisch ist, dass er seine individuelle Situation über die Handelsinteressen der Republik stellt. Dies zeigt sich auch in der Verteilung seiner Redeanteile.

Maßlose Enttäuschung des Kurators

Auf Sagredos Nachfrage gibt Galilei unumwunden den Betrug zu und äußert sich zu seinen Motiven. Im Gespräch zeigt sich erneut die Ambivalenz der Figur Galilei. Sein Zwiespalt zwischen Hingabe zur Wissenschaft und der Aufrechterhaltung des eigenen Wohlbefindens, der sich bereits im ersten Bild offenbarte, führt zu einer multikausalen Erklärung und zum Versuch der Abmilderung des Betrugs durch den Verweis auf seine Verbesserungen am Fernrohr.

Galileis Rechtfertigung des Betrugs gegenüber Sagredo

Josef Bierbichler in der Rolle des Galilei (Berliner Ensemble 1997)

Die Geldnot, in der er sich befinde, habe ihn getrieben. Zum einen benötige er Geld, um sich seinen Forschungen zu widmen, zum anderen um seine körperlichen Bedürfnisse zu befriedigen (Bücher, Essen). Darüber hinaus verweist er auf die gesellschaftliche Verpflichtung, seine Tochter Virginia auszustatten, um sie zu verheiraten. Er hat also auch die Bedürfnisse der Familie im Blick. Vor allem aber nutzt er seine Stellung an der Universität, die seiner Meinung nach völlig unterbezahlt ist, um sein Handeln zu legitimieren. Moralische Skrupel oder gar Reue zeigen sich nicht, das Ausnutzen des wohlgesinnten Kurators wird ebenfalls nicht thematisiert. Sagredo seinerseits bewertet diesen moralischen Zerfall angesichts des Vorantreibens der wissenschaftlichen Erkenntnisse, indem er „beinahe etwas wie Furcht" (S. 31) empfindet. Doch dieses Zögern ist nur von kurzer Dauer, die Lehrstunde in Astronomie geht für Sagredo weiter.

Beweis des kopernikanischen Weltbildes durch die Entdeckung der Jupitermonde

Galilei offenbart ihm die Zusammensetzung der Milchstraße aus Sternen, was bereits Giordano Bruno („der Verbrannte", S. 31) ähnlich behauptet hatte. Einen Beweis für die Richtigkeit des kopernikanischen Weltbildes ergibt aber erst eine weitere, die zentrale Entdeckung: Galilei konnte vier Jupitermonde identifizieren. Diese Entdeckung widerlegte gleich zwei bislang als unumstößlich geltende Lehren. Einerseits wurde dadurch die Einzigartigkeit der Erde aufgehoben, denn es war beobachtbar geworden, dass auch um andere Gestirne Himmelskörper zirkulieren konnten. Andererseits konnte mit der Beobachtung die Vorstellung des Sphärensystems aus kristallenen Schalen, an dem alle Gestirne gemäß den Vorstellungen des ptolemäischen Weltbildes angeheftet waren, nicht aufrechterhalten werden, weil die Jupitermonde die Sphären auf ihrer Bahn durchbrechen müssten.

Die Gegensätzlichkeit der beiden Charaktere der Freunde zeigt sich in der Reaktion auf die Entdeckung dieser Nacht. Während Galilei aufgrund der neuen Beweisbarkeit des kopernikanischen Weltbildes völlig außer sich ist, also emotional reagiert, was seine Sinnlichkeit unterstreicht, mahnt Sagredo zur Ruhe und Besonnenheit. Er fürchtet die Konsequenzen der Entdeckung, dass die Erde ein Stern unter vielen ist. Denn damit – die wissenschaftliche Ebene wird nun gegen die religiöse ausgetauscht – stellt sich, von Sagredo mehrmals hartnäckig ausgesprochen, die Frage nach dem Verbleib Gottes. Dem Wissenschaftler Galilei sind diese religiösen Konsequenzen unwichtig. Er teilt die Auffassung Giordano Brunos, dass Universum, Natur und Gott gleichzusetzen seien (vgl. S. 33). Sagredo mahnt als rationaler Part die Gefahr dieser Äußerung an, zeigt aber hier angesichts der gesteigerten Gefährdung erstmals auch Emotionen ("*schreiend*", S. 33). Im Unterschied zu Bruno jedoch glaubt Galilei Beweise zu haben, um seine Behauptungen zu stützen.

Unterschiedliche Reaktionen auf die Entdeckung: Begeisterung und Furcht

Ein Disput zwischen Sagredo und Galilei über die Vernunft des Menschen entbrennt. Letzterer vertritt die These, dass der Mensch vernunftbegabt sei, da er sich von Beweisen überzeugen lasse (vgl. ebenso die Ausführungen zum Beweis im 1. Bild). Daraus zieht Galilei seinen Antrieb (vgl. S. 34). Er belegt seine These mit Alltagsbeispielen und einer praktischen Demonstration (das Fallenlassen eines Steines, vgl. dazu ebenso S. 61). Früher oder später müsse der Mensch der Verführung durch Beweise erliegen, da Denken eines seiner größten Vergnügungen sei.

Diskussion über die Vernunftbegabung des Menschen und die Macht von Beweisen

Sagredos Zweifel
an der Vernunft-
begabung

Sagredo bezweifelt dies hingegen. Er ist der Auffassung, dass die Menschen „der Vernunft nicht zugänglich" seien (S. 34), sondern vielmehr emotional und unüberlegt handelten, gemäß ihrer Erziehung zum Aberglauben („Zeige ihnen einen roten Kometenschweif, jage ihnen eine dumpfe Angst ein, und sie werden aus ihren Häusern laufen und sich die Beine brechen.", S. 34). Insofern sei es schlauer, die – wenn auch falsche – kirchliche Meinung zu vertreten (vgl. S. 33).

Beleg der These
der Vernunft-
begabung des
Menschen durch
praktische
Demonstration

Die These von der Vernunftbegabung des Menschen veranschaulicht Galilei – die empirische Methode aufgreifend – seinem Freund sofort. Der junge Andrea, mit dem er aufgrund ihrer innigen Beziehung seine neueste Entdeckung sehr gern teilen würde, steht nicht zur Verfügung. Also muss dessen Mutter einspringen. Durch eine simple Frage zur Hierarchie der Gestirne (vgl. S. 35), die Frau Sarti ihrerseits mit einem Bild aus ihrem Lebensbereich beantwortet („Stelle ich Ihnen das Essen hin, oder stellen Sie es mir hin?", S. 36), beweist Galilei ihre Vernunftbegabung, die er auf die Menschheit allgemein überträgt.

Galileis
Verkündung des
Entschlusses,
nach Florenz zu
gehen

Ironischerweise wird die Religiosität der Bevölkerung, die soeben noch indirekt thematisiert wurde, durch Galilei nahestehende Figuren veranschaulicht (Virginia, Ludovico und Frau Sarti gehen zur Frühmesse). Allerdings ist bemerkenswert, dass die gerade behauptete Fähigkeit der Menschen, ihre Vernunft zu nutzen, von Galilei hinsichtlich seiner streng religiösen Tochter scheinbar keine Geltung besitzt, wenn er sie nicht durch das Fernrohr blicken lassen will und seine Entdeckungen vor ihr verheimlicht. Er misstraut ihr nicht nur, sondern belügt sie sogar (vgl. S. 36). Immerhin schätzt er sie so weit, dass er ihr seine Zukunftspläne mitteilt, als Mathematiker an den Hof der Medici im Großherzogtum Toskana gehen zu wollen.

Hoffnung auf
mehr Zeit für
Forschungen

Seine Beweggründe sind in einer angemessenen Entlohnung („Und ich will die Fleischtöpfe.", S. 37) und der damit zusammenhängenden Zeit zum Forschen abseits jeglicher zeitraubender Privatschüler zu finden, um das kopernikanische Weltbild zufriedenstellend beweisen zu können. Erneut zeigt sich Galilei im Spektrum zwischen Wissenschaftsliebe und Bedürfnisbefriedigung.

Virginia freut sich über diese Eröffnung, doch Galilei reagiert einmal mehr sehr kalt („Geh in deine Messe.", S. 37). Ihn interessiert vielmehr, was Sagredo zu sagen hat, den er ein entsprechendes Gesuch an den florentinischen Großherzog prüfen lässt. Wie bereits durch die an Andrea gerichtete Warnung, nicht mit Fremden über ihre Erkenntnisse zu sprechen (vgl. Bild 1), lässt sich in diesem Zusammenhang erahnen, dass Galilei die Problematik seiner Forschungen doch bewusst ist, auf die Sagredo hinweist. Indem er den unterwürfigen Ton seines Briefes an den neunjährigen Großherzog Cosmo de Medici verteidigt, räumt er ein, dass es ihm seine Forschungen im Vergleich zu einem Vertreter des alten Weltbildes erschweren, in eine respektable Stellung zu gelangen (vgl. S. 37f.).

Sagredo warnt Galilei vor dessen Vorhaben, da der Einfluss der Inquisition bis nach Florenz reicht (die Präsenz der Kirche wird gleichzeitig durch den Kirchgang der Frauen des Haushalts repräsentiert). Doch der Glaube an die Macht der Vernunft ist so stark in Galilei verankert, dass er diese Warnung in den Wind schlägt und völlig davon überzeugt ist, auch die Würdenträger der Kirche mit seinen Beweisen überzeugen zu können. Sagredo appelliert an Galilei, die sichere Republik Venedig nicht zu verlassen, die die Freiheit der Forschung gewährleistet. Sein Freund überschätze sowohl die Vernunft der Menschen als auch individuelle Befindlichkeiten des Papstes, der eine Umkehr der Lehren nicht zulassen könne, wenn er nicht selbst in seiner Glaubwürdigkeit untergraben werden möchte.

Bevor er seine flammende Rede mit der Bitte schließt, das eigene persönliche Wohlbefinden über die Wissenschaft zu

(Randnotiz:) Einschränkung der Freiheit der Forschung in Florenz durch die Inquisition

(Randnotiz:) Eindringliche Warnung Sagredos vor der Inquisition

stellen, steigert er die Nachdrücklichkeit seiner Ausführung noch, indem er ihm die Vision von Galileis Hinrichtung schildert („da war es mir, als sähe ich dich auf brennenden Scheiten stehen, und als du sagtest, du glaubst an die Beweise, roch ich verbranntes Fleisch", S. 39). Doch Galilei ist für diese Argumentation nicht zugänglich. Ein Auszug seines Briefes an den Großherzog erscheint auf dem Vorhang der Bühne (vgl. die Inszenierungstechniken des epischen Theaters). In seiner Anbiederung an den Großherzog (vgl. die Benennung der Jupitermonde nach den Medici sei eine Ehre für die Gestirne und nicht umgekehrt; Galilei selbst bezeichnet sich als ergebenster Diener, S. 39) offenbart sich wie bereits bei dem Fernrohrbetrug Galileis Skrupellosigkeit, wenn er Überzeugungen als die seinen ausgibt, die zweifellos nicht mit seinen „realen" Empfindungen übereinstimmen.

Funktion des dritten Bildes

Die Entdeckung wichtiger Himmelserscheinungen (Berge auf dem Mond, Jupitermonde) kann die Richtigkeit des kopernikanischen Weltbildes beweisen. Sie deutet ebenso wie der Gang Galileis an den florentinischen Hof und die Warnungen Sagredos davor auf kommende Gefahren für Galileis Forschung und auch seine Person hin. Galilei handelt emotional und unvorsichtig, will davon nichts wissen. In diesem Zusammenhang wird das wichtige Motiv der Vernunftbegabung des Menschen eingeführt.

Verteidigung der kirchlichen Wissenschaftsmethodik durch Frau Sarti

4. Bild: Das Stellengesuch an den florentinischen Großherzog war erfolgreich, denn der Handlungsort wurde von Venedig nach Florenz verlagert. Ein Sprechakt Frau Sartis verschafft dem Leser einen Einblick in das, was sich zwischenzeitlich zugetragen hat: Das Fernrohr genießt große Aufmerksamkeit, sie selbst vertraut der kirchlichen Wissenschaft aber immer noch mehr als Galileis Entdeckungen, wie ein Verweis auf ihren früheren Arbeitgeber deutlich macht, während Galilei sich selbstsicher wie eh und je zeigt (vgl. S. 40). Der Verweis auf den früheren hohen geistlichen Arbeitgeber von Frau Sarti, Monsignore Filippo, kann neben der Verdeutlichung ihrer Position auch als Vorausdeutung auf die Thematik des vierten Bildes gewertet werden. Indem der Monsignore als eifriger Leser wissenschaftlicher Literatur gezeichnet wird, zeigt sich schon an dieser Stelle die methodische Vorgehensweise der Vertreter der alten Welt, die im Folgenden zum Streitpunkt zwischen Galilei und seinen Besuchern werden wird.

Noch bevor Galilei aus der Universität zurückgekehrt ist, ist bereits der erwartete Besuch erschienen. Cosmo de Medici, Großherzog von Florenz, kommt in Begleitung eines sehr alten Hofmarschalls und zweier Hofdamen, um die Sterne zu begutachten, die ihm zu Ehren die Mediceischen Gestirne genannt wurden. Ohne Frau Sarti mit einer Begrüßung zu würdigen, bringt er unmissverständlich seinen Wunsch vor ("Ich will das Rohr sehen.", S. 41), was seine Kindlichkeit illustriert – der Großherzog ist neun Jahre alt. Noch ehe die Gelehrten der florentinischen Universität dazustoßen, wird deren zweifelnde Einstellung gegenüber Galileis Methoden (Beobachtungen durch das Fernrohr) durch Cosmo unverblümt ausgesprochen ("Sie glauben nicht an das Rohr, gar nicht.", S. 41).

Großherzog Cosmo de Medici – ein Kind – zu Besuch im Hause Galilei

Cosmo nutzt indes die Wartezeit, um allein in Galileis Arbeitszimmer zu gehen, wo er auf Andrea trifft. Sowohl die förmliche Begrüßung als auch der sich anschließende Wortwechsel lassen die beiden Jungen zunächst sehr erwachsen und welterfahren erscheinen. Andrea tritt in diesem Zusammenhang nicht nur als wissenschaftlicher Nachfolger Galileis auf (er arbeitet in dessen Arbeitszimmer), sondern erweist sich ferner als Vertreter dessen spöttischer intellektueller Überheblichkeit (vgl.: "Stolpern [gemeint sind Besucher] hier herum, gaffen und verstehen nicht die Bohne.", S. 41; ebenso will er Cosmo verbieten, ein Holzmodell des ptolemäischen Systems zu berühren).

Wissenschaftliche Überlegenheit Andreas gegenüber Cosmo

Als Cosmo sich doch näher mit diesem Holzmodell befasst, kann Andrea es nicht lassen, ihn auch mit einem Modell des kopernikanischen Systems zu konfrontieren.

Rangelei der Kinder; Bruch des Modells des ptolemäischen Weltbildes – eine Vorausdeutung

Da der Großherzog aber zeitweilig abgelenkt scheint, wird Andreas Zorn geweckt, sodass er ihm das ptolemäische Modell sehr herablassend entwenden möchte („[…] du verstehst ja nicht einmal das!"; „Du bist ein Dummkopf, und höflich hin oder her, raus damit, sonst setzt's was.", S. 42). Darüber kommt es zu einer Auseinandersetzung, die in einer kindlichen Rauferei mündet, in deren Verlauf beide die gesellschaftliche Form vergessen. Andrea ist sogar dazu übergegangen, den Großherzog zu duzen. Fast wortgetreu das Verhalten Galileis nachahmend (dieser richtet sich hinsichtlich des Fernrohrs mit den Worten „Es ist kein Spielzeug." an Virginia, S. 36) untersagt er dem Großherzog das Spiel mit dem Modell („Das ist kein Spielzeug für Jungens.", S. 42). Während Cosmo lediglich an der Einhaltung der Etikette in Form eines höflichen Benehmens Andreas gelegen ist, will dieser die Auseinandersetzung auf sachbezogener Ebene für sich entscheiden, erweist sich also als glühender Verfechter seiner wissenschaftlichen Überzeugungen.

Ankunft Galileis und der Hofgelehrten

Als Vorausdeutung auf den Untergang des ptolemäischen Weltbildes lässt sich das infolge der Rangelei zerbrochene Modell deuten, dessen Zustand – ohne zu merken, was er da kommentiert – interessanterweise auch gerade vom Theologen (es ist übrigens sein einziger Sprechakt) bemerkt wird, der gemeinsam mit Galilei und weiteren Universitätsprofessoren erscheint. Thematisch setzen sich die Herren zunächst mit aktuellen Krankheitsfällen auseinander. Das Auftreten der Pest wird hier angedeutet (vgl. Bild 5), wenngleich diese Katastrophe vonseiten der Hofgelehrten entschieden verneint wird. Hier wird gezeigt, wie skrupellos die herrschende Schicht mit der Zukunft des Volkes umgeht. Cosmo erweist sich nach seinem kurzen

Exkurs in die Welt eines Kindes als würdiger Herrscher und wahrt den Schein, indem er Andrea nach der Rangelei nun voller Höflichkeit begegnet (vgl. S. 44).

Um die Begutachtung der Gestirne durch Vertreter des Hofes einzuleiten, gibt Galilei zunächst eine Erklärung über die Mangelhaftigkeit des existierenden ptolemäischen Weltbildes. Am Beispiel der Venus erläutert er die praktischen Probleme, die sich durch das ptolemäische Weltbild als Grundlage der Wissenschaft ergeben: Reale Bewegungen der Gestirne stimmten nicht mit den Berechnungen auf der Grundlage des alten Weltbildes überein bzw. ließen sich teilweise damit überhaupt nicht erklären. Zu Beginn dominiert Galilei die Szene, ist aber gleichzeitig auch peinlich darauf bedacht, nicht als Einzelner aufzutreten, sondern spricht durchgängig für die Gesamtheit der Astronomen.

Erläuterung der Mängel des alten Weltbildes

Er fordert die Anwesenden direkt auf, sich seine Entdeckung – Jupitermonde, deren Bewegungen überhaupt nicht durch das ptolemäische Weltbild zu erklären sind – anzuschauen. Durch die praktische Beobachtung (entsprechend Bild 1: „Sehen statt Glotzen") sollen sie überzeugt werden. Andrea als sein Schüler und Unterstützer untermauert diese Aufforderung, indem er ihnen höflich den entsprechenden Platz am Fernrohr zuweist.

Bitte um Kenntnisnahme von den Mediceischen Gestirnen

Die Gelehrten lassen sich darauf allerdings nicht ein und bitten zunächst um einen förmlichen, das heißt verbalen Austausch über die Streitfrage. Auch Galileis und Andreas wiederholtes und ungläubiges (vgl. S. 45, der Aussagesatz ist als Frage gekennzeichnet) Hinweisen auf die einfache Handhabung des Fernrohrs und praktische Beweisbarkeit der Entdeckung überzeugt nicht. Die Gelehrten stimmen dieser Aufforderung zwar verbal wiederholend zu, leiten aber dennoch den von ihnen angestrebten formalen Disput ein und setzen ihr Ziel durch.

Ablehnung der Gelehrten

Verneinung der Existenz der Gestirne aufgrund alter Schriften (erstes Argument)

Das erste Argument des Mathematikers, dass die von Galilei behaupteten Gestirne laut Ansicht der „Alten" (S. 45), also der griechischen Philosophen und der auf diesen aufbauenden Kirchenväter der christlichen Spätantike, nicht existieren können, kann Galilei nur kleinlaut bejahen. Der Philosoph stellt seinem Fachbereich entsprechend die Existenz solcher Gestirne indirekt infrage, indem er ihre Unnötigkeit postuliert. Er versucht, mit der unantastbaren wissenschaftlichen Autorität des Aristoteles zu argumentieren, und will seine Ausführungen auf Latein beginnen, wird aber von Galilei unterbrochen. Dessen Einwand, in der Umgangssprache fortzufahren, um auch den Linsenschleifer Federzoni, den er aufwertend als „Kollege[n]" (S. 45) bezeichnet, am Gespräch zu beteiligen, wird nur mit Hochnäsigkeit begegnet: Federzonis Verständnis des Gesprächs

Landessprache statt Latein zur Öffnung der Wissenschaft fürs Volk

wird indirekt als unwichtig gekennzeichnet und dieser auf seine praktische Tätigkeit als Linsenschleifer reduziert. Aufgrund seiner handwerklichen Profession wird ihm durch die Gelehrten keine wissenschaftliche Kompetenz zugetraut. Galilei reagiert erneut nur einsilbig, besteht aber, nachdem sich auch schon Andrea für Federzoni eingesetzt hat, auf der Beibehaltung der Umgangssprache. Der Philosoph ergreift erneut das Wort. Er legt ein neuerliches Zeugnis seines Dünkels aufgrund seiner Ausbildung ab, indem er behauptet, dass die Argumentation an „Glanz" einbüße (S. 45), wenn sie eben nicht in Latein, der Sprache der Wissenschaft, geführt werde. Hier zeigt sich, wie sich die Gelehrten normalerweise vom Volk durch ihre Sprachwahl abheben und dieses somit ganz bewusst von der Nachvollziehung ihrer Erkenntnisse ausschließen, womit sie natürlich auch die Zahl möglicher Kritiker minimieren.

Einzelne Aspekte des aristotelischen Werkes aufzählend, sich damit als Kenner und höchster Bewunderer („göttlichen Aristoteles", S. 46) auszeichnend, führt der Philosoph sein zweites Argument ins Feld: Die neuen Planeten würden die von Aristoteles mit seinem Werk erlangte Harmonie der erschaffenen Ordnung stören. Der Philosoph argumentiert also nicht mit der Funktionsweise des alten Weltbildes, sondern mit dem dadurch erreichten Ziel. Die Ordnung und Harmonie des Himmelsgebäudes können hier als Metaphern für die Ordnung und Harmonie der gesellschaftlichen Zustände angesehen werden, die mit dem Umsturz des alten Weltbildes gestört werden würden (da damit die Begründung für die mühevolle Arbeit der Landbevölkerung im Diesseits und implizit damit die Glaubwürdigkeit der Kirche entfallen würden). Galilei verweist noch einmal auf die noch ausstehende simple Begutachtung der Fakten mittels des Fernrohrs, doch der Mathematiker zieht die Verlässlichkeit des Rohres in Zweifel, wirft Galilei also indirekt Betrugsabsichten vor.

Verneinung der Existenz der Gestirne aufgrund der Störung der harmonischen Ordnung nach Aristoteles (zweites Argument)

Da dieser dies offensichtlich nicht zu verstehen scheint, wird diesmal explizit auf die scholastische Methodik verwiesen: Wichtig sind den florentinischen Gelehrten nicht praktisch beobachtbare Tatsachen, sondern es ist für sie entscheidend, ob Phänomene mit der Lehrmeinung anerkannter Autoritäten, besonders mit der des Aristoteles, übereinstimmen. Galilei scheint völlig irritiert hinsichtlich des Widerstandes der Gelehrten trotz der Einfachheit des Nachweises seiner Entdeckungen. Er bewertet das gesamte Gespräch als „abgeschmackt" (S. 46). Hierin zeigt sich wiederum seine methodische Einstellung: Ihm geht es darum, durch Demonstrationen zu überzeugen, basierend auf technischen Hilfsmitteln (vgl. auch die Ausführungen zum Vernunftglauben, Bild 3). Im Gegensatz zu den Hofgelehrten glaubt er an die Veränderlichkeit der Welt durch neue Erkenntnisse.

Die Methode der Hofgelehrten: Pflicht der Vereinbarkeit neuer Erkenntnisse mit der alten Lehrmeinung

Galileis Methode: Demonstration von Fakten

Federzoni drückt, nachdem Galilei erneut indirekt Betrug vorgeworfen wurde, deutlich aus, was die Gelehrten andeuten: Die Gestirne seien nur auf das Fernrohr gemalt. Hierin zeigt sich also, dass die Gelehrten, selbst wenn sie

Manipulationsvorwurf gegen Galilei – keine Überzeugung mehr möglich

die Möglichkeit der Beobachtung durch das Fernrohr wahrnehmen würden, unter keinen Umständen bereit wären, das Gesehene als Wahrheit anzuerkennen. Ihr Wissenschaftsverständnis beruht auf dem deduktiven[1] Herleiten von Phänomenen in Übereinstimmung mit anerkannten Autoritäten, die nicht zu bezweifelnde Wahrheiten verkündet haben. Die Gelehrten können Galileis Methodik also überhaupt nicht akzeptieren, da sie sonst ihr eigenes Wissenschaftsverständnis grundlegend ändern müssten. Außerdem lässt der wiederholte Vorwurf des Betrugs die Einseitigkeit der Gelehrtenargumentation erkennen: Sie können nur gegen das neue Weltbild sprechen, haben aber keine konkreten Beweise für das alte Weltbild.

Andrea: Dummheit der Hofgelehrten

Galilei fällt deshalb zurück auf seine Ausgangsfrage: „Werden die Herren nun also durchschauen oder nicht?" (S. 47) Noch bevor die Hofgelehrten die Diskussion noch einmal auf den Aspekt der Anerkennung von Autoritäten lenken können, steht Andreas Urteil über sie bereits fest. Der kleine Sarti, der einzig Galileis Denk- und Herangehensweise kennt, kann die Gelehrten nur dumm finden. Die Logik ihrer Denkweisen vermag er nicht zu erschließen. Insofern zeigt er sich nicht weniger intolerant als sie selbst in ihrem grenzenlosen Glauben an Aristoteles und die von ihm propagierte harmonische Weltordnung.

Galileis Glaube an die Durchsetzung der Wahrheit – auch gegen Aristoteles

Aristoteles ist die unbedingte wissenschaftliche Autorität der Zeit, der Folge geleistet werden muss. Diese Autorität versucht Galilei jedoch, durch die praktische Beweisbarkeit bestimmter Phänomene in Form eigener Beobachtungen zu widerlegen. Die Faktizität steht Aristoteles, der über die technischen Möglichkeiten von Galileis Zeitgenossen – etwa das Fernrohr – nicht verfügen konnte, beispielsweise

---

[1] deduktiv: Deduktion bedeutet etwas vom Allgemeinen (der Theorie) herleiten und auf das Besondere anwenden. Dagegen leitet ein induktives Verfahren das Allgemeine aus dem Besonderen (Empirie, beobachtbare Tatsache) her.

bei der Streitfrage nach der Existenz der Sphärenschalen entgegen. Aber die Infragestellung der aristotelischen Autorität sprengt das Weltbild der Hofgelehrten („[…] so scheint jedenfalls mir eine Fortsetzung der Diskussion überflüssig.", S. 48). Sie darf nicht sein aufgrund der Ungewissheit, die damit provoziert werden würde („[…] ich frage mich nur, wohin dies alles führen soll.", S. 49), was wiederum allem wissenschaftlichen Anspruch der neuen Zeit zuwiderläuft. Galilei vertraut natürlich auch hier auf die Durchsetzungskraft der Wahrheit. Er sieht in ihr ein Mittel, die enormen Wissenslücken der Menschheit zu einem kleinen Teil zu schließen, und wertet dies ganz im Gegensatz zu den Hofgelehrten als „Glück" (S. 49). Doch hat er eben noch die Folgen der neuen Gedanken dem wissenschaftlichen Erkenntnisdrang untergeordnet (vgl. S. 49), sind es nun gerade diese Folgen, die Galilei als weiteres Argument gegen die Abneigung der Hofgelehrten ins Feld führt. Wenn das Volk erst einmal von der Existenz der Jupitermonde überzeugt sei, gerate es mit Sicherheit auch in anderen Fragen in Zweifel, bis „für unerschütterlich angesehene Lehren ins Wanken gekommen sind" (S. 49). Indem Galilei zur Verteidigung richtiger Lehren aufruft, zeigt er, dass er sich auch der gesellschaftlichen Sprengkraft, die von den Himmelsbeobachtungen ausgeht, bewusst ist. Damit wird eine zentrale Thematik des Dramas, die ausführlich im 8. Bild entfaltet wird, vorweggenommen. Galilei gelingt hier der Perspektivwechsel zu den Machthabern, indem er deutlich macht, dass es folglich im Interesse der Herrschenden sein müsse, wenn zwischen richtigen und falschen Lehren aufgeräumt werde, um letztlich deren Glaubwürdigkeit zu sichern. Wenn man diesen Schachzug Galileis vielleicht sogar als aussichtsreich bezeichnen kann, macht dieser doch seine eventuelle Überzeugungskraft sofort wieder zunichte. Indem er dafür plädiert, dass die neuen Wissenschaftler auf ihre Sinne vertrauen sollen und den

Durchsetzung der Wahrheit auf wissenschaftlichem Gebiet – Folge: Infragestellung kirchlicher Lehren

Gesellschaftliche Sprengkraft der Himmelsbeobachtungen

Mut aufbringen müssen, sich in unbekannte Gebiete vor-
zutrauen, vergleicht er diese mit dem einfachen Volk, nicht
studierten Fachmännern. Die von Standesdünkel geprägten Hofgelehrten überzeugt dies natürlich nicht im
Geringsten, sie können nur sarkastisch reagieren (vgl.
S. 50), sodass das Gespräch abbricht, ohne dass Galilei sein
Ziel erreicht hat. Allerdings wird noch der päpstliche Hauptastronom am Collegium Romanum[1], der wissenschaftlichen Hochschule des Vatikans, als Schiedsinstanz eingeführt. Er soll Galileis Behauptungen prüfen.

Funktion des vierten Bildes

Das Gespräch zwischen Galilei, Sagredo und den Hofgelehrten hat mehrere Funktionen. Zum einen werden in Person der Hofgelehrten die Einseitigkeit bzw. Verblendung
und die Macht der Anhänger des alten Weltbildes demonstriert, indem sie sich schlichtweg weigern, durch das Fernrohr zu schauen. Der Wandel von alter zu neuer Zeit wird
auch auf methodischer Ebene verbildlicht: Wie wird jeweils
wissenschaftlich gearbeitet? Außerdem zeigen sich hier die
Hofgelehrten als Helfer der Kirche, denn der anwesende
Theologe kommt kaum zu Wort und überlässt ihnen die
Diskussionsführung. Damit wird auf den zentralen Aspekt
des Wissenschaftlers als Helfer der Machthaber verwiesen.

Verzögerte Warnung der Bevölkerung vor dem Pestausbruch

5. Bild: Virginia betritt am frühen Morgen das Studierzimmer ihres Vaters und verbreitet die Nachricht vom bereits
im 4. Bild angedeuteten Ausbruch der Pest. Die Rollenver-
teilung in dieser Situation ist klar: Frau Sarti hat sich um die
Familienmitglieder und den nötigsten Proviant zu küm-
mern, Galileis Aufmerksamkeit dient der Rettung seiner
Unterlagen. Hoffnung, der Pest zu entkommen, ist in Form

---

[1] Collegium Romanum: 1551 als erste Schule des noch jungen Jesuiten-
ordens von dessen Gründer Ignatius von Loyola in Rom eingerichtet.
Über Jahrhunderte war es die wichtigste Bildungs- und Forschungs-
stätte unter päpstlicher Aufsicht. 1873 wurde das Collegium zur
„Päpstlichen Universität Gregoriana".

einer großherzoglichen Kutsche, die in wenigen Minuten ankommen soll, in Sicht. Galileis Anmerkung „Sie haben wieder einmal alles bis zum letzten Augenblick verheimlicht." (S. 51) deutet auf die Absicht der Machthaber hin, das Volk in Unkenntnis zu halten. Dieses Ziel hat sich bereits an mehreren Stellen, wie etwa der Verwendung des Lateins als Sprache der Wissenschaft, gezeigt.

In Andreas Weigerung, ohne die Kenntnis des Grundes das Haus zu verlassen, zeigt sich interessanterweise eine kleine Anspielung auf die Thematik der Autoritätshörigkeit im vorangegangenen Bild. Die schlichte Anweisung der Mutter genügt dem Kind, Galileis Schüler, nicht mehr.

Galilei packt Fernrohr und Bücher ein, kann sich aber dennoch nicht entschließen, vor der Pest zu fliehen, da er seine Aufzeichnungen an Ort und Stelle fortführen müsse. Der Kutscher will aber nicht länger warten und fährt mit den Kindern davon, noch ehe Frau Sarti Galilei zur Flucht überreden kann bzw. selbst noch die Kutsche erreicht. Galilei stellt somit seine Arbeit, die Suche nach „Beweise[n] für gewisse Behauptungen" (S. 53) gegen mächtige Feinde, über sein eigenes Wohlbefinden, sogar sein Überleben und auch über die Fürsorge für seine Tochter. Die Kategorie der Vernunft, die er gegenüber Virginia (vgl. S. 52) und auch Frau Sarti (vgl. S. 53) anlegt, gilt für ihn nicht. Er geht für seine Forschungen ein hohes Risiko ein, Frau Sarti tut dies aus persönlicher Verbundenheit gegenüber ihrem Arbeitgeber („Aber wer soll Ihnen Ihr Essen hinstellen?", S. 53).

Unbeirrter Galilei: Forschung statt Sicherheit

Frau Sarti: Sorge um Galilei, Flucht der Kinder

Drei Tage später geht Galilei vor sein Haus, da er sich auf der Suche nach Milch und Frau Sarti befindet, die er seit dem vorigen Abend vermisst. Da er aus einer Gasse tritt, die unter Pestverdacht steht, laufen alle (Nonnen, der Bäcker) vor ihm weg, aus Angst sich anstecken zu können. Nur eine Nachbarin, die mit Galilei scheinbar sicher von ihrem Fenster aus kommuniziert, weiß vom Zusammen-

Erkrankung Frau Sartis, Galilei allein

bruch der erkrankten Frau Sarti zu berichten und warnt Passanten deshalb vor Galilei. Diese Frau verurteilt das rücksichtslose Verhalten Frau Sartis, die ihrer Meinung nach durch das Verlassen des galileischen Hauses auch andere in Gefahr bringt. Später wird von einer anderen Nachbarin das Verhalten Frau Sartis gutgeheißen, weil diese dadurch Galileis Haus vor der Quarantäne bewahren wollte (vgl. S. 55). Beide gehen also bei ihrem Urteil von unterschiedlichen Bezugsgrößen aus: der Mehrheit der Stadtbevölkerung bzw. den einem selbst Nahestehenden.

Rücksichtslose
Sperrung der
Gefahrenzonen
durch Soldaten

Soldaten gehen rigoros gegen den nun auch unter Pestverdacht stehenden Galilei vor, indem sie ihn ins Haus zurückschieben und einschließen. Die aufgebrachte Nachbarin fordert diese auf, die Gasse mit den Pestfällen abzusperren, um die umliegenden Häuser zu schützen, muss aber mit ansehen, wie auch ihr Haus kurzerhand mit in die Sperrzone gerät. Auf individuelle Schicksale (ihr Mann wird durch diese Maßnahme ausgesperrt) oder Ungerechtigkeiten (in ihrem Haus gibt es keinen Krankheitsfall) wird in dieser Ausnahmesituation keine Rücksicht mehr genommen. Vielmehr wird kurzentschlossen, wenn auch ziemlich irrational gehandelt (vgl. auch S. 55: Vertreibung der Pestkeime mittels Lärm). Die Nachbarin kann nur noch in lautes Schluchzen ausbrechen. Galilei kommentiert: „Sie hauen uns ab wie den kranken Ast eines Feigenbaumes, der keine Frucht mehr bringen kann." (S. 54) Mit diesem Vergleich wird verdeutlicht, dass das Volk von den Machthabern im Stich gelassen wird, sobald es für diese ohne Nutzen ist. Der Einzelne ist nur wichtig für das Fortkommen der Regierung, eine Sorgfaltspflicht dieser gegenüber ihren Schützlingen scheint es nicht zu geben.

Wissenschaftliche
Ablenkung statt
Trost für den
verzweifelten
Andrea

Galilei nimmt im Gespräch mit einer alten Nachbarsfrau ebenfalls die Rolle einer höheren Instanz gegenüber einem Untergebenen ein, wenn er sich Selbstvorwürfe macht, Frau Sarti nicht weggeschickt zu haben. Er hat also ebenso

wie die von ihm kritisierte Regierung nicht gehandelt, ist
aber wenigstens zu moralischen Zweifeln fähig. Diese werden noch verstärkt (vgl. S. 56), als der verheulte Andrea
wider Erwarten an der Absperrung auftaucht. Er ist von der
Kutsche abgesprungen und drei Tage lang nach Florenz
zurückgelaufen. Seine Mutter ist so krank, dass er zu ihr
nicht mehr vorgelassen wird. Galilei, der am Tod der Mutter mitschuldig wäre, kann mit der Angst des Kindes nichts
anfangen (*„hilflos"*, S. 56) und weiß sich nicht anders zu
helfen, als das Gespräch auf die Ebene zu lenken, die ihm
im Umgang mit Andrea vertraut ist – den wissenschaftlichen Austausch. Mit der Nachricht von Beweisen zur Umlaufbahn der Venus um die Sonne, die auch einen weiteren
Beweis für die Richtigkeit des kopernikanischen Weltbildes
darstellen, versucht er, Andrea zu trösten.

Doch Galileis Wissensdrang überlagert zugleich wieder jedes zeitweilige Gefühl der Fürsorge. In Anbetracht der Absperrung, die die „Gefangenen" auf die Hilfe Außenstehen-
der angewiesen macht – zwei vermummte Männer reichen
an langen Stangen, um Körperkontakt zu vermeiden, den
Eingesperrten Lebensmittel zu – und damit die unmittelbare Gefahr der Pest illustriert, verlangt er von Andrea am
nächsten Tag noch einmal in diesem gefährdeten Stadtvier-
tel zu erscheinen, um ihm ein Buch mitzubringen, das er für
seine Forschungen benötigt. Dass er sich hier sehr welt-
fremd und realitätsfern zeigt, untermauert die Kommentierung seines Wunsches durch die Männer (vgl. S. 57). Er
verfügt hier über seinen Schüler, denn er geht bereits von
dessen Hilfe aus, noch ehe er ihn gefragt hat. Uneinge-
schränkt hinsichtlich seines Wissensdurstes bringt er damit
das Kind in Gefahr. Sein Verhalten zeugt somit von einem
sehr fragwürdigen Wissenschaftsethos, das abermals im Widerspruch zu seinem Glauben an die Vernunft des Menschen steht.

Rücksichtsloser
Galilei:
Gefährdung
Andreas für die
Forschung

Funktion des fünften Bildes

Die Pestszene spielt zwischen 1610 und 1616. Die historisch belegte Pestwelle in Mittelitalien fand aber erst 1632 statt. Ihre Aufnahme in die Dramenhandlung ermöglicht es, Galileis bereits angesprochenen unstillbaren, sich selbst und anderen gegenüber rücksichtslosen Erkenntnisdrang zu demonstrieren und seine Maßlosigkeit bei seinem Streben nach Wahrheit dem Publikum vor Augen zu führen.

Ortswechsel nach Rom: Galileis Erkenntnisse auf dem Prüfstand beim päpstlichen Astronomen

6. Bild: Die Pest ist überstanden. Galilei ist von Florenz nach Rom gekommen, um seine gesammelten Beweise für das kopernikanische Weltbild dem Hauptastronomen der Kirche – Christopher Clavius – vorzulegen, wie dies der Hofmarschall des Großherzogs vorgeschlagen hatte (vgl. Bild 4). Mit dem Schauplatz wechselt die Perspektive. Vom wissenschaftlich-universitär geprägten Padua über das die Wissenschaften unterstützenden, aber im Einflussbereich der Kirche liegende Florenz ist Galilei nun im Machtzentrum der damaligen Welt, dem Mittelpunkt der Kirche – Rom – angelangt, wo der Streit um das kopernikanische Weltbild nun von der kirchlichen Perspektive aus behandelt wird.

Hohn der Geistlichen für Galilei und das neue Weltbild

Demzufolge sind in der Szene neben zwei Gelehrten vor allem Repräsentanten der Kirche aller Ränge vertreten: ein Prälat[1], Mönche, ein Kardinal und päpstliche Astronomen. Sie warten neben Galilei, der abseits steht und das Treiben beobachtet, sich aber davon nicht beeindrucken lässt, auf das Ergebnis der Untersuchungen des Paters Clavius. Sie lachen sehr ausgelassen und machen sich über das neue Weltbild lustig. Besonders abfällig äußern sie sich über den Umstand, dass es Menschen gebe, die die neuen Behauptungen glauben. Sie werden von ihnen als dumm bewertet, wobei auch die ironische Betrachtung eigener Laster

---

[1] Prälat (praelatus = der Vorsteher): hoher Würdenträger (z. B. Bischof, Abt) der katholischen Kirche

als Verbildlichung dieser mutmaßlichen Leichtgläubigkeit dient (vgl. S. 58: Kirchenvertreter sollten eigentlich maßvoll leben). Die Kategorie der Vernunft, die Galilei für seine Sichtweise und methodische Arbeit in Anspruch nimmt, wird in diesem Zusammenhang wie selbstverständlich von den Kirchenvertretern für ihren eigenen Glauben, etwa an die Existenz des Teufels, gebraucht. Der Gegensatz könnte nicht größer sein. Doch das Verspotten reicht nicht aus, um die Abneigung gegenüber dem Untersuchungsgegenstand des Clavius auszudrücken.

Der Spott wird zu einer theatralischen Darbietung gesteigert, die die einzelnen im bisherigen Drama vorgestellten Erkenntnisse Galileis thematisch aufnimmt: Indem die Kirchenvertreter wie haltlos im Raum torkeln, karikieren sie die Erddrehung, die Venusbewegung und das Mondgebirge. Das doppeldeutig gebrauchte „Schwindel im Collegium Romanum" (S. 59) vereint demzufolge das körperliche Schwindelgefühl, das nach Meinung der Kirchenvertreter aus der Erdbewegung resultieren müsste, sowie die Bewertung dieser angenommenen Bewegung als Lüge.

Steigerung des verbalen Spotts im satirischen Spiel

Nichtsdestotrotz wird das Ergebnis des Clavius mit Spannung erwartet (vgl. die Reaktion auf das Eintreten von Mitgliedern der Untersuchungskommission: *„Stille tritt ein."*, S. 59). Die eintretenden Astronomen distanzieren sich von Clavius und erhellen damit ihre Einstellung zum Untersuchungsgegenstand (vgl. S. 59). Allerdings nimmt der zweite Astronom gegenüber dem ersten eine reflektiertere Haltung ein. Er drückt seine Sorge aus, dass mit der Anerkennung des Neuen die Kontinuität des Himmels verloren ginge, und räumt ein, dass kopernikanische Erkenntnisse bereits der Astronomie genutzt haben – wenngleich er diese Nutzung am liebsten rückgängig machen würde. Außerdem gibt er zu, dass gewisse Himmelserscheinungen mit dem alten Weltbild nicht erklärbar seien, auch wenn er dies nicht für nötig hält.

Spannungsvolles Warten auf das Ergebnis der Prüfung

Kirchenvertreter: völlige Orientierungslosigkeit der Gläubigen durch die Bestätigung der galileischen Forschung

Da die Vertreter der Kirche einen klaren Zusammenhang zwischen der Anerkennung von Sternenbahnen und dem gefährdeten Seelenheil der Menschen sehen (vgl. S. 60), verwundert ihr vehementes Sträuben gegen eine Untersuchung der Ergebnisse Galileis nicht. Wenn diese anerkannt werden würden, brächte dies die bisherige Welt, die auf dem wortwörtlichen Verständnis der höchsten Autorität – der Bibel – basiert (vgl. S. 60), in Unordnung (vgl. die Ausführungen des Philosophen im 4. Bild zum Verlust der Harmonie). Man lebte dann in einer verkehrten Welt, in der die bisherige Orientierung nicht mehr existierte: „Da ist kein Unterschied mehr zwischen Oben und Unten, zwischen dem Ewigen und dem Vergänglichen." (S. 60 f.) Die unzeitgemäße Anspielung des sehr dünnen Mönchs auf die Evolutionslehren Darwins[1] und Lamarcks[2] treibt die Zukunftsvorstellung auf die Spitze: Die Verkehrung der Verhältnisse würde so weit gehen, dass es auch keinen Unterschied mehr zwischen Mensch und Tier gäbe.

Der Monolog des sehr alten Kardinals, eines Vertreters der alten Lehre

Der eintretende sehr alte Kardinal setzt die geschilderten Gedankengänge monologisierend fort: Der Mensch sei die „Krone der Schöpfung", ein „Wunderwerk" (S. 61), weswegen er von Gott nicht auf einem dezentralen Planeten platziert worden sein könne. Der Kardinal ist der ranghöchste anwesende Geistliche (ihm wird ehrerbietig Platz gemacht) und findet vielleicht auch deshalb die drastischsten Worte. Die zur Prüfung vorgelegten Fakten beurteilt er als eine „Kleinigkeit" (S. 61), die Galilei aber zu einem „Feind des Menschengeschlechts" (S. 61) machten, weswegen er die-

---

[1] Charles Darwin (1809–1882): englischer Biologe, gilt als einer der bedeutendsten Naturforscher der Geschichte. Auf ihn geht die moderne Evolutionstheorie zurück. Er begründete die Selektionstheorie durch natürliche Zuchtwahl.

[2] Jean-Baptiste de Lamarck (1744–1829): französischer Botaniker und Zoologe. Er bestritt als Erster die Unveränderlichkeit der Arten und gilt als Vorläufer des Darwinismus.

sem auch unverhohlen droht, indem er ihn u. a. mit dem als Ketzer verbrannten Astronomen Giordano Bruno vergleicht. Die Entscheidung der Untersuchungskommission steht für ihn entsprechend genauso außer Frage, wie die Aussagen der Bibel die einzig mögliche Wahrheit darstellen. In seine Empörung über die Degradierung des Menschengeschlechts im kopernikanischen Weltbild steigert sich der sehr alte Kardinal derart hinein, dass er seine körperliche Gebrechlichkeit (vgl. S. 61 f.) zeitweilig vergisst. Er versteht sich als aktiv Handelnder, der dieser Auffassung verbal kämpfend gegenübertritt: „Welches Geschöpf Gottes wird sich so etwas gefallen lassen?" (S. 61); „Aber ich jedenfalls lasse es mir nicht gefallen." (S. 62). Seine Ausführungen zur Richtigkeit des ptolemäischen Weltbildes (vgl. S. 62) demonstriert er auch körperlich, indem er stolz auf und ab schreitet. Sein Ziel ist die Demonstration des sicheren Schritts des sich im Mittelpunkt des Universums befindlichen Menschen auf einer festen Erde. Genau in dem Moment, in dem er die Unvergänglichkeit der von ihm vertretenen Auffassung preisen will, sinkt er erschöpft zusammen. Die Standfestigkeit des Menschen im Mittelpunkt des Universums und die Dauerhaftigkeit des von ihm postulierten alten Weltbildes werden damit ad absurdum geführt. Der Zustand des Kardinals – sehr alt und schon einer Stütze bedürftig (vgl. S. 61) – ist folglich als Metapher für den Zustand des von ihm vertretenen Weltbildes und der Kirche allgemein zu sehen (als Stütze des kirchlichen Machtsystems kann man die bereits angedeutete Unterdrückung Andersdenkender deuten, vgl. S. 59).

Der Kontrast zwischen seiner egozentrischen Selbstinszenierung und seinem körperlichen Zusammenbruch ist augenfällig. Sein Auftritt wirkt wie ein hilfloses Aufbäumen der alten Lehren, deren Zeit abgelaufen ist. Der körperliche Zusammenbruch illustriert die Brüchigkeit seiner Argumentation und derjenigen der Kirche. Darüber hinaus ist

Spiegelung der Brüchigkeit der kirchlichen Position durch den Zusammenbruch des Kardinals

sein Auftreten ebenfalls als Sinnbild für den Charakter der Kirchenvertreter zu sehen. Der Kardinal lässt sich keine Ratschläge geben (vgl. S. 62), ist also engstirnig, zeigt sich machthaberisch (vgl. S. 61) und herablassend (vgl. S. 62). Er greift Andersdenkende massiv an und droht ihnen aus Angst vor dem Verlust der eigenen Position.

Verkündung des Ergebnisses: Etappensieg für Galilei

Dass der Kardinal und das alte Weltbild Relikte einer überkommenen Zeit sind, wird durch die Bestätigung der Ergebnisse Galileis durch die Untersuchungskommission vor Augen geführt. Das lapidare Urteil „Es stimmt." (S. 62) wird von Clavius lediglich im Vorbeigehen kundgegeben. Fragen, Ausrufe des Entsetzens – jegliche menschliche Regungen – bleiben aus. Die Wartenden sind scheinbar so entsetzt über das Urteil, das sie nicht im Entferntesten für möglich gehalten hatten, dass sie zu keiner Reaktion fähig sind (vgl. die Regieanweisungen S. 62: „*Totenstille.*"; S. 63: „*Alle verlassen verstört den Saal.*"). Ebenso ist niemand in der Lage, den aus der Ohnmacht wiedererwachten Kardinal über die Geschehnisse aufzuklären.

Einführung einer neuen Figur: der kleine Mönch

Der kleine Mönch, ein Mitglied der Untersuchungskommission, der im weiteren Verlauf der Handlung ein Schüler Galileis werden wird, bewertet das Urteil als persönlichen Sieg Galileis. Seine Äußerung wirkt wie eine Gratulation, die er aber aufgrund seiner Zugehörigkeit zum Klerus „*verstohlen*" (S. 63) vorbringen muss. Seine Hin- und Hergerissenheit, die im folgenden Bild offenbar wird, deutet sich an. Galilei legt im Gegensatz zum kleinen Mönch das Urteil entsprechend seines bereits mehrfach ausgesprochenen Menschenbildes als Sieg der Vernunft aus.

Keine endgültige Entscheidung durch Clavius

Dass Clavius' Entscheidung nicht die endgültige Positionierung der Institution Kirche zu den Forschungsergebnissen Galileis sein wird, lässt sich am Ende des Bildes erahnen. Scheinbar am Ziel angelangt, begegnet Galilei beim Verlassen des Saales dem Kardinal Inquisitor, dem höchsten Vertreter der Inquisition. Es kommt also im Moment des vermeintlichen Triumphs der Vernunft zum Aufeinandertreffen mit dem mächtigsten Vertreter der kirchlichen Doktrin (Lehre). Das Treffen weist auf den Fortgang des Dramas voraus. Die Positionen Galileis bleiben gefährdet.

Das sechste Bild dient vor allem der Präsentation der überheblichen und engstirnigen kirchlichen Position, indem das alte Weltbild zusammengefasst dargelegt wird und die Ungeheuerlichkeit seiner Abschaffung skizziert wird. Durch den sinnbildlichen Zusammenbruch des sehr alten Kardinals und Clavius' Urteil scheint eine Wende einzutreten. Doch der Auftritt des Inquisitors lässt bereits erahnen, dass Galileis Triumph nicht endgültig sein wird.

Funktion des sechsten Bildes

7. Bild: Die nebenordnende Konjunktion „ABER" (S. 64) verdeutlicht die syntaktische Zusammengehörigkeit der Überschriften der Bilder 6 und 7 und nimmt das Ergebnis der 7. Szene vorweg: Im Kontrast zur vorhergehenden Szene wird die kopernikanische Lehre verboten, obwohl ihre Richtigkeit vom Collegium Romanum anerkannt wurde. Die Gründe dafür werden vor der Szenerie eines im Hause des Kardinals Bellarmin in Rom stattfindenden Maskenballs entfaltet. Galilei, der sich in Rom einiger Berühmtheit erfreut, wird mit Applaus empfangen.

Er wird von Virginia und Ludovico Marsili begleitet, der sich mit Galileis Tochter verlobt hat. Unbeschwertheit und Ausgelassenheit kennzeichnen die romantische Frühlingsstimmung, die besonders Galilei zum Ausdruck bringt. Er macht sich einmal mehr über seine Tochter lustig, deren Schönheit er scherzhaft mit der Akzeptanz seiner Forschungen in Zusammenhang bringt.

Begleitung Virginias durch Ludovico zum Maskenball

Ludovico zeigt, dass er trotz der Lehrstunden und des künftigen Familienverhältnisses kein Anhänger von Galileis Forschungen zum kopernikanischen Weltbild ist, und kennzeichnet sich so als Vertreter der alten Lehre. Seine Äußerung („Sie dreht sich ja gar nicht.", S. 64) kann als

Ludovico: trotz Verlobung ein Vertreter der alten Welt

Vorausdeutung für das Ergebnis der Szene interpretiert werden.

Kirchliche Kontrolle auch beim Fest

Am Eingang zum Festsaal, in dem der erste Karneval nach der großen Pestepidemie stattfindet, sitzen zwei kirchliche Sekretäre und fertigen Notizen zu den Gästen an. Die Kurzweiligkeit der Abendveranstaltung ist also nicht losgelöst von kirchlicher Kontrolle zu sehen und nur innerhalb eines bestimmten Rahmens möglich.

Konflikt zwischen Alt und Neu beim Schachspiel

Die Sekretäre spielen Schach nach althergebrachten Regeln. Galilei demonstriert ihnen, nachdem er Virginia und ihren Begleiter zum Tanz verabschiedet hat, ungefragt in seiner ausgelassenen Stimmung eine modernere Variante mit raumgreifenden Spielzügen. Die Metaphorik der Spielweisen für die Enge bzw. Weite des alten bzw. neuen Weltbildes tritt in Verbindung mit der bereits im 1. Bild gebrauchten Schifffahrtsmotivik auf (vgl. auch S. 65). Der Wandel der Zeit setzt sich fort. Der im vorherigen Bild vor Selbstsicherheit strotzende sehr alte Kardinal hat selbige eingebüßt und begrüßt verunsichert den berühmten Forscher. Das im Ballsaal erklingende Lied thematisiert die Vergänglichkeit und gibt damit eine Vorausdeutung auf den bald zutage tretenden Konflikt zwischen wissenschaftlicher Erkenntnis und kirchlicher Macht. Die beiden auf Galilei zutretenden Kardinäle Bellarmin und Barberini tragen Tauben- und Lammmasken und verbergen hinter diesen geistlichen Symbolen ihr wahres Gesicht. Ebenso verschleiern sie zunächst ihre Absicht, die kopernikanische Lehre zu verbieten, hinter einer scherzhaften Unterhaltung, die vielmehr einem verbalen Kräftemessen zwischen Galilei und Barberini entspricht. Barberini eröffnet das Duell mit Bibelzitaten, indem er unmittelbar zum Thema „Rotation der Sonne" kommt. Doch Galilei erweist sich als würdiger Gegner in der Auseinandersetzung über das Verhalten des Wissenschaftlers, indem er nicht nur durch die Analogie einer kindlichen Beobachtung die ptolemäische Lehre widerlegt, sondern sich vielmehr als reaktionsschneller, schlagfertiger

Spielerisches Zitatenduell mit den Kardinälen Bellarmin und Barberini über den Umgang mit neuen Erkenntnissen

Bibelkenner ausweist, während Barberini sehr frei aus der Heiligen Schrift zitiert und dabei erhebliche Abwandlungen des Wortlautes vornimmt. Die falschen Zitate des Kardinals zielen auf ein Zurückhalten von Erkenntnissen, die zu maßgeblichen Veränderungen führen könnten. Galilei hingegen macht sich für einen Einsatz des Wissens zugunsten des Volkes stark: der Wissenschaftler im Dienst der Menschheit und der Wahrheit. Durch die originalgetreue Zitation der Bibel durch Galilei lässt der Autor Brecht keinen Zweifel daran, wer hier das Recht auf seiner Seite hat.

Doch die Geistlichen sind keineswegs stereotype Vertreter des Klerus. Vielmehr weist sich Barberini als astronomiekundig aus und begrüßt den Scharfsinn beweisenden Galilei als „Freund" (S. 67), während Bellarmin den praktischen Nutzen neuer Forschungen begrüßt, sofern diese die Bibel nicht in Zweifel ziehen.

Auch die beiden Kardinäle als Sympathisanten moderner Forschung

Obwohl die Kardinäle sich lieber dem Ballgeschehen widmen würden, kommen sie Galileis Wunsch nach einer ernsten Unterhaltung nach. Galilei macht deutlich, dass sein Vernunftglaube auch die Schöpfung mit einschließt, weswegen auch die Bahnen der Planeten regelmäßigen Mustern folgen müssten. Argumente zur Untermauerung seines Standpunktes führt er nicht an, vielmehr wird er im folgenden Disput immer wieder unterbrochen und zeigt sich rhetorisch in einer schwachen Position. Kardinal Bellarmin entfaltet die Gegenposition der Kirche. Mit Vernunft könne das Elend der Welt nicht erklärt werden.

Wechsel zum ernsthaften Gespräch

Es bedürfe der Religion als Auslegung eines göttlichen Planes und damit der Kirche, um Sinn in die Welt zu bringen. Als illustrierendes Beispiel führt er die Knechtschaft der Campagnabauern[1] an. Da Gott der Schöpfer ist, darf dieser

Religion ist notwendig, um Sinn in die Welt zu bringen

---

[1] Campagnabauern: Die Campagna Romana ist die Region um Rom zwischen dem Tyrrhenischen Meer und dem Gebirgszug des Apennin. Die Bauern dieser Region lebten in der frühen Neuzeit in absolutistisch anmutender Abhängigkeit ihrer Herren, in deren Besitz die Ländereien waren.

auch nicht in Teilbereichen wie der Astronomie angezweifelt werden. Insofern ist die Sinnhaftigkeit der kirchlichen Konstruktion („Wir haben die Verantwortung [...] einem höheren Wesen zugeschoben [...].", S. 68) von der unumstößlichen Autorität der Bibel bzw. derer, die sie auslegen, abhängig. Die Zielsetzung der Kirche und ihr Machtanspruch, dieses Ziel auch durchzusetzen („Aber wie die Bibel aufzufassen ist, darüber haben schließlich die Theologen der Heiligen Kirche zu befinden, nicht?", S. 69), werden in einem offenen Gespräch eingeräumt. Die Kardinäle sind währenddessen nicht maskiert und das Gespräch wird zunächst nicht protokolliert. Danach kommt es zu einer offiziellen, förmlichen (vgl. die anschließende Protokollierung) Demonstration dieser Macht.

Mitteilung an Galilei: Verbot der kopernikanischen Lehre

Die kopernikanische Lehre, die durch Galileis Forschungen bewiesen werden konnte, wird, da sie sich nicht in Übereinstimmung mit der kirchlichen Auslegung der Bibel befindet, als „töricht, absurd und ketzerisch im Glauben" verboten (S. 69). Passend zum Beschluss des Heiligen Offiziums[1] untermalt eine weitere Strophe des Liedes über die Vergänglichkeit die Situation. Fakten sind für die kirchlichen Institutionen im Vergleich zur Sinnhaftigkeit der Welt und dem damit verbundenen Seelenheil der Menschen, die beide nur durch die Sicherung der Autorität der Kirche erhalten bleiben können, nicht von Interesse.

Kompromiss: Forschung zur kopernikanischen Lehre in Form einer wissenschaftlichen Hypothese

Doch nur offiziell: Die der Wissenschaft zugetanen Kardinäle stellen Galilei in Aussicht, seine Forschungen zur kopernikanischen Lehre in Form einer wissenschaftlichen Hypothese (Wiederaufnahme des Motivs der Maske) weiterhin zu betreiben. Sie ermuntern ihn eindringlich dazu („*Dann sieht er ihn scharf an*", S. 70), diesen Strohhalm zu ergrei-

---

[1] Das Heilige Offizium: oberste Behörde des dem Papst direkt unterstellten Gerichts der römisch-katholischen Kirche zur Überwachung der Einhaltung der Glaubenslehre (Inquisition)

fen, da sie ihn und seine Forschung wertschätzen, wovon auch die ununterbrochene Titulierung Galileis als Freund zeugt (vgl. die Einräumung zum Nutzen der Seekarten, S. 66). Sie ziehen den sprachlosen Galilei in das Ballgetümmel fort. Im Gegensatz zu ihnen trägt er, wie auch Barberini bemerkt, keine Maske, denn er vertritt unverschleiert seine Überzeugungen.

Die Kardinäle allerdings zeigen sich „doppelgesichtig". Demaskiert im offenen Gespräch mit Galilei zeigen sie ihr Bewusstsein über die Richtigkeit des neuen Weltbildes und ihr Wissen um die Rolle der Kirche. Sie sind sich über die von ihnen vertretene Ideologie im Klaren. Maskiert hingegen sind sie die unschuldigen Vertreter (vgl. S. 70) des reinen Christentums, dessen Aufgesetztheit durch die Tauben- und Lammmasken offenbart wird. Zusammengefasst verkörpern Barberini und Bellarmin den aufgeklärten Klerus, der sich der Zusammenhänge bewusst ist, vor allem aber den Machtanspruch der Kirche aufrechterhalten möchte

Funktion der Masken: Verbergen des wahren Gesichts der Kardinäle

Galilei und die Kardinäle Bellarmin und Barberini (Inszenierung des Berliner Ensembles 1971)

(„In einem solchen Aufzug können Sie mich murmeln hören: Wenn es keinen Gott gäbe, müßte man ihn erfinden.",
S. 70).

**Auftritt des
Inquisitors**

Wie bereits im vorangehenden Bild schließt die Szene mit dem Auftritt des Kardinal Inquisitors, denn seine Meinung ist entscheidend. Er lässt sich von den beiden Sekretären vom vorangegangenen Gespräch berichten bzw. die heimlichen Aufzeichnungen zeigen. Virginia, wahrscheinlich auf der Suche nach ihrem Vater, erscheint. Der Inquisitor verwickelt sie in eine Unterhaltung, die völlig einseitig vom Kardinal Inquisitor dominiert verläuft. Glückwünsche zur Verlobung werden ausgesprochen.

**Indirekte
Drohung an
Galilei im
Gespräch mit
Virginia**

Doch schnell wird offenbar, worum es ihm wirklich geht: „Ich kann mir denken, daß Ihr Vater Sie braucht." (S. 71) Diese hinter Fürsorge versteckte Drohung wird von ihm mit der Gefahr verbunden, sich als Wissenschaftler in der Weitläufigkeit der Gestirnwelten zu verlieren. Damit wird offenbar, dass Galilei trotz des Verbotes, das den Umgang mit der kopernikanischen Lehre regelt, sich keineswegs in Sicherheit wiegen kann, sondern vielmehr sein zukünftiges Verhalten in Bezug auf die kopernikanischen Lehren unter Beobachtung stehen wird.

Virginia versteht, sehr zur Erheiterung des Inquisitors, nichts von Astronomie, weswegen er ihr eine Lehrstunde erteilt. Doch er stellt den Vergleich der beiden Weltbilder lediglich hinsichtlich der Frage der Ausdehnung des Universums an. Das Weltbild der Neuerer sei „ganz unvorstellbar weit ausgedehnt" (S. 72), weswegen sich die Vertreter des Heiligen Offiziums sorgten, „auf so ungeheuren Strecken könnte ein Prälat und sogar ein Kardinal leicht verlorengehen. Selbst ein Papst könnte vom Allmächtigen da aus den Augen verloren werden" (S. 72f.).

Das neue Weltbild bedroht also in den Augen der Inquisition den Stellenwert kirchlicher Vertreter und damit die Institution Kirche selbst. Unverhohlen macht er deutlich, dass das Verbot der kopernikanischen Lehre also auf die Sicherung des kirchlichen Machtanspruches abzielt. Dieser Anspruch soll durch niemanden gefährdet werden (vgl. die erneute, mehrfach hinter Fürsorge versteckte Bedrohung Galileis, indem er u. a. wiederholt darauf hinweist, dieser werde Virginia brauchen, S. 73). Der Inquisitor steigert noch die Selbstoffenbarung der kirchlichen Zielsetzung im Vergleich zu den Kardinälen Bellarmin und Barberini. Während diese zugeben, dass das Gottesbild ein Konstrukt der Kirchenväter zum Wohl der Menschen ist, das durch die Theologen aufrechterhalten werden muss, lassen die Ausführungen des Inquisitors solche Verweise auf das Seelenheil und damit auf eine Dienstfunktion der Kirche vermissen. Vielmehr erscheint die Kirche jetzt völlig egozentrisch in ihrem universellen Machtanspruch.

Unmissverständliche Verdeutlichung der kirchlichen Autorität durch die neue Lehre

Angesichts dieses offenbarten Selbsterhaltungstriebes muss jeder Vernunftglaube Galileis den Kirchenvertretern gefährlich erscheinen. Wissenschaftliche Beweise sind für die Entscheidungen der Kirche in diesem Fall völlig irrelevant. Bellarmin: „Die Heilige Kongregation hat ihren Beschluß gefaßt, ohne diese Einzelheiten zur Kenntnis zu nehmen." (S. 70)

Beweise für die neue Lehre vor diesem Hintergrund irrelevant

Die Darstellung von Galileis Gegnern wird im siebten Bild ausgebaut. Es wird erneut gezeigt, dass die Kirchenvertreter keine homogene Gruppe bilden. Einerseits treten die wissenschaftsfreundlichen Kardinäle Barberini und Bellarmin auf, die auch für die sinnstiftende Funktion des alten Weltbildes für breite Teile der Bevölkerung einstehen und die Forschung am neuen Weltbild durch Galilei – trotz Verbotes – fortgesetzt sehen wollen. Andererseits steht der erneut am Schluss des Bildes auftretende Inquisitor für den absoluten, egozentrischen Machtanspruch der Kirche, der zu dem Verbot geführt hat, die kopernikanische Lehre zu betreiben. Galilei wird als Unterlegener dargestellt und der

Funktion des siebten Bildes

Eindruck der Bedrohung durch den neuerlichen Auftritt des Inquisitors gesteigert.

Der kleine Mönch
zu Besuch bei
Galilei

8. Bild: Der kleine Mönch, der Galilei das Ergebnis der Untersuchungskommission des Clavius zugeflüstert hatte und sich so als Sympathisant zeigte, erscheint bei Galilei, der sich noch in Rom befindet. Dessen Zorn über das Verbot der kopernikanischen Lehre scheint sich in Verbitterung und Resignation verwandelt zu haben, wenn er dem Mönch, der sich als Wissenschaftler („Ich habe Mathematik studiert", S. 74) zu erkennen gibt, ironisch herablassend begegnet (vgl. S. 74).

Hin- und
Hergerissensein
des Mönches
zwischen Dekret
und Richtigkeit
der Lehre

Der kleine Mönch steckt offenbar in einem tiefen inneren Konflikt – er ist Theologe und Wissenschaftler zugleich –, resultierend aus dem Verbot der kopernikanischen Lehre. Als Wissenschaftler und Mitglied von Clavius' Untersuchungskommission ist er von der Richtigkeit der astronomischen Erkenntnisse überzeugt, sucht aber gleichzeitig eine Erklärung für das kirchliche Dekret (die amtliche Verfügung der Inquisition zu den Werken des Kopernikus) zur Ablehnung der durch diese Erkenntnisse bewiesenen Lehre. Doch mit seiner Entscheidung für das Dekret konnte er den Konflikt für sich auflösen („Mir ist es gelungen, in die Weisheit des Dekrets einzudringen.", S. 74).

Versuch der
Überzeugung
Galileis von der
Richtigkeit des
Dekrets

Offiziell möchte er seine Sichtweise darlegen, um als Vorbild Galilei („auch einen Astronomen", S. 75) von der Einhaltung des Dekrets zu überzeugen. Warum ihm daran gelegen ist, lässt sich nicht erkennen.

Der kleine Mönch
als Kontrastfigur
zu den hohen
Kirchen-
vertretern

Der kleine Mönch Fulganzio ist eine Kontrastfigur zu den hohen Kirchenvertretern, vom sehr alten Kardinal aus Bild 6 über die Kardinäle Bellarmin und Barberini bis hin zum Inquisitor. Während deren Argumentation letztlich auf die Autorität der Bibel bzw. ihrer eigenen Position hinauslief und Zeugnis ihres Machtanspruches gab, legt Fulganzio den Blick auf die Anhänger der Kirche – das Volk. Galilei

allerdings rechnet nach seinen Erfahrungen nicht mehr mit
so viel menschlicher Zugewandtheit vonseiten der Kirche.
Der ironische Kommentar zur Mönchskutte (vgl. S. 74), die
den kleinen Mönch als Theologen identifiziert, zeigt, dass
Galilei Kirchenvertreter als autoritäre Persönlichkeiten kennengelernt hat, die ihre Position mit den ihnen eigenen
Machtmitteln durchsetzen („Ich darf sagen, daß mir solche
Beweggründe bekannt sind. […] Sagen Sie ruhig Folterinstrumente.", S. 75).

Der kleine Mönch geht von seiner eigenen niederen Her- *Verteidigung*
kunft als Sohn von Bauern in der Campagna aus. Sie wür- *des Dekrets*
den in ärmlichen Verhältnissen leben und müssten zeitle- *durch den*
bens körperlich sehr hart arbeiten. Ihr Leben sei nur zu er- *kleinen Mönch*
tragen durch das Vertrauen auf eine höhere Ordnung.
Diese zeige sich in den Naturkreisläufen (z. B. Feldarbeit),
aber auch in der universellen Ordnung, innerhalb derer die
Bauern sich in der ihnen zugewiesenen Rolle bewähren
müssten. Fiele die bewährte Ordnung weg, indem die Erde
ihrer Bedeutung als Mittelpunkt des Weltalls beraubt würde, wie wäre dann das irdische Elend zu erklären, worin
könnten die Menschen sich einen Lebenssinn bewahren,
wenn sie aufhörten, an die ausgleichende Gerechtigkeit im
Jenseits zu glauben? Der kleine Mönch verteidigt das Verbot der kopernikanischen Lehre aus religiösen Gründen,
argumentiert aber eben nicht wie die anderen Kirchenvertreter mit der Gefährdung seiner eigenen Position, sondern
übernimmt ausschließlich die Perspektive des einfachen
Volkes. Sein Plädoyer wirkt im Kontrast zu den zynischen
Machthabern aufrichtig und betroffen.

Der kleine Mönch erhält von Galilei ironische Zustimmung: *Galileis*
Es gehe der Kirche nicht um Himmelskörper, sondern um *Ablehnung*
die Funktionsfähigkeit der Gesellschaft. Aber für ihn sind *des Dekrets*
die Armut und das Elend der Bauern nicht unveränderbar,
sondern logische Konsequenz des Machtanspruchs der Kirche, der sich auch in deren Kriegsführung im Namen der

Religion zeige. Diese Kriege würden mit der Arbeitskraft der Bauern finanziert. Und die aus der resultierenden materiellen Not der Bauern hervorgehenden Tugenden seien keineswegs erstrebenswert, sondern abzulehnen, da die Not mithilfe der neuen Wissenschaften beseitigt werden könne. Demzufolge lehnt Galilei auch das Idealbild eines einfachen tugendhaften Lebens ab, da er sich für die Bauern Glück, Wohlstand und Unabhängigkeit wünscht, ihre Situation also verbessern will.

Der kleine Mönch bekräftigt seine Schlussfolgerung: „Es sind die allerhöchsten Beweggründe, die uns schweigen machen müssen, es ist der Seelenfrieden Unglücklicher!" (S. 77) Neue Argumente fügt er nicht hinzu. Während er die psychische Verfassung der einfachen Menschen ins Feld führt, macht auch Galilei deutlich, welche moralischen Auswirkungen sein Schweigen von den neuen Erkenntnissen für ihn, den Wissenschaftler, hätte: Er würde aus egoistischen Motiven handeln – materieller Wohlstand und Angst vor Verfolgung. Gleichzeitig entlarvt er damit vor dem Theologen, der an die Seelengüte seiner Kirche glaubt, deren Bestechungsversuche und Skrupellosigkeit, also deren Doppelmoral.

Keine Anpassungs- oder Verkürzungsmöglichkeit wissenschaftlicher Wahrheiten

Da der Mönch als Theologe aber dennoch nicht zu überzeugen ist, wendet sich Galilei im Folgenden an den Physiker im Mönch, den er nun vertraut anredet („du", u. a. S. 78; „mein Sohn", S. 79). Am Beispiel einer Gartenstatue des Fruchtbarkeitsgottes Priap, dessen künstlerische Verarbeitung in einer Satire des römischen Dichters Horaz[1] von Galilei rezitiert wird, verdeutlicht Letzterer den Schönheitssinn des Dichters und in Analogie den des Physikers. Ebenso wenig wie die Wortwahl des Dichters vorschreibbar bzw. austauschbar sei, könnten wissenschaftliche Wahrheiten nicht auf einen Teil reduziert werden (z. B. Phasen der Ve-

---

[1] Horaz (65–8 v. Chr.): bedeutender römischer Dichter

nus ignoriert werden) oder so verändert werden, dass sie zu den Belangen der Kirche passen (vgl. S. 78). Der Wissenschaftler benötigt die Freiheit, die gesamte Wahrheit zu sagen. Doch diese Wahrheit würde sich nicht allein durchsetzen, sondern bedürfe der Hilfe der Vernünftigen, also der Wissenschaftler, die von dieser Wahrheit/Vernunft wissen. Galileis Glaube an die Vernunft, den er zu einem früheren Zeitpunkt Sagredo dargelegt hat (vgl. Bild 3), wird hier erneut aufgenommen.

War er damals der Meinung, die Menschen würden sich von praktischen Beweisen überzeugen lassen, weil Denken ihnen Vergnügen bereite, variiert er nun seine These, indem das Denken den Menschen als Voraussetzung erst gelehrt werden müsse. Er verweist hier ganz eindeutig auf die Verantwortung des Wissenschaftlers, der, etwa in der Funktion eines Geburtshelfers, den Menschen zu Bildung und Wissen verhelfen müsse. Die Verbesserung der Lebensumstände eines Großteils der Bevölkerung ist, so kann gedeutet werden, an den selbstlosen Einsatz der Forscher gebunden. Er fordert also indirekt auch energischen Widerstand gegen die Verdammung zur Handlungslosigkeit durch das Dekret. Die Vorstellungen der Kirche spielen in dem Zusammenhang für ihn keine Rolle.

Der Wissenschaftler als Lehrer für das eigenständige Denken zur Verbesserung des Lebens

Die Kraft des Denkens und der Neugierde veranschaulicht Galilei sogleich am kleinen Mönch. Indem er ihm neue Forschungsergebnisse zu den Gezeiten mit der widersprüchlichen Aufforderung, diese nicht zu lesen, unterbreitet, beendet er das theoretische Gespräch und verführt ihn gänzlich, die Haltung des Theologen aufzugeben und sich vollständig seinem wissenschaftlichen Erkenntnisinteresse und seiner Lust am Denken zu widmen.

Wissenschaftliche Denklust: Verführung des kleinen Mönchs zur Naturwissenschaft

Der kleine Mönch kann sich der Faszination des neuen Wissens nicht entziehen und wird zum Schüler Galileis (vgl. S. 79). Durch die Metapher des Sündenfalls (Adams und Evas Vertreibung aus dem Paradies, vgl. S. 79) wird das

Wissenschaftliches Laster: der kleine Mönch als Galileis neuer Schüler

Erkenntnisinteresse einerseits als ureigene menschliche Eigenschaft charakterisiert, andererseits wird es von Galilei sehr kritisch als Laster dargestellt, das den Menschen irrational handeln lässt. Mit dem beispielhaften Verweis auf die Unvernunft, sich in einem Kerker einsperren zu lassen, um das Licht zu erforschen, und dem Hinweis auf die Zwangshandlung, erworbenes Wissen weiterzugeben (vgl. S. 79), wird ganz deutlich auf Galileis Inhaftnahme durch die Inquisition infolge der weitergeführten und veröffentlichten Forschungen hingedeutet.

Funktion des achten Bildes Im achten Bild wird das Vernunft-Motiv in einer Variation wieder aufgenommen. In Auseinandersetzung mit dem kirchlichen Dekret kommt Galilei zu der Überzeugung, der Wissenschaftler müsse der Durchsetzung der Wahrheit dienen. Insofern trage er Verantwortung, die Lebenssituation des Volkes zu verbessern. Hier wird von Galilei explizit auf die soziale Verantwortung des Wissenschaftlers verwiesen. Seinen eigenen Ansprüchen genügt er also nicht, wenn er sich erstens in der Folge an das Dekret hält und zweitens später im Prozess seine Lehre widerrufen wird.

Acht Jahre später, Schauplatz Florenz: keine Weiterforschung, Einhaltung des Dekrets **9. Bild:** Schauplatz und Zeit haben sich geändert. Die Szene spielt wieder in Galileis Haus in Florenz. Acht Jahre sind seit seinem Aufenthalt in Rom und dem Dekret vergangen. Durch eine Unterhaltung zwischen Virginia und Frau Sarti, die die Pest überlebt hat, erfährt der Leser, was sich in der Zwischenzeit zugetragen hat. Die beiden Frauen sind mit Nähen beschäftigt, um Virginias Aussteuer herzustellen. In all den Jahren hat sie also Ludovico Marsili noch nicht geheiratet. Virginia offenbart Frau Sarti, dass die Mutter ihres Verlobten Galileis Bücher ablehne. Sie nimmt also die gleiche Haltung wie die Kirche ein (vgl. das Pars pro Toto „So wenig wie Pater Christophorus." – der Beichtvater Virginias, S. 80). Andererseits hat Galilei seit Jahren kein weiteres Buch mehr veröffentlicht. Virginia zeigt, dass sie der

Darlegung des Inquisitors zur Astronomie (vgl. das Ende von Bild 7) mehr Glauben schenkt als den Ausführungen ihres Vaters. Zudem nimmt sie an, dass auch Letzterer bekehrt worden sei und seinen vermeintlichen Irrtum (die kopernikanische Lehre) eingesehen habe.

Das Gespräch der Frauen weist ebenso wie die erste Regieanweisung – Galilei und seine Schüler Federzoni, Andrea und nun auch der kleine Mönch betreiben eine experimentelle Vorlesung – auf die Themen des Bildes voraus: Galileis Weiterführung seiner Forschungen, der daraus resultierende Konflikt zwischen den Häusern Galilei und Marsili sowie dessen Folgen für die anstehende Heirat.

Die wissenschaftliche Arbeit Galileis und seiner Schüler wird zunächst durch den Auftritt des aufgewühlten Gelehrten Filippo Mucius gestört. Dieser ehemalige Schüler Galileis ist erschienen, um sich zu rechtfertigen, dass er in seinem Buch die kopernikanische Lehre scheinbar negiert. Galilei unterbricht ihn immer wieder rüde und zeigt durch die Verwendung identischer Beispiele dieselbe ironische Verbitterung wie auch schon anfangs gegenüber dem kleinen Mönch (vgl. die Bemerkung zur Mathematik: „Das könnte helfen, wenn es Sie veranlaßte einzugestehen, daß zwei mal zwei hin und wieder vier ist!", S. 74) bzw. gegenüber den kirchlichen Vertretern im Saal des Collegium Romanum (vgl. das Fallenlassen eines Steins, S. 61). Galilei ist einerseits so aufgebracht, da es ihn diskreditiert, wenn sein eigener Schüler seine Forschungsmeinung verneint. Andererseits zeigt er hier erneut den gegenüber dem kleinen Mönch erhobenen Anspruch auf die Verantwortung des Wissenschaftlers: „Aber wer sie [die Wahrheit] weiß und sie eine Lüge nennt, der ist ein Verbrecher!" (S. 81) Ein Anspruch, dem er selbst nicht gerecht werden wird, wenn er seine Meinung später widerruft. Als ebenso vorausdeutend darf Mucius' Hinweis auf die Widrigkeiten gesehen werden, denen ein Wissen-

Verachtung von Mucius, einem ehemaligen Schüler des Galilei und Leugner der kopernikanischen Lehre

schaftler ausgesetzt sein kann: „Herr Galilei, die Pest ist nicht das schlimmste." (S. 81)

Forschung an den Sonnenflecken im Ausland

Der Rektor der florentinischen Universität, Herr Gaffone, bringt Galilei, den er sehr wertschätzt (vgl. S. 83), ein neues Buch zu dem aktuell diskutierten wissenschaftlichen Thema der Sonnenflecken[1]. Im Ausland (Holland, Paris, Prag) – außerhalb des Machtbereichs des Vatikans – stellen namhafte Wissenschaftler diverse Theorien dazu auf, während sie begierig auf Galileis Stellungnahme warten. Seine Schüler sind schon ganz aufgeregt, weil sie sich nur zu gern diesem Thema widmen würden. Galilei hingegen lehnt dies mit einem metaphorischen Verweis auf die Untersuchungsmethoden der Inquisition ab (vgl. S. 84). Offenbar weiß er bereits um die Zusammenhänge der Sonnenflecken mit dem heliozentrischen Weltbild und verschweigt seine Erkenntnisse.

Sichtbare Methodik Galileis: Hypothesenbildung und Experimentieren

Er wendet sich infolgedessen mit seinen Schülern der viel ungefährlicheren Thematik der schwimmenden Körper zu. Aristoteles' Lehrmeinung dazu soll überprüft werden. Dabei wird sich der Untersuchungsmethoden bedient, die im 1. Bild als Ausdruck der neuen Zeit gepriesen wurden: Eine Lehrmeinung wird angezweifelt und aufgrund eigener Hypothesen werden Experimente durchgeführt, bei denen es auf genaue Beobachtungen ankommt. Vorschnelle Urteile gilt es zu vermeiden (vgl. S. 85).

Widerlegung des Aristoteles: Die Autorität wurde nie überprüft!

Aristoteles' Auffassung, dass die Form eines Körpers darüber entscheidet, ob er auf dem Wasser schwimmen kann, wird auf diese Weise widerlegt. Dabei zeigt sich auch, dass Aristoteles' Behauptungen bisher nie überprüft worden sind, was erneut auf seinen Status als Autorität hinweist und die Praxis der zeitgenössischen Wissenschaftsgesell-

---

[1] Sonnenflecken: in einem Zyklus von ca. elf Jahren erscheinende dunkle Flecken auf der Sonnenoberfläche. An diesen Stellen ist die Sonnenoberfläche zeitweilig kühler als der Rest und strahlt deswegen weniger Licht ab.

schaft unterstreicht, Autoritäten blind zu glauben und nicht anzuzweifeln. Insofern warnt Galilei auch vor der Arroganz der Wissenschaftler: „Eine Hauptursache der Armut in den Wissenschaften ist meist eingebildeter Reichtum." (S. 85) Erneut weist er darauf hin, dass die Wissenschaft erst am Anfang stehe (vgl. hierzu ebenfalls Bild 4, S. 49). Als wissenschaftliche Arroganz kann auch der Ausschluss von Menschen verstanden werden, die der lateinischen Sprache nicht mächtig sind. Der Linsenschleifer Federzoni kann beispielsweise nicht den Titel des von Herrn Gaffone mitgebrachten Buches entschlüsseln. Seine Figur spiegelt das im ungebildeten Volk schlummernde geistige Potenzial wider, welches aber aufgrund des Ausschlusses von der Bildung nicht entfaltet werden kann. Galileis Beteiligung Federzonis an seinen Forschungen unterläuft diese Exklusivitätsschranken der herrschenden Schichten. Doch im Gegensatz zu den Campagnabauern zeigt Federzoni deutlich seinen Zorn über diese Bildungsschranken, den Galilei sich im Gespräch mit dem kleinen Mönch auch von diesem erhofft hatte (vgl. S. 79 und S. 83).

Bildungsschranken für das einfache Volk

Virginias Verlobter Ludovico Marsili hat seine Besitztümer in der Nähe der Stadt Florenz besucht und stattet dem Hause Galilei voller Vorfreude über die bevorstehende Hochzeit einen Besuch ab. Galilei erkennt ihn zunächst nicht. Seine angedeutete Kurzsichtigkeit verweist auf den zukünftigen Verlust seines Augenlichtes. Einem Gespräch mit Ludovico über die aktuelle Forschungstätigkeit geht Galilei aus dem Weg, allerdings beglückwünscht der angehende Schwiegersohn den Forscher im Auftrag seiner Mutter zu dessen Zurückhaltung bei der Untersuchung der Sonnenflecken. Die Marsilis lehnen Forschungstätigkeiten ab, die der akzeptierten Lehrmeinung zuwiderlaufen, wie auch Ludovicos Beurteilung der kopernikanischen Lehre als „Erde-um-die-Sonne-Zirkus" zeigt (S. 87).

Zufriedenheit in Ludovicos Familie mit dem Forschungsstopp Galileis

Barberini – Kandidat bei der Papstwahl: sofortige Wiederaufnahme der Sonnenfleckenforschung

Doch mit den Neuigkeiten über den erwarteten Tod des amtierenden Papstes und der Annahme, dass Kardinal Barberini wahrscheinlich zu dessen Nachfolger gewählt wird, stößt Ludovico selbst unbeabsichtigt seinen zukünftigen Schwiegervater zu neuer Aktivität an. Galileis Schüler und er selbst schöpfen sofort Hoffnung, dass mit einem wissenschaftsorientierten Papst endlich die erhoffte Zeitenwende eintreten werde. Galileis enthusiastische Thematisierung des Weines, der nebenbei getrunken wird, erinnert an die Verbindung von Wissenschaftler und Genussmensch in der Figur des Galilei (vgl. auch die Steigerung S. 88). Nicht zufällig wird genau in dem Moment, in dem Galilei die gefährlichen Forschungen zum heliozentrischen Weltbild wieder aufnimmt, auf sein Interesse am körperlichen Wohlleben hingewiesen. Schließlich wird dieses der Beweggrund für seinen Widerruf sein.

Forderung Ludovicos nach Distanzierung von der kopernikanischen Lehre als Voraussetzung einer Ehe mit Virginia

Euphorisch und gut gelaunt treffen die Schüler die Vorbereitungen für die Forschung zu den Sonnenflecken. Die plötzliche Erregung lässt Andrea unhöflich und provokant werden: „Wir könnten herausfinden, daß die Sonne sich ebenfalls dreht. Wie würde dir das gefallen, Marsili?" (S. 88) Auch die Spannungen zwischen Galilei und Ludovico treten nun offen zutage, denn Galilei interpretiert die achtjährige Verlobungszeit als Probezeit für sich, den Brautvater, sich von der kopernikanischen Lehre fernzuhalten. Wie von Galilei vermutet, fühlt sich Marsili als Vertreter der Gutsherren nicht frei in seiner Brautwahl. Während Galilei keinen Zusammenhang zwischen seiner Forschungstätigkeit und seiner Tochter sieht (vgl. S. 88), repräsentiert die künftige Frau Marsili, laut Ludovico, die Frömmigkeit der Gutsherren.

Eine Verbindung mit der Tochter eines Rebellen als potenzieller Beweggrund für die Bauern zur Rebellion

Galilei bringt es auf den Punkt. Die Abstammung von einem Querdenker wie ihm könnte auch die Untergebenen der Marsilis dazu herausfordern, zu rebellieren (vgl. S. 89). Damit erweist sich Ludovico einmal mehr als Vertreter der alten kirchlichen Lehre. Gleichzeitig gibt er zu erkennen, dass von der Gläubigkeit der Bauern auch sein Wohlstand, der Wohlstand der grundbesitzenden Gesellschaftsschicht, abhängt. Zweifelten die Bauern am kirchlichen Weltbild, täten sie dies womöglich auch im Hinblick auf die existierende Gesellschaftsordnung, denn die Bauern seien – laut Ludovico – dumme, abergläubische Tiere, die immer wieder an ihre Aufgabe und Rolle erinnert werden müssten (vgl. S. 91). Ludovico hat sich weit entfernt vom christlichen Menschenbild als „Krone der Schöpfung" (vgl. den sehr alten Kardinal im 6. Bild).

Er benötigt das alte Weltbild nicht, um den Seelenfrieden seiner Untergebenen zu sichern. Für ihn ist das alte Weltbild vielmehr das Instrument, um seine Herrschaft und damit seine Existenz als Grundbesitzer zu sichern. Demzufolge versucht er, Galilei durch die konkrete Erinnerung an das Dekret von 1616 von neuerlichen Forschungen abzuhalten. Da dies nichts nützt, macht er ihm unverhohlen klar, dass auch ein neuer Papst von der Gesellschaftsschicht, die Ludovico vertritt, abhängig sei.

Sicherung der Unterdrückung der Bauern durch das alte Weltbild, ...

Sein Stand werde zu verhindern wissen, dass sich das neue Weltbild und damit eine neue Zeit durchsetze. Wurde bisher von den Kardinälen oder dem kleinen Mönch noch eine Beziehung hergestellt zwischen dem irdischen Elend der Bauern und dem Lebenssinn, den sie darin sehen, wird nun der direkte Zusammenhang von Macht und dem Verschweigen der Wahrheit gegenüber den Bauern offenbart. Die Arbeitskraft der Campagnabauern kann nur so lange ausgebeutet werden, wie sie unwissend bleiben.

... deshalb Kampf gegen das neue Weltbild

Auch Frau Sarti ergreift deutlich Partei für die alte Zeit. Ihre Beweggründe sind in der Sorge um ihre Liebsten zu sehen. Sie mahnt einerseits Galileis fehlende Skepsis hinsichtlich des Wissenschaftsinteresses eines neuen Papstes an, die im Widerspruch zu seiner sonstigen wissenschaftlich-zweifelnden Haltung steht. Auf der anderen Seite offenbart sie ihre

Nahender Bruch zwischen Virginia und Ludovico

Sorge um Virginia und das Zustandekommen der Ehe. Schon früher in dieser Szene hat sie sich als treue, fürsorgende, mütterliche Ratgeberin Virginias gezeigt, indem sie diese aufforderte, sich ein Horoskop erstellen zu lassen. Ironischerweise hat diese Form des Aberglaubens Virginia ausgerechnet auf die sich aus dem Jupiter ergebenden Probleme aufmerksam gemacht (vgl. S. 82). Der Jupiter kann hier als Metapher für die kopernikanische Lehre (Galileis Entdeckung der Jupitertrabanten) und damit als Vorausdeutung auf den Bruch zwischen den beiden Häusern Galilei und Marsili interpretiert werden. Die von den Schülern in Galileis Auftrag rücksichtslos vorangetriebene Vorbereitung der Sonnenfleckenuntersuchung und der von Frau Sarti offenbarte Umstand, dass Galilei vor Monaten bereits die Fernrohrbeobachtungen wieder aufgenommen hat (auch Andrea hat bereits eine Konstruktion zur Beobachtung der Sonnenflecken gebaut), verdeutlichen, wie sich Galilei entschieden hat. Deshalb kann sein Tonfall noch schärfer werden: Provokativ macht er Ludovico klar, dass dieser ihn beim Forschen stört („Du hältst mich auf.", S. 91). Er unterstellt ihm zudem, die eigenen Landarbeiter brutal zu behandeln, um sie unter Kontrolle zu halten („Ihr peitscht nicht nur Hunde, um sie in Zucht zu halten, wie, Marsili?", S. 91). Die Anrede verdeutlicht den Wandel in ihrer Beziehung. Ludovico ist nicht mehr der potenzielle Schwiegersohn für Galilei, sondern ein Stellvertreter für die Ausbeutung der Campagnabauern und der daran interessierten Bevölkerungsschichten. Die Machtposition Letzterer kann in Gefahr geraten, sobald Galilei als Wissenschaftler das Volk (Bauern, Dienstleute, Verwalter) in einer diesem verständlichen Sprache (Italienisch statt Latein) über die „Ursachen der Dinge" (S. 92) aufklärt: die Arbeitskraft der Masse, um den Wohlstand der wenigen Reichen zu erarbeiten.

Marginalien:

Vorbereitung auf die Untersuchung der Sonnenflecken

Verurteilung der Machtausübung Ludovicos durch Galilei

Die schon mehrfach thematisierte Verantwortung des Wissenschaftlers wird hier in einen sozialen Zusammenhang gestellt. Es geht nicht mehr nur um Veränderungen im Bereich der Astronomie. Die wissenschaftlichen Entdeckungen haben gesellschaftliche Sprengkraft.

Soziale Verantwortung des Wissenschaftlers

Gleichzeitig offenbart Galilei seine Besessenheit von der wissenschaftlichen Suche nach der Wahrheit. Von Ludovico als „Sklave [seiner] Leidenschaften" (S. 92) bezeichnet und selbst seinen Zwang eingestehend (S. 93: „Ich muß es wissen."), stellt Galilei die Forschungstätigkeit und die Verantwortung des Wissenschaftlers über die persönliche Verantwortung für das Glück seiner Tochter. Scheinbar ohne Bedenken oder Schuldgefühle zerstört er Virginias Heiratspläne und Zukunftschancen.

Zwang zu forschen

Ludovico verlässt – verhöhnt von den Schülern – Galileis Haus, ohne sich von seiner Verlobten zu verabschieden, die in Ohnmacht fällt, sobald sie die Situation durchschaut hat. Eine Rückkehr scheint ausgeschlossen, obwohl Galilei die Verlobung aufrechterhält („Die Mitgift steht zu Ihrer Verfügung, jederzeit.", S. 92).

Weggang Ludovicos, Rückkehr unwahrscheinlich

Galilei, der sich der Gefahr der wiederaufgenommenen Forschungen bewusst zeigt (vgl. S. 92), legt sein Forschungsvorhaben methodisch dar: Die bisherigen Theorien zu den Sonnenflecken sollen mit dem Ziel, die Bewegung der Sonne zu beweisen, auf der Grundlage des Zweifelns, der genauen Beobachtung und der Wiederholung von Forschungsschritten widerlegt werden. Falls sich die kopernikanische Lehre einwandfrei belegen ließe, wäre Galilei bereit, sie allen Widerständen zum Trotz zu vertreten („dann keine Gnade mehr mit denen, die nicht geforscht haben und doch reden", S. 93).

Erklärung von Ziel und Methode der wiederaufgenommenen Forschung durch Galilei

Der Zusammenhang zwischen altem Weltbild und Campagnabauern in den Bildern 7–9

Bild	Perspektiven der Figuren	Standpunkt
7	Kardinäle Barberini und Bellarmin – aufgeklärte hohe Kirchenvertreter	• Konstruktion des geozentrischen Weltbildes durch die Kirchenväter zum Wohle der Menschen • Ziel: dem irdischen Elend der Bauern einen Sinn geben, auch wenn dies bedeutet, die Wahrheit verleugnen zu müssen • trotz besseren Wissens das alte Weltbild verteidigen, um die bestehende (Macht-)Ordnung zu erhalten
8	Der kleine Mönch – den Bauern persönlich verbunden/persönliche Erfahrungen	• Das geozentrische Weltbild unterstützt die Ordnung der Welt. • Es ermöglicht so den einfachen Menschen, ihr irdisches Elend zu ertragen. • Es söhnt die Menschen mit dem irdischen Elend aus, da sie ein besseres Leben im Jenseits erwarten, und trägt auf diese Weise zu ihrem Seelenheil bei
9	Ludovico Marsili – Großgrundbesitzer	• Ausbeutung von „Arbeitstieren" (→ Wandel des Menschenbildes) zum Erhalt der gesellschaftlichen Ordnung • Erhalt des alten Weltbildes zum Erhalt der Macht der Herrschenden
7–9	Galilei – verantwortungsbewusster Wissenschaftler	• Ausbeutung der Bauern durch Aufklärung beenden, denn die Wahrheit allein zählt → soziale Verantwortung des Wissenschaftlers • Repräsentanten der neuen Zeit heranziehen; Zweifel an der bestehenden Ordnung werden in Kauf genommen bzw. sind sogar erwünscht (Zorn des Volkes)

Die bereits in den Bildern sieben und acht am Beispiel der Campagnabauern thematisierte Ausbeutung des Volkes wird um eine weitere Perspektive ergänzt. Ludovico, der stellvertretend für die Grundbesitzer steht, gibt den auf der Beibehaltung des alten Weltbildes basierenden Machtanspruch des Adels unumwunden zu. Galilei nimmt die Forschungen an den Sonnenflecken auch offiziell wieder auf. Den ausschlaggebenden Umstand – die Annahme, Baberini werde zum Papst gewählt – liefert ausgerechnet Ludovico. Galilei, der zu seiner sozialen Verantwortung steht und der für seine Forschungen immer wieder auf die Existenz von Beweisen pocht, zeigt hier – das Dekret besteht weiter – wieder seine Unvorsichtigkeit, Unvernunft und leidenschaftliche Abhängigkeit von seinem Forscherdrang.

Funktion des neunten Bildes

10. Bild: Auf einem oberitalienischen Marktplatz tritt 1632, also ca. acht Jahre nach der Wiederaufnahme der Forschungen am heliozentrischen Weltbild, ein armes, *„halb verhungertes"* Schaustellerpaar auf (S. 94). Während die Menge auf den Fastnachtsumzug wartet, trägt das Paar eine satirische Ballade über Galileis Lehre und deren Auswirkungen auf die Zukunft vor[1] – offenbar ein populäres Thema.

Zunächst wird das überkommene theologische Weltbild mit der Erde im Mittelpunkt dargestellt. Ebenso wie sich die Sonne um die höhergestellte Erde drehe, gebe es eine soziale Rangfolge innerhalb der Gesellschaft, die dem gleichen Prinzip folge. Diese große theologische Ordnung vom Zusammenhang zwischen astronomischem Weltbild und gesellschaftlicher Ordnung verliert, so der Balladensänger[2], ihre Gültigkeit und wird ins Gegenteil verkehrt,

Wiedergabe der sozialen Sprengkraft der kopernikanischen Lehre durch den Balladensänger

---

[1] Siehe dazu die Ausführungen zu den V-Effekten in der Übersicht II „Elemente des epischen Theaters im Stück ‚Leben des Galilei'".

[2] Balladensänger: Balladensänger sind mit Bänkelsängern gleichzusetzen. Der Bänkelsang war über ganz Europa verbreitet. Der Sänger war ein fahrender Schausteller, der mittels Gesang, Erzählung und Bildtafeln dem Publikum Geschichten vortrug.

wenn Galileis Behauptung („Doktor Galilei [...] sprach zur Sonn: Bleib stehn!", S. 95) eines neuen Weltbildes mit der Sonne im Mittelpunkt stimmen würde. Damit würden sich auch die sozialen Verhältnisse umkehren. Dass es sich hierbei um einen fiktiven Zustand handelt, wird explizit deutlich gemacht (vgl. „solche Lehren sind ganz unmöglich", S. 95, vgl. auch den Titel der Ballade: „Ein Vorgeschmack der Zukunft", S. 94, und die Verwendung des Konjunktivs II).

Erwartung der Umkehrung der Hierarchien

Die Hierarchie würde in den folgenden Bereichen auf den Kopf gestellt werden:

- das Verhältnis von Herr und Knecht (vgl. S. 95 f.: Knecht, Magd, Schlachterhund, Messdiener, Lehrling),
- im Handel zwischen Dienstleistern und ihren Auftraggebern (vgl. S. 96: Fischfrau, Maurer, Pächter),
- im Bereich der Moral (vgl. S. 97: Treue zwischen Eheleuten).

Abschließend wird das einfache, im Elend lebende Volk aber genau zu dieser Umkehrung der sozialen Verhältnisse aufgerufen (vgl. S. 97) – eine Anspielung auf den von Galilei vom Volk geforderten Zorn (vgl. S. 79). Der Charakterisierung Galileis als leichtfertiger, aktiver Veränderer in der Ballade entspricht auch seine Darstellung im anschließenden Fastnachtsumzug.

Reduzierung Galileis auf Bibelkritik

Der Fokus der Darstellung liegt auf dem Aspekt der Bibelkritik. In der Ballade wird der Eindruck erweckt, dass das Verwerfen der Bibel den Ausgangspunkt seiner Forschungen bilde (vgl. die Reihenfolge: „Schmiß die Bibel weg, zückte sein Fernrohr, warf einen Blick auf das Universum", S. 95). Und auch im Fastnachtsumzug beschränkt sich die Visualisierung Galileis als überlebensgroße Puppe auf sein Verhältnis zur Bibel, wie auch der Balladensänger treffend kommentiert: „Galileo Galilei, der Bibelzertrümmerer!" (S. 98) Das Volk scheint demzufolge Galilei eher als Kirchenkritiker denn als Wissenschaftler wahrzunehmen. Die

Bedeutung, die ihm beigemessen wird, wird zudem durch die Größenverhältnisse zwischen den Fastnachtsfiguren gespiegelt. Im Gegensatz zu ihm werden seine weltlichen und geistlichen Gegner nicht größer, aber lächerlich dargestellt. Den Großherzog von Florenz ärgern die wissenschaftlichen Entdeckungen (*„Schaut aus nach Verdruß"*, S. 98), und die Kirche – vertreten durch die Puppe eines Kardinals – verliert ihren festen Stand (vgl. das Schleudern in die Luft). Insofern nimmt auch der Fastnachtsumzug thematisch die Folgen der neuen Lehre auf.

Im Rahmen des Fastnachtsumzuges wird die Sicht des Volkes auf Galilei und seine Forschung widergespiegelt und seine Popularität verdeutlicht. Zum einen zeigt der Umzug Galileis Wahrnehmung als Kirchenkritiker, zum anderen verrät der Bänkelgesang, dass man sich der sozialen Sprengkraft der Lehren des Wissenschaftlers bewusst ist.

Funktion des zehnten Bildes

11. Bild: In einem Vorzimmer im Palast des florentinischen Großherzogs warten Galilei und Virginia darauf, von Cosmo de Medici empfangen zu werden, damit Galilei ihm sein neues Buch „Dialoge über die beiden größten Weltsysteme" überreichen kann. Die Szene steht im Kontrast zur vorhergehenden. Wurde Galileis Bedeutung in den Fastnachtsumzügen vom Volk lebensfroh gefeiert, herrscht am Hof eine Atmosphäre der Abneigung und Gefahr vor.

Vorhaben Galileis, sein neues Buch am florentinischen Hof zu präsentieren

Der Verlust der Wertschätzung, die Galilei bisher entgegengebracht wurde, auf der einen Seite und die zunehmende Ablehnung, der er ausgesetzt ist, auf der anderen Seite werden durch sein Zusammentreffen mit einigen bekannten und noch unbekannten Figuren verdeutlicht. Auffällig ist zunächst, dass der einst gefeierte Wissenschaftler lange auf eine Audienz beim Großherzog warten muss. Dann entdeckt Virginia einen ihnen Unbekannten, der sie offensichtlich seit Tagen verfolgt. Während sich bei Virginia

Ablehnung und Gefahr am Hof

ein Gefühl von Bedrohung einstellt, macht Galilei sich über derartige Empfindungen noch lustig.

Kontaktvermeidung durch Universitätsrektor Gaffone

Doch der Eindruck, dass etwas nicht stimmt, wird unmittelbar durch den Auftritt des Universitätsrektors Gaffone untermauert. Dieser – ehemals ein großer Bewunderer Galileis (vgl. S. 83) – geht ihm zu dessen Verwunderung bewusst aus dem Weg (vgl. S. 99). Virginia versucht, einen rationalen Erklärungsansatz zu finden – Galileis Forschung. Von dieser ist sie nach wie vor ausgeschlossen. Galilei weist diese Vermutung aber für Virginia wenig schmeichelhaft zurück.

Wunsch nach einer Zeitenwende auch in der Wirtschaft durch den Eisengießer Vanni

Er gibt sich ebenso selbstsicher wie im folgenden Gespräch mit dem Eisengießer Vanni. Dieser, ein Geschäftspartner Galileis, warnt ihn. „Oben" (S. 100) – gemeint ist der Großherzog – werde Galilei als Verantwortlicher für die aufkommende Kritik an der Bibel gesehen (vgl. Bild 10 zur Wahrnehmung Galileis als Bibelkritiker durch das Volk). Für Vanni, den Vertreter des bürgerlichen Mittelstandes, der von den praktischen Erfindungen der Wissenschaftler profitiert, gilt Galilei wiederum als Idealist. Der Galilei unterstellte Kampf für die Lehrfreiheit wird als Voraussetzung gesehen, Italiens Entwicklungsrückstand im europäischen Vergleich zu beenden. Freiheiten und praktische Erfindungen im Bereich der Landwirtschaft, Medizin, des Handels und der Presse – zusammengefasst: eine neue Zeit – werden von den Gewerbetreibenden Oberitaliens gewünscht. Diese werden in der freien Entfaltung ihrer Tätigkeit von den überkommenen Strukturen behindert.

Angebot einer Fluchtmöglichkeit

Vannis Unterstützung für Galilei – er möchte ihm bei der dringenden Flucht ins sichere Venedig helfen – ist also überwiegend auf ökonomische Interessen zurückzuführen (Galilei hat für Vanni eine Schmelzanlage entworfen „Hier haben wir nicht einmal die Freiheit, Geld zu machen.", S. 100).

Galileis politische Naivität

Aber Galilei glaubt nicht an die Macht des Bürgertums in den Städten Oberitaliens, sondern vertraut scheinbar blind

dem Schutz des Großherzogs und der Wissenschaftsver-
bundenheit des Papstes („Ich kenne Macht von Ohnmacht
auseinander.", S. 101) – erinnert sei an den Vorwurf der
mangelnden Skepsis, erhoben durch Frau Sarti neun Jahre
zuvor (vgl. Bild 9).

Er lehnt es ab, mit jeglichen erhobenen Beschwerden, also
Unruhen, in Verbindung gebracht zu werden. Auch die im
10. Bild gezeigte Bibelkritik der Fastnachtsumzüge heißt er
nicht gut. Offenbar hat auch Galilei seine positive Vorstellung über die geistigen Fähigkeiten des einfachen Volkes
aufgrund der Fastnachtsvorkommnisse relativieren müssen. Hatte er Ludovico aufgrund der Bezeichnung der
Campagnabauern als „Tiere" noch heftig kritisiert (vgl. Bild
9), so bezeichnet er das Volk jetzt selbst als gefährliches
„Vieh" (S. 102). Er möchte sein Buch über die Mechanik
des Universums lediglich als rein wissenschaftliches Werk
verstanden wissen. Ideelle Ziele verfolgt er demnach nicht.
Vielmehr zeigt die Metapher vom honigfressenden Bären,
dass er sich als Opfer betrachtet.

Wandel seiner positiven Einstellung zur Vernunftbega-bung des Volkes

Das heißt, Galilei weist die von ihm selbst gegenüber dem
kleinen Mönch, Mucius oder Ludovico postulierte Verantwortung des Wissenschaftlers für soziale oder gesellschaftliche Fragen auf einmal zurück: „Was daraus [dem Buch]
gemacht oder nicht gemacht wird, geht mich nichts an."
(S. 101) Die Ursache hierfür bleibt unklar. Wahrscheinlich
handelt es sich um die Galilei doch bewusste Gefahr, in der
er sich aufgrund seiner neuen Publikation und der Reaktion
des Volkes darauf befindet. Immerhin hat er heimlich einen
Fluchtplan für den Notfall in der Hinterhand (vgl. S. 103).

Ablehnung der sozialen Verantwortung des Wissenschaft-lers

Als Virginia sich bei einem Hofbeamten erkundigt, ob der
Großherzog über ihr Warten auf ihn informiert sei, wird sie
betont unhöflich behandelt. Galilei hat jede Wertschätzung am Hof verloren. Sein zunehmendes Augenleiden
(vgl. S. 99) lässt ihn nun doch an eine Reise nach Padua zu
seinem Freund Sagredo denken. Mindestens ein Unbeha-

Gedanken an eine Abreise aus Florenz

gen scheint Galilei doch ergriffen zu haben, wenn er den vor dem Zugriff der Inquisition sicheren Aufenthaltsort in der Republik Venedig für die kommenden Wochen favorisiert. Doch Virginia, die ihn zwar unmittelbar vom Palast entfernt wissen möchte (vgl. S. 102), hält ihn mit mehreren Gegenargumenten zurück. Der Gedanke an den mitzunehmenden Wein, wie auch Galileis Hinweis auf seine Bequemlichkeit, die ihm Vanni gegenüber von einer Flucht abhielt, erinnern an den Genussmenschen Galilei, dem seine körperliche Befindlichkeit viel wert ist.

Der Inquisitor in Florenz: Einfluss der Kirche auf den Großherzog

Der respektvolle Gruß des Inquisitors beruhigt Galilei zunächst wieder. Doch Virginia bringt die Sache auf den Punkt: „Vater, ich fürchte mich." (S. 103) Die Anwesenheit dieses Mannes, der die Treppe herabkommt, also vom Großherzog, überrascht. Galilei, der noch immer an die Vernunft und Logik der Menschen glaubt, vertraut auf den Schutz seiner Gönner (vgl. S. 103). Spätestens der verlegen reagierende Großherzog – ebenso wie der Rektor Gaffone – macht aber deutlich, dass der Druck der Kurie in Rom auf den florentinischen Fürstenhof zu groß geworden ist. Dies wird nun endlich auch Galilei klar, als Cosmo de Medici das angebotene Buch nicht annimmt, sondern mit dem Verweis auf Galileis Fernrohr deutlich macht, dass er dessen wiederaufgenommene Forschungstätigkeit zur heliozentrischen Lehre missbilligt.

Verhaftung Galileis

Funktion des elften Bildes

Doch für einen Fluchtversuch ist es zu spät. Galilei wird von der Inquisition zu einem Verhör mit nach Rom genommen. Verschiedene Begegnungen sollen zeigen, dass Galilei seinen Stellenwert am florentinischen Hof eingebüßt hat und zunehmend in Gefahr schwebt. Im Gegensatz zu den vorherigen Bildern will Galilei angesichts dieser unmittelbaren Bedrohung nichts mehr von einer sozialen Verantwortung des Wissenschaftlers wissen. Der Widerruf seiner Forschungsergebnisse wird damit angedeutet.

12. Bild: Papst Urban VIII., ehemals Kardinal Barberini, empfängt in seinem Gemach in Rom den Inquisitor. Die Szene setzt mitten im Gespräch der beiden ein. Der Papst reagiert sehr resolut und ablehnend auf einen Vorschlag des Inquisitors: „Nein! Nein! Nein! […] Ich lasse nicht die Rechentafel zerbrechen. Nein!" (S. 105) Durch das Ende der Szene lässt sich erschließen, dass es sich um die Bitte handeln muss, Galilei die Folter anzudrohen.

Resolute Weigerung des wissenschaftsfreundlichen Papstes, Galileis Forschung zu verbieten

Um dieses Ziel zu erreichen, bedient sich der Inquisitor einer ausgeklügelten Argumentation, die von der These ausgeht, die Bibel verliere ihren Wahrheitsanspruch, wenn man nichts gegen Galilei unternehme (vgl. S. 105). Mit folgenden Argumenten stützt er seine Position:

Die Argumentation des Inquisitors für ein Verbot

1) Mit der neuen Wissenschaft verbreite sich in allen Lebensbereichen eine Haltung des Zweifelns, die zu Unruhe führe. Sie schade der Gesellschaft, da sie den Glauben als Lebensgrundlage ablöse.

2) Im Inland werde Kritik am Papst geübt. Seine Kunstsammlung werde als Raub und Bereicherung verstanden.

3) Auch außenpolitisch habe der Papst gerade einen schweren Stand: Er unterstütze nicht die Unabhängigkeitsbewegung der Italiener gegen die Spanier; er habe sich mit dem Kaiser des Heiligen Römischen Reiches Deutscher Nation überworfen; es herrsche ein blutiger Glaubenskrieg zwischen der Gegenreformation und der Reformation, in dem der Papst zur Sicherung eigener Machtinteressen versuche, sich auf die Seite der reformatorischen Schweden zu schlagen. In dieser Situation dürfe nicht auch noch eine innenpolitische Schwächung durch die „Würmer von Mathematikern" hinzukommen (S. 106).

4) Durch die Astronomie lernten auch die einfachen Menschen, sich ihrer Vernunft zu bedienen. Sie stellten – das erste Argument des Zweifelns wiederaufnehmend – dann auch andere Wahrheiten infrage, wie beispielswei-

se die gesellschaftliche Ordnung (vgl. S. 107). Der Glaube an Gott werde ersetzt durch das Vertrauen in die Maschinen.

5) Dass besonders Galilei gerade diese kritische Haltung der Menschen anstrebe, werde daran deutlich, dass er die astronomischen Bücher in der Sprache des Volkes verfasse.

Die äußeren Umstände der Argumentation: Ankleidezeremonie und Unruhe vor der Tür

Die Argumentation des Inquisitors wird durch die äußeren Umstände unterstützt. Zum einem wird der Papst während des Gesprächs angekleidet, bis er seine vollständige feierliche Amtstracht trägt. Er wird also nach und nach mit den Zeichen seiner Macht als oberster kirchlicher Würdenträger ausgestattet. Seine individuelle Haltung und Überzeugung vom Beginn, die astronomische Forschung Galileis nicht zu verbieten („Ich lasse nicht die Rechentafel zerbrechen.", S. 105), die auf seine eigene wissenschaftliche Ausbildung zurückzuführen ist (vgl. Bild 7), verschwindet während des Ankleideprozesses gleichsam unter dem päpstlichen Ornat, dem Mantel des Amtsträgers, des Vertreters der kirchlichen Macht, und wird somit verdeckt. Zum anderen wird der Papst durch das Geschehen vor seinem Gemach beeinflusst. Eine Versammlung der höchsten Kirchenvertreter steht bevor. Der Papst wird durch das „Geschlurfe vieler Füße" (S. 105) daran erinnert. Zunächst lenkt es ihn von seinem Gesprächspartner ab und führt dazu, dass er nervös wird. Doch die Wahrnehmung des Getrampels steigert sich so weit, dass sie dem Papst unerträglich wird. Er gewinnt den Eindruck, die Versammlung nehme eine außerordentliche Dimension an („Kommt denn die ganze Welt?", S. 108). Immer stärker empfindet er den Druck, dem er ausgesetzt ist. Denn der Zweifel – am Glauben – würde sich auch auf die anwesenden Theologen ausweiten, wenn Papst Urban VIII. sich nicht gegen Galileis astronomische Forschung wenden würde, so ein weiteres Argument des Inquisitors.

Der Inquisitor und Papst Urban
(Inszenierung des Theaters Bonn 2012)

Einwände des
Papstes gegen
ein Verbot

Bevor der Papst aufgrund der Argumentation des Inquisitors, seines Rollenwechsels, der sich im Ankleideprozess äußerlich zeigt, und des Drucks der anwesenden Kirchenvertreter seine Haltung ändert, versucht er zunächst noch, Gegenargumente vorzubringen.

Es sei unlogisch, aus wirtschaftlichen Interessen die auf der neuen Lehre basierenden Sternenkarten zu benutzen, die Basis – die Lehre – aber zu verbieten (Kardinal Bellarmin sah dies genau andersherum, vgl. S. 66). Außerdem sei Galilei zu bekannt, um gewaltsam gegen ihn vorzugehen. Seine politischen Freunde im Ausland könnten andernfalls dem Ansehen der Kirche schaden. Weiterhin sei Galilei per Dekret die hypothetische Betrachtung der kopernikanischen Lehre erlaubt worden, ebenso wie die Veröffentlichung eines Buches.

Doch Galilei unterlief die Voraussetzung dafür mit einem Trick. Das Buch durfte nur unter der Prämisse veröffentlicht werden, dass der hypothetische Charakter der Lehre deutlich zum Ausdruck gebracht und jeder Zweifel an der göttlichen Macht ausgeräumt wird. Galilei charakterisierte aber den Vertreter der alten aristotelischen Meinung und damit des Glaubens als dumm, den Vertreter der neuen Lehre aber als klug. Diese Information ist der Auslöser für Urbans

Enttäuschung
über Galilei:
Aufgabe des
päpstlichen
Widerstands
gegen die
Forderung des
Inquisitors,
Prozess gegen
Galilei

Sinneswandel. Er gibt seinen Widerstand auf und erlaubt dem Inquisitor, Galilei mit Folterinstrumenten zu drohen. Das werde bei dem sinnlichen Genussmenschen schon reichen, um einen Wandel hervorzurufen.

Warum erlaubt der Papst die Androhung der Folter?

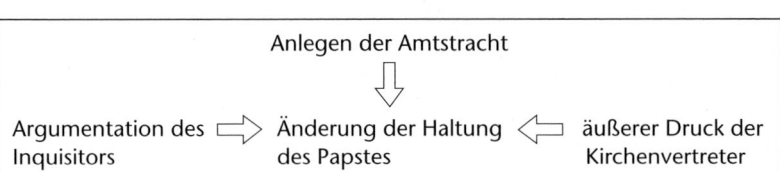

Anlegen der Amtstracht

Argumentation des ⇨ Änderung der Haltung ⇦ äußerer Druck der
Inquisitors   des Papstes   Kirchenvertreter

Funktion des zwölften Bildes

Indem Papst Urban VIII. dem Inquisitor erlaubt, Galilei die Folter anzudrohen, verliert der Wissenschaftler den letzten Rückhalt. Außerdem setzt sich so der konservative Flügel der Kirche gegen die wissenschaftsfreundlichen Kleriker durch. Die Ankleideszene verdeutlicht dies auch bildlich.

Epigramm zu Beginn: das Prozessergebnis

13. Bild: Titel und Epigramm[1] verraten, wie Galileis Prüfung durch die Inquisition ausgehen wird. Das Epigramm verweist durch die Ansprache des Zuschauers auf die weitreichende Bedeutung des Ereignisses. Die Aufklärung der Menschheit, der Sieg der Vernunft setzte sich beinah durch. Doch als ungebetener Gast der Inquisition wartete die Vernunft vergebens auf „Einlass" („Aus Finsternis trat die Vernunft herfür/Ein' ganzen Tag stand sie vor der Tür", S. 109).

Warten auf den Ausgang des Prozesses

Die Szene spielt im Palast des florentinischen Gesandten in Rom, wo auch die Unterhaltung mit dem kleinen Mönch im 8. Bild angesiedelt ist. Virginia und Galileis Schüler warten auf den Ausgang des Prozesses. Ihre Handlungen charakterisieren sie abermals als Vertreter der alten oder neuen Zeit:

---

[1] Epigramm (Sinngedicht): kurzes, geistreiches Gedicht. Im Drama „Leben des Galilei" stehen Epigramme am Beginn der Bilder.

Virginia zeigt sich religiös, die Schüler spielen Schach in der neuen Spielweise, die Galilei bereits den kirchlichen Sekretären (vgl. Bild 7) zeigen wollte. Vergleichbar den Theologen im 6. Bild, die auf das Prüfungsergebnis der neuen Lehre gewartet haben, sind nun die Vertreter der neuen Zeit – Galileis Schüler – gespannt, wie sich ihr Lehrer verhalten wird angesichts seiner „Prüfung" durch die Inquisition. Auf Hilfe des Papstes ist nicht mehr zu hoffen – eine neuerliche wissenschaftliche Diskussion (vgl. Bild 7) ist nicht zustande gekommen.

Andrea spricht am deutlichsten aus, was er von Galilei erwartet. Er ist sich Galileis Standhaftigkeit sicher und geht in der Folge von dessen Ermordung aus. Wie Galilei im Zusammenhang mit der Pest zeigte, dass die wissenschaftliche Forschung für ihn über dem Leben steht, wertet auch Andrea Galileis erwarteten Verlust in erster Linie als Forschungsverlust: „Die ‚Discorsi' werden nicht zu Ende geschrieben." (S. 109) Galileis Motiv, auch bei Folter standhaft bei seiner Meinung zu bleiben, sieht Andrea in dessen Auffassung, dass die Wahrheit zu verneinen ein Verbrechen ist (vgl. Galileis Verhalten seinem ehemaligen Schüler Mucius gegenüber, Bild 9, S. 81).

Andreas Erwartungen: Standhaftigkeit und in der Folge Tod Galileis

Skeptischer zeigt sich Federzoni. Auch er hofft, Galilei werde die kopernikanische Lehre verteidigen, doch glaubt er ebenfalls an die Macht der Gewalt, wenn er auf den Einsatz der Folter anspielt (vgl. S. 110). Der kleine Mönch zeigt indirekt, wie aufgewühlt er ist: Nachts kann er nicht schlafen. Er sorgt sich um den im Kerker Sitzenden. Vor Andrea aber betont er Galileis Schönheitssinn, die Wahrheit aufzudecken (vgl. S. 110).

Die Reaktion der anderen Freunde Galileis

Die Anspannung der Schüler erhöht sich noch einmal, als das unbekannte Individuum aus Bild 11 erscheint. Als Vertreter der Inquisition erklärt er das Prozedere um Galileis Heimkehr, da man aufseiten des Gerichts von seinem Widerruf ausgehe. Damit provoziert er den Widerstand der

Erleichterung wegen des vermeintlich ausgebliebenen Widerrufs

Schüler: Andrea zitiert die kopernikanische Lehre – den Gegenstand des Prozesses –, Fulganzio verneint die Macht der Folter. Als das Fünfuhrglockengeläut als Zeichen für den Widerruf ausbleibt, löst sich die Anspannung. Überglücklich lassen die Schüler ihren Gefühlen freien Lauf und bewerten den vermeintlichen Widerstand als allgemeines, vielfältig bedeutendes Signal. Er zeige, dass Gewalt als Machtmittel der Dummen nicht alles vermöge, der Mensch seine Todesfurcht überwinde und der unterdrückte Mensch sich zur Wehr setze. Damit formuliert Andrea eine Widerstandsbotschaft mit universellem Anspruch ("Aber es ist alles verändert heute!", S. 112), während Federzoni das neue Zeitalter des Wissens ausruft und damit einen deutlich engeren Bezug zum Inquisitionsprozess herstellt. Gleichzeitig stellt er auch die Verbindung zur folgenden Widerrufsverkündung her: "Bedenkt, wenn er widerrufen hätte! […] Als ob es am Morgen wieder Nacht würde, wäre es gewesen." (S. 112)

Deutung des vermeintlichen Ausbleibens des Widerrufs

Federzonis Beispiel der vertauschten Tageszeiten, das die Irrealität eines Widerrufs verdeutlichen soll, wird inszenatorisch umgesetzt und zeigt den großen Irrtum der Schüler. Die Glocke als Zeichen für den Widerruf ertönt, dieser wird verlesen und die Bühne färbt sich dunkel. Die bereits im ersten Bild gebrauchte Metapher des Morgens als Zeichen für den Anbruch einer neuen Zeit wird hier in ihr Gegenteil verkehrt und verdeutlicht den erlittenen Rückschlag. Die Verkündung des genauen Wortlauts durch den Ansager bewirkt, dass der Widerruf schmerzhaft vor Augen geführt wird, sodass regungsloses Entsetzen herrscht.

Glockengeläut als Zeichen des Widerrufs: Entsetzen der Schüler

Virginia ist als Einzige erleichtert, dass Galileis Seelenheil gerettet ist. Sie geht ab. Andrea und Federzoni verbleiben, um ihrer Enttäuschung freien Lauf zu lassen. Der kleine Mönch hat in dieser Szene keinen Redeanteil mehr. Sein Schweigen bringt seine Verwirrung zum Ausdruck.

Virginias Erleichterung

Thomas Schneider als Galilei (Inszenierung des Theaters Osnabrück 2012)

Federzoni scheint persönlich sehr enttäuscht zu sein. Aus der Perspektive Andreas bemängelt er die fehlende finanzielle und wissenschaftliche Anerkennung für Galileis Schüler. Dessen Leid im Namen der Wissenschaft lässt Galilei angesichts des Widerrufs als Heuchler erscheinen.

Federzonis Enttäuschung

Andrea ist sehr verärgert und verletzt (vgl. die Regieanweisung „*laut*" und „*schreit*", S. 113). Seine unmittelbare Reaktion – der Ausruf „Unglücklich das Land, das keine Helden hat!" (S. 113) – kritisiert einerseits Galilei, der eben kein Widerstandsheld ist und seine Überzeugungen verraten hat, kann aber auch andererseits als Sorge um das Land bzw. um die Menschen, wie die weiter im Unglück lebenden Campagnabauern, gedeutet werden. In dem Moment erscheint der äußerlich – vermutlich durch die Folter – völlig veränderte Galilei. Seine physische Veränderung spiegelt die veränderte Situation. Hierin ist nicht nur die tatsächliche Veränderung durch die Peinigung zu sehen, sondern im übertragenen Sinne auch sein gebrochener Wille, seine Erkenntnisse gegenüber der Kirche durchzusetzen. Seine angedeutete Blindheit ist zwar auf den Gebrauch des Fernrohrs zurückzuführen, kann aber ebenfalls metaphorisch für seine poli-

Reaktion Andreas: ein Schock

Rückkehr Galileis als gebrochener Mann

tische Blindheit oder das Versagen der Aufklärung gelesen werden.

Ablehnung vonseiten der Schüler

Die Schüler reagieren sowohl physisch (*„Schüler weichen vor ihm zurück"*; *„Die andern beschäftigen sich nicht mit Galilei"*, S. 113) als auch verbal ablehnend auf ihr ehemaliges Vorbild. Andreas beleidigende Worte führen zu einer immensen Emotionalität des Gesprächs. Sein Wutausbruch kritisiert heftig den Materialismus des Genussmenschen Galilei, auf den auch schon der Inquisitor vertraut hatte (vgl. Bild 12). Andrea scheint durch Galileis Verhalten so sehr verletzt zu sein, dass sogar sein Körper mit Unwohlsein reagiert und er hinausgeführt werden muss.

Verteidigung und Kritik an den Machthabern

Galilei geht nicht auf die Beleidigungen ein, sondern antwortet nur knapp: „Nein. Unglücklich das Land, das Helden nötig hat." (S. 114) Diese Antithese verdeutlicht den Gegensatz zwischen ihm und Andrea. Galileis Ausspruch ist als Verteidigung und als Kritik an den Mächtigen zu lesen. Das Land ist in der Hand von willkürlich Herrschenden, sodass der Sinn von Heldentum infrage gestellt werden kann. Sein Widerruf ist in seinen Augen kein individuelles Vergehen, sondern Ausdruck politischer Missstände. Der Zuschauer muss entscheiden, welche Deutung des Widerrufs er überzeugender findet (vgl. auch das Kapitel „Episches Theater").

Am Schluss des Bildes wird vor dem geschlossenen Vorhang ein Ausschnitt aus Galileis physikalischem Hauptwerk „Discorsi" verlesen. Die an mehreren Beispielen aus dem Tier- und Pflanzenreich veranschaulichte Annahme, kleinere Tiere, Pflanzen und letztlich Maschinen seien robuster als große, wirkt wie ein Kommentar zu seinem Widerruf und damit wie eine weitere Rechtfertigung des „großen" Galilei.

Funktion des dreizehnten Bildes

Zusammengefasst vollzieht sich im dreizehnten Bild der Bruch Galileis mit seinen Anhängern und mit seinem einstigen Wissenschaftsbegriff, der von den Prinzipien der Wahrheit und der Vernunft ausgeht.

14. Bild: In den Jahren nach dem Widerruf lebt Galilei in einem Landhaus in der Nähe von Florenz. Er beschäftigt sich immer noch mit physikalischen Experimenten, aktuell untersucht er die Bewegung von Körpern. Als Gefangener der Inquisition wird er von einem Mönch bewacht und steht vollständig unter der Aufsicht des Geistlichen Monsignore Carpula (so muss dieser sein Einverständnis zu einem Arztbesuch geben, vgl. S. 116). Wissenschaftliche Schriften müssen ausgehändigt werden. Die inzwischen ungefähr 40-jährige Virginia kümmert sich um ihren nahezu blinden Vater, indem sie ihm den Haushalt führt. Von einem Bauern werden im Auftrag eines namenlosen Gönners – vermutlich Andrea – zwei Gänse abgegeben.

Galileis Hausarrest: Weiterforschen unter kirchlicher Aufsicht

Selbst diese werden von dem Mönch misstrauisch untersucht. Der Umstand, dass Galilei die Gänse zu Virginias Überraschung nicht sofort erkennen kann, sich sein Augenlicht also weiter verschlechtert haben muss (vgl. die Verschlechterung seines Augenlichtes infolge der heimlichen Sonnenfleckenforschung mithilfe des Fernrohrs im 9. Bild), und sein unstillbarer Hunger lassen bereits vermuten, dass Galilei sich mit Ausnahme des nachlassenden Augenlichts auch im Alter kaum verändert hat.

Umfassende Kontrolle seines Lebens

Die Szene verdeutlicht sehr gut die Beziehung zwischen Vater und Tochter. Virginia führt Galilei nicht nur den Haushalt, sondern fungiert auch als seine Sekretärin und wissenschaftliche „Bewacherin". Alle von Galilei verfassten und von ihr niedergeschriebenen Seiten seines neuen Buches „Discorsi" händigt sie dem Mönch aus. Überzeugt von Galileis Reue gegenüber seinem früheren, von der Lehre der Kirche abweichenden Verhalten verknüpft sie in einem Fürsorgeauftrag („Ich passe auf ihn auf.", S. 116) ihr Leben mit dem seinen. Dabei scheinen ihre Rollen auf den ersten

Umkehrung des Vater-Tochter-Verhältnisses

Blick gänzlich vertauscht. Den ehemals großen Galilei behandelt sie in Tonfall und Inhalt ihrer Rede wie ein kleines, unmündiges Kind (vgl. S. 116), erkennbar etwa in der Aufforderung, den wöchentlichen Brief an den Erzbischof zu verfassen, der Galilei nur widerwillig nachkommt. Dennoch trügt dieser erste Eindruck zumindest partiell (teilweise). Wie Galileis Anweisung zur Zubereitungsart der Gänse zeigt, sieht er sich selbst tatsächlich nicht mal im Bereich des Haushalts als untergeordnet an.

Briefverkehr des
vermeintlich
reuigen Sünders
mit dem
Erzbischof

In der postalischen Auseinandersetzung mit Zitaten und Sinnsprüchen zu Fragen der Zeit, die der Erzbischof ihm zukommen lässt – was als weiterer Teil der Kontrolle durch die Inquisition gewertet werden kann –, muss Galilei seine gewandelte, kirchentreue Position beweisen. Sein demonstriertes Einverständnis mit den Handlungen der Kirche hält Virginia für ein Zeichen seiner Ergebenheit und Loyalität. Galileis Nachfragen zum Verständnis einzelner Passagen (S. 117: „Du meinst nicht, daß eine Ironie hineingelesen werden könnte?") kann als Ausdruck seiner Sorge, die bescheidene, ihm noch gewährte „Gunst" der Kirche zu verlieren, gelesen werden und lässt auf taktisches Verhalten seinerseits schließen. Er muss sein politisches Einverständnis mit dem Handeln der Kirche belegen, beispielsweise indem er dem Verteilen von Suppen gegenüber Lohnerhöhungen für die aus Hunger protestierenden Seiler zustimmt. Das steht im Gegensatz zu seiner früheren Auffassung, den Zorn des Volkes zu wecken. Andere Bibelzitate des Erzbischofs können als Provokation hinsichtlich seines Widerrufs verstanden werden. Damit will sich Galilei nicht auseinandersetzen (vgl. S. 117).

Überraschender
Pflichtbesuch des
durchreisenden
Andrea

Überraschend erscheint Andrea Sarti zu Besuch. Er ist darauf bedacht, deutlich zu machen, dass nicht ein persönliches Interesse an seinem ehemaligen Lehrer ihn zu diesem Besuch bewogen hat. So nimmt er nicht einmal dessen Namen in den Mund, sondern bezeichnet ihn nur mit dem unpersönlichen Personalpronomen (vgl. S. 118) und verhält sich auch ansonsten „*kühl*" (S. 119). Galilei lässt sich seine Emotionen ebenfalls nicht anmerken, wie auch sein folgendes taktisches Gesprächsverhalten zeigt. „*[U]nbeweglich*" (S. 118) bleibt er sitzen. Schüler und Lehrer sind sich hierin einig. Virginia verharmlost den Besucher gegenüber dem Mönch, indem sie die Beziehung der beiden auf den Punkt bringt: „Er war sein Schüler. So ist er jetzt sein Feind." (S. 118)

Im Auftrag eines früheren Freundes Galileis – damit signalisiert er sein eigenes Desinteresse – erkundigt sich Andrea nach Galileis Befinden, lässt sich aber auf kein Gespräch über seine Arbeit ein. Ironisch erzählt Galilei von seinem Leben („Man schenkt mir große Aufmerksamkeit.", S. 119), betont seine Aussöhnung mit dem ehemaligen Gegner, der kirchlichen Obrigkeit, und tastet sich vorsichtig – Virginia ist anwesend – an das Gesprächsthema „seine fortgesetzten Studien" heran. Während Galilei beschönigend von der Tiefe seiner Reue spricht, die ihm die Fortsetzung seiner Studien ermöglicht, kann Andrea aus seiner anhaltenden Enttäuschung und Verachtung heraus nicht anders, als diese als völlige Unterwerfung Galileis zu bewerten.

Unterkühltes Gesprächsklima im Beisein der Bewacher: Maske des reuigen Sünders einerseits, Verachtung andererseits

Galilei ist scheinbar so weit vom Wissenschaftsbetrieb abgeschnitten, dass die negative, zur Stagnation der neuen Lehre führende Ausstrahlung seines Widerspruchs auf Italien und auch das Ausland für ihn neu und überraschend ist („Wirklich? *Pause.* Nichts von Descartes? Nichts aus Paris?", S. 119).

Forschungsstagnation in den Nachbarländern durch den Widerruf

In einem zweiten Gesprächsschritt erkundigt sich Galilei nach den ehemaligen Mitstreitern seiner Forschung. Seine rhetorische Maskerade des reuigen Sünders ist perfekt. Wie schon bei seiner Nachfrage nach dem ausländischen Wissenschaftsbetrieb („Leider gibt es Länder, die sich der Obhut der Kirche entziehen.", S. 119), zeugt auch die vorge-

Das Schicksal der ehemaligen Weggefährten

schobene Sorge um fehlgeleitete Weggefährten von seiner nach außen hin völlig gewandelten, kirchentreuen Einstellung. Seine Frage, ob die ehemaligen Schüler durch seinen Widerruf belehrt seien, kann auch anders gelesen werden: Forschen die anderen denn auch noch zur kopernikanischen Lehre? Aber Galileis ehemalige Schüler haben die Forschung aufgegeben, während Andrea gezwungen ist, ins „Forschungsexil" nach Holland zu gehen. Das Gespräch ist von eisiger Kälte, Gezwungenheit und Vorsicht geprägt, bis Galilei seine Tochter in die Küche schickt. Der Mönch folgt ihr ironischerweise auch aus Genussgründen (ihm wird Ziegenkäse versprochen) und trägt so indirekt zur Weitergabe des Buches „Discorsi" bei.

Wechsel des Gesprächsverhaltens nach Abgang der Bewacher – Galileis Geständnis: geheime Forschungen

Nach Virginias Abgang ist endlich ein offeneres Gespräch für Galilei möglich. Unmittelbar lässt er seine rhetorische Maske fallen. Er offenbart Andrea, ein Buch über Mechanik und Fallgesetze, „Discorsi", beendet zu haben. Seine anhaltende Forschungslust und -tätigkeit bezeichnet er dabei abwertend als „Rückfälle", Barberinis Worte nutzend als „Krätze", „Laster" und schließlich, einen alten Vorwurf Ludovicos aufgreifend, sich selbst als „Sklave meiner Gewohnheiten" (S. 120 f.).

Auch auf sprachlicher Ebene (vgl. die vielen Fragen und Ausrufe) zeigt sich Andreas Interesse. Er legt seine Reserviertheit endlich ab. Zunächst im Unklaren belassen, bejammert Andrea den scheinbaren Verlust des Werkes für die Wissenschaft, da er das gesammelte Wissen in den Händen der Kirche für verloren hält, während die europäischen Wissenschaftszentren dergleichen herbeisehnen.

Abgabe der Verantwortung: Weiterreichen des Werkes „Discorsi" an Andrea

Andrea muss nicht lange warten, bis er von der heimlich angefertigten Abschrift erfährt. Galilei erliegt der Versuchung ihrer greifbar nahen Veröffentlichung (wenn Andrea sie mit ins liberale Holland nimmt), jedoch versucht er sich gleichzeitig, vor den Konsequenzen – dem drohenden Verlust seiner letzten Annehmlichkeiten in einem Leben in Gefangenschaft – zu schützen. Insofern überträgt er die Verantwortung für die Abschrift Andrea und legt ihm eine mögliche Erklärung für die Herkunft der Schrift, die Galilei nicht belastet, in den Mund.

Mit dem überraschten und gleichzeitig entzückten Ausruf „Die ‚Discorsi'!" (S. 122) bringt Andrea das Werk an sich. Sein Erkenntnisdrang lässt sich nicht unterdrücken, er beginnt unmittelbar mit der Lektüre. Den Stellenwert der Schrift schätzt er sofort als bahnbrechend ein („Das wird eine neue Physik begründen.", S. 122). Seine Begeisterung zielt nicht nur auf den Inhalt des Werkes, vor allem erlaubt es ihm, Galileis Handlungsweise – den Widerruf – zu verteidigen. Dessen bisherige Verurteilung wird nun als Irrtum aufgedeckt (verstärkt durch den Gebrauch des Konjunktivs II: „Sie wären übergelaufen", S. 122), für den Andrea sich selbst anklagt.

Wendung in Andreas Einstellung: Verteidigung des Widerrufs als Notwendigkeit, die wissenschaftliche Wahrheit zu schützen

Galilei nimmt die Selbstvorwürfe Andreas nicht an und bereitet seine eigene Selbstanklage vor. Er sieht Andreas Ablehnung seiner Person als gerechtfertigt an und liefert die Begründung gleich mit: „[…] ich verneinte die Wahrheit." (S. 122) Andreas Begeisterung für seinen Lehrer und das wissenschaftliche Werk sind zu groß, als dass er auf Galileis selbstkritische Äußerung eingehen könnte. Vielmehr nimmt er diesen als Mentor[1] und Lehrer wieder an. Dies zeigt sich im folgenden Lehrer-Schüler-Dialog, in dem Galilei Andrea dessen Theorie zum unterstellten Einstellungswandel gleichsam fordernd entwickeln lässt, um sie dann zu widerlegen.

---

[1] Mentor: Im Unterschied zum klassischen (veralteten) Lehrerbild des reinen Wissensvermittlers ist die persönliche Beziehung zwischen einem Schüler und seinem Mentor enger. Der Mentor fungiert nicht nur als Wissensvermittler, sondern auch als Ratgeber und Vorbild.

Andrea sieht nun Galileis Fehlverhalten im Zusammenhang eines großen strategischen Plans, die Wahrheit vor dem Feind zu schützen. Er überhöht den Menschen Galilei („[…] waren Sie uns um Jahrhunderte voraus.", S. 122). Dafür bringt Andrea mehrere, in ihrer Schlagkraft sich steigernde Begründungen vor:

Andreas Argumentation	Textbeleg
• Der Widerruf erscheint als die Wahl des kleineren Übels zweier Alternativen (Widerruf oder Folter/Tod), die das Weiterforschen ermöglicht (→ Galileis Hände sind eben nicht „leer").	„Besser befleckt als leer." (S. 122)
• Die mit dem Widerruf verbundene Strategie lässt sich auch schon bei früheren, bisher als fragwürdig empfundenen Verhaltensweisen und Entscheidungen finden. Anzuführen sind der Fernrohrbetrug oder das Anbiedern beim florentinischen Großherzog. Nun sind diese Entscheidungen aber positiv als Dienst an der Wissenschaft zu bewerten.	„Und ich sah Sie von diesem Instrument unsterblichen Gebrauch machen." (S. 123) „Ihre Freunde schüttelten die Köpfe, als Sie sich vor dem Kind in Florenz beugten: die Wissenschaft gewann Publikum." (S. 123)
• In diesem Zusammenhang zeichnet Andrea Galilei als Person, die zur Schau getragenes Heldentum ablehne, gleichzeitig aber die Devise vertritt, seines eigenen Glückes Schmied zu sein, indem man nach Lösungen – welcher Art auch immer – sucht.	„Unglück stammt von mangelhaften Berechnungen." „Angesichts von Hindernissen mag die kürzeste Linie zwischen zwei Punkten die krumme sein." (S. 123)
• Die Tragweite des Widerrufs wird relativiert.	„Als es Ihnen dann 33 gefiel, einen volkstümlichen Punkt Ihrer Lehren zu widerrufen […]." (S. 123)

• Das Wesen des Widerrufs wird verharmlost.	„aus einer hoffnungslosen politischen Schlägerei zurückgezogen" (S. 123)
• Galilei kann weiterforschen und die Schrift „Discorsi" schreiben.	„[...] um das eigentliche Geschäft der Wissenschaft weiter zu betreiben." „Sie gewannen die Muße, ein wissenschaftliches Werk zu schreiben, das nur Sie schreiben konnten." (S. 123)
• Die Wissenschaft setzt sich in diesem Konflikt gegen die Kirche durch.	„Hätten [...], wären die andern die Sieger gewesen." (S. 123)

Doch Galilei greift ein und beendet Andreas Konstruktion eines übergeordneten Planes und die Glorifizierung seiner Person. Mit der Preisgabe der Wahrheit, Furcht vor Schmerzen gehabt zu haben, fällt Andreas schönes neues Bild von Galileis Handlungsmotivation in sich zusammen. Die Regieanweisung *„Pause"* (S. 124) zeigt die Sprachlosigkeit Andreas, der sich erst sammeln muss, bevor er auf diese Wahrheit reagieren kann.

Beendigung der Verherrlichung durch Galilei – Andrea geschockt

Die dann folgende Reaktion Andreas ist trotzig und zielt wieder gegen Galileis Widerruf (Regieanweisung: *„laut"*, S. 124).

Andrea sieht keine menschlichen oder moralisch-ethischen Aspekte auf dem Gebiet der Wissenschaft als Kriterien greifen. Für ihn gilt: „Die Wissenschaft kennt nur ein Gebot: den wissenschaftlichen Beitrag." (S. 124) Das eigentliche Geschäft der Wissenschaft hat er dementsprechend auch bereits definiert: Sinn und Zweck der Wissenschaft ist einzig und allein der zu erforschende Inhalt, also die Vermehrung von Wissen. Wissenschaft geschieht um ihrer selbst willen. Die dafür benötigten Mittel können auch fragwürdiger Natur sein. Andrea vertritt zusammengefasst also das ethische Prinzip: Der Zweck heiligt die

Andreas Position: Der Zweck heiligt die Mittel

Selbstanklage
Galileis:
Handel mit der
Wissenschaft

Mittel. Anders Galilei: Er kontert das Aufbegehren Andreas prompt, weist ihn damit in seine Schranken und beginnt mit seiner Selbstanklage des Wissenschaftlers, in die er Andrea mit einbezieht (vgl. S. 124). Die metaphorische Verwendung von „Fisch" für die Wissenschaft weist sie als Ware aus, der Wissenschaftler wird damit zum Händler (vgl. S. 124). Galilei sieht sich selbstkritisch als jemand, der mit der Ware Wissenschaft moralisch anstößig umgegangen ist. Die folgende Aufzählung, mittels derer die Wissenschaft als böse und verführerisch dargestellt wird (vgl. S. 124), wirkt verstärkend für die Argumentation Galileis, dass der Wissenschaftler sich nicht der reinen Wissenschaft unterwerfen darf, und bereitet so seine folgenden Ausführungen vor.

Galileis
Reflexionsrede:
Belehrung Andreas
über soziale und
gesellschaftliche
Verantwortung des
Wissenschaftlers

In der alten Rolle des Lehrers („Nein!" – Ablehnung und Aufforderung zum Nachdenken; „Mein lieber Sarti" – Andrea in untergeordneter Position; beides S. 124) setzt Galilei zu seiner großen Belehrungsrede an, in der er Andreas Wissenschaftsverständnis kritisiert, sein eigenes entfaltet und schließlich damit sein Verhalten vor der Obrigkeit verurteilt.

Durch den Vergleich mit einem Wollhändler leitet er seine Überlegungen ein. Analog zu diesem ist der Wissenschaftler dafür verantwortlich, dass seine Erkenntnisse dort ankommen, wo sie gebraucht werden. Und die Adressaten grenzt Galilei nicht ein, „alle" sind gemeint (S. 124).

Wissenschaft im
Dienste des
Volkes:
Befähigung der
Menschen zum
Zweifeln und
Handeln

Der Wissenschaftler agiere quasi als Gegenpol zur Obrigkeit, die, um ihre eigene Machtposition aufrechtzuerhalten, den Großteil des Volkes in seinem als unveränderbar deklariertem Elend verharren lasse. Durch die Verbreitung neuer wissenschaftlicher Erkenntnisse aber werde das Volk aus der Lethargie gerissen und nehme ebenso wie der Wissenschaftler eine zweifelnde Grundhaltung ein. Diese hätte zum Aufdecken und Beseitigen des Elends und damit zur Veränderung der Gesellschaft führen können (vgl. S. 125). Galilei aber habe als „schwache Seele" (S. 125) das Volk im

Stich gelassen. Damit spielt er natürlich auf den Widerruf an. Deswegen spricht er sich selbst den Status eines Wissenschaftlers ab, denn „[d]ie Wissenschaft [...] hat mit beiden Kämpfen zu tun" (S. 125).

Die Aufdeckung naturwissenschaftlicher Phänomene müsse in den Dienst des Volkes gestellt werden, um dessen Leben zu erleichtern. Doch dafür brauche es Hilfe und Anleitung, da „das einzige Ziel der Wissenschaft darin besteht, die Mühseligkeit der menschlichen Existenz zu erleichtern" (S. 125). Wissenschaftliche Erkenntnis allein kann sich demnach nicht durchsetzen. Wissen zum Selbstzweck also, wie der von Andrea vertretene Anspruch lautet, kann aus Galileis Sicht nur abgelehnt werden. Denn in dem Fall kann das neue Wissen von Machthabern auch zur Aufrechterhaltung ihrer Position missbraucht werden („zum Krüppel gemacht werden", S. 125) und im schlimmsten Fall nur neues Elend hervorbringen. Der Wissenschaftler ist also weiterhin auch für die Folgen seiner Entdeckungen verantwortlich. Die Anspielung Brechts auf den Atombombenabwurf auf Hiroshima und Nagasaki (s. Kapitel „Die Entstehungsgeschichte des Dramas ‚Leben des Galilei'") unterstreicht diese moralische Verantwortlichkeit (S. 125 f.: „Die Kluft zwischen euch und ihr kann eines Tages so groß werden, daß euer Jubelschrei über irgendeine neue Errungenschaft von einem universalen Entsetzensschrei beantwortet werden könnte.").

Wissenschaftliche Erkenntnisse zur Minderung des Elends

Moralische Verantwortung: Verbreitung wissenschaftlicher Erkenntnisse zur Verhinderung des Missbrauchs durch Einzelne

Ausgehend von dieser allgemeinen Betrachtung zur Rolle des Wissenschaftlers kommt Galilei zur Bewertung seines eigenen Handelns. Legt man die von Galilei skizzierten Maßstäbe daran an, kann sich nur ergeben, dass er versagt hat. Einerseits sieht Galilei selbst eine einzigartige historische Chance „große Erschütterungen hervorrufen [zu] können" als vertan an (S. 126). Dies kann als Anspielung auf die von ihm dargelegte gesellschaftliche/soziale Verantwortung seiner Position gelesen werden (er spricht davon,

Vergebene Chancen durch den Widerruf

dass die Astronomie die Marktplätze erreicht hatte, vgl. S. 126). Gleichzeitig hat er eine Chance verspielt, zur moralisch-ethischen Vorbildfigur der Naturwissenschaftler zu werden. Mit der Entwicklung einer Wissenschaftsethik analog zum hippokratischen Eid hätte er die Idee einer verantwortungsbewussten, der Menschheit helfenden Wissenschaft vertreten können. Im Vergleich dazu befürchtet er nun deren Instrumentalisierung durch die Herrschenden. Folglich hat er aus seiner Sicht mit dem Widerruf sowohl die Menschheit als auch die Wissenschaft verraten und schließt sich selbst aus den Reihen der Wissenschaft aus.

Galileis Ausschluss seiner selbst aus den Reihen der Wissenschaftler – Ende der Rede

Durch Virginias Erscheinen wird das Gespräch beendet. Galilei setzt sich zum Essen, Andrea verabschiedet sich.

Die von Galilei empfundene Unwürdigkeit, die sich in seinem Ausschluss aus seiner Berufsgruppe gezeigt hat, wird gestisch unterstrichen, indem er es vermeidet, Andrea die Hand zum Abschied zu reichen. Da dieser keine Chance hatte, sich zu Galileis Redeinhalt zu äußern, muss er dies nun verstohlen nachholen. Er hält Galileis Selbstanklage für zu hart (vgl. S. 127). Hat Galilei Andrea gegenüber zwar noch zugestanden, dass ein neues Zeitalter angebrochen sei, erscheint seine Rolle darin jedoch als erfüllt. Mit der Übergabe des Werkes „Discorsi" hat er der Wissenschaft vermutlich seinen letzten Dienst erwiesen – erinnert sei an seine nachlassende Sehkraft, die aber immer wieder als Voraussetzung für wissenschaftliche Forschung betont wurde („Sehen statt Glotzen").

Umkehrung einer Sequenz des dritten Bildes: Dominanz der kirchentreuen Virginia

Indem Virginia auf Galileis Frage, wie die Nacht sei, „Hell." antwortet (S. 127), wird eine Sequenz des dritten Bildes umgekehrt (vgl. S. 36: dort hat Virginia die Frage gestellt und Galilei geantwortet). Dadurch wird die gewandelte Situation verdeutlicht: Galilei scheint seinen Optimismus verloren zu haben und begibt sich nun in die Abhängigkeit von seiner früher oft verhöhnten Tochter.

Gleichzeitig kann die Helligkeit der Nacht aber auch als neu entbrannte Hoffnung für die Wissenschaft gesehen werden: Die Umnachtung der Forschung durch den Widerruf wird durch die Übergabe des Werkes „Discorsi" und seine baldige Publikation aufgehellt werden.

Erneut werden Galileis Forscherdrang und List, aber jetzt auch Selbstkritik offenbar. Vordergründig stellt er seine Reue und Kirchentreue zur Schau. Stattdessen hat er aber die Schrift „Discorsi" beendet. Andrea, dem er die Verantwortung für die Forschungsergebnisse überträgt, nähert sich ihm deshalb wieder an. Damit einher geht Galileis selbstvollzogener Ausschluss aus den Reihen der Wissenschaft. Denn im Fokus des vierzehnten Bildes steht die Bewertung der Rolle der Wissenschaft. Er macht sich erneut stark für die soziale Verantwortung des Wissenschaftlers gegenüber dem Volk, muss aber auch selbstkritisch zugeben, selbst versagt zu haben. Damit verlässt er den wissenschaftlichen Betrieb.

Funktion des vierzehnten Bildes

15. Bild: Die Übergabe der Schrift „Discorsi" an Andrea führt zu deren Ausführung aus Italien. Die Forschungen Galileis werden so dem Zugriff der Inquisition entzogen und der europäischen Öffentlichkeit zugänglich gemacht. Titel und Epigramm nehmen diesen Ausgang des Schauspiels vorweg. Ebenso finden sich hier Anklänge an Galileis Wissenschaftsethos wieder: „Hütet nun ihr der Wissenschaften Licht/Nutzt es und mißbraucht es nicht" (S. 128). Die Szene spielt an einem Morgen des Jahres 1637. Während ein Grenzwächter und ein Schreiber Andreas Papiere prüfen, sitzt dieser auf einer Kiste und liest offen in der Schrift „Discorsi". Die Reisekutsche zur Weiterfahrt steht schon in Sichtweite auf der anderen Seite der Grenze. Von den Grenzwächtern wird Andreas Ausreisegrund aufgenommen, sein Gepäck sowie die Schrift „Discorsi" untersucht und eine Kiste mit 34 Büchern, die alle bereits ge-

Andreas Überwindung der Grenze mit List

druckt sind, oberflächlich in Augenschein genommen. Ihre Zeit wollen die Wächter lieber in das Eintreiben von Wegzoll investieren. Sie erlauben Andrea die Ausreise.

Streit spielender
Kinder über
Flugkraft von
Hexen

Während dieser wartet, wird er in die Auseinandersetzung dreier Jungen verwickelt. Sie streiten darüber, ob eine in der Nähe wohnende Frau eine Hexe sei und fliegen könne. Einer der Jungen behauptet auch, dass die Bücherkiste, auf der Andrea sitzt, vom Teufel herbeigezaubert worden sei. Er hatte das Abstellen der Kiste nicht wahrgenommen. Ein zweiter Junge, der aufgrund der ärmlichen Verhältnisse, denen er entstammt, nicht die Schule besuchen darf, worüber sich die anderen lustig machen, versucht Unterstützung vom Gelehrten Andrea zu erhalten. Er möchte von ihm bestätigt haben, dass niemand fliegen könne. Von der anderen Seite der Grenze aus beantwortet Andrea ihm seine Frage: Später einmal werde das Fliegen mit der Hilfe von Maschinen vielleicht möglich sein.

Spiegelung des
Konflikts
zwischen alter
und neuer Welt:
Wiederaufnahme
vieler Motive

Viele Motive und Themen des Dramas, die zum Teil bereits im ersten Bild des Schauspiels angelegt sind, erfahren hier ihre spiegelbildliche Entsprechung bzw. werden gebündelt. So spielt die Szene, wie bereits auch der Dramenbeginn, an einem Morgen – Metapher für den Anfang, den Anbruch eines neuen Zeitalters. Akteur dieses Zeitalters wird aber nicht mehr Galilei, sondern sein ihm in so vielen Punkten gleichender ehemaliger Schüler Andrea sein. Selbst die Lehrerrolle hat er bereits übernommen. Er erläutert die Frage zur Flugfähigkeit von Menschen und unterweist die anderen beiden Jungen methodisch: „Du mußt lernen, die Augen aufzumachen." (S. 131) – ein deutlicher Bezug zu Galileis Arbeitsweise „Sehen statt Glotzen", die bereits im ersten Bild als Charakteristika der neuen Zeit eingeführt wird. Dort findet sich auch die erste Gegenüberstellung der zwei Pole Aberglaube und Zweifel. Hier nun wird der Aberglaube einmal in Form der beiden unaufgeklärten Jungen wiederaufgenommen, die an die Existenz von Hexen glauben bzw. behaupten, die Bücherkiste stamme vom Teufel. Bezüge finden sich ebenso in der Figur des Schreibers, der die Geschichte von der „Teufelskiste" für wahr erachtet und sie deshalb nicht untersuchen will. Ihnen gegenüber stehen Giuseppe und der Grenzwächter. Beide werden im Vergleich zu den Vertretern des Bürgertums (Schreiber, andere Jungen) als weniger gebildet eingeführt, sind ihnen aber intellektuell doch überlegen. Giuseppe, der die Schule nicht besucht, zweifelt ebenso am Hexen- und Teufelsspuk wie der Grenzwächter, der gegenüber dem Schreiber eine geringere Ausbildung erfahren haben dürfte. Die beiden Figuren sind Vertreter der praktischen Vernunft, derer sich zu bedienen das einfache Volk, Galilei zufolge, in der Lage sei. Auf der anderen Seite werden die Gebildeteren als diejenigen charakterisiert, die sich der Vernunft gerade nicht bedienen oder verschließen. Sie erinnern an die Hofgelehrten des vierten Bildes, die auf keinen Fall ihre als absolut gesetzte Autorität/Instanz der Wahrheit, den Aristoteles, infrage gestellt wissen wollten.

Im Verhalten des ersten Jungen findet sich darüber hinaus eine Anspielung, wie man mit Zweiflern umgehen kann: „Soll ich dir die Hand ausrenken?" (S. 129) Diese Androhung von Gewalt ist ein „Problemlösungsansatz", den auch schon Galilei kennengelernt hat.

Giuseppe ist des Weiteren ein Vertreter des einfachen, im Elend lebenden Volkes. Als Grund für seine nicht existente Schulausbildung wird der Mangel an vollständiger Kleidung angegeben. Auch das zu Beginn der Szene von den Kindern gesungene Lied zeichnet ein Bild der schlechten sozialen Verhältnisse in Italien, die Galilei seinem Wissenschaftsethos nach (vgl. Bild 14) durch die Verbreitung und Nutzbarmachung wissenschaftlicher Erkenntnisse für das Volk gebessert sehen möchte. Der Konflikt zwischen Wissenschaft und Kirche/Obrigkeit, der dazu geführt hat, dass Galilei nach eigener Einschätzung diese Überzeugungen

Giuseppe als Vertreter des einfachen Volkes

mit seinem Widerruf verraten hat, findet sich ebenfalls wieder. Andrea muss als Gelehrter Italien verlassen. Einmal mehr wird auf die wissenschaftsfeindliche Stimmung im kirchlich dominierten Italien angespielt. Der Schutz der kirchlichen Lehre und damit Machtverhältnisse findet seine Entsprechung in der Durchsuchung der Schrift „Discorsi" nach ketzerischen Inhalten durch die beiden Grenzwächter. Diese musste aber konsequenterweise Scheitern, da auch der Schreiber nicht gelernt hat, „die Augen aufzumachen" (S. 131).

Andrea als Vertreter der neuen Zeit

Die letzten Worte des Dramas gehören Andrea, dem Vertreter der neuen Zeit. Der Zuschauer wird entlassen mit einem optimistischen, wenn auch im Vergleich zur von Galilei getragenen Aufbruchstimmung am Ende des ersten Bildes weniger enthusiastischen Blick in die Zukunft. Zu welchen Erfindungen und Entdeckungen die Menschen noch in der Lage sein werden, bleibt offen, aber eines steht fest: „Wir stehen wirklich erst am Beginn." (S. 131)

Funktion des fünfzehnten Bildes

Im letzten Bild des Dramas wird eine – wenn auch verhalten – positive Zukunftsperspektive gezeichnet. Die Schrift „Discorsi" konnte dem Zugriff der Kirche entzogen werden. Die wissenschaftliche Erkenntnis hat sich letztlich doch noch durchgesetzt. Darüber hinaus erweist sich Andrea als würdiger Nachfolger Galileis, denn aus dem ehemaligen Heißsporn ist ein gereifter Lehrer geworden.

Hintergründe

Der historische Kontext

Der historische Galilei

Galileo Galilei

Brecht schuf seinen Galilei in Anlehnung an den historischen Wissenschaftler Galileo Galilei, der im 17. Jahrhundert in Italien lebte, lehrte und forschte. Jedoch ist es nicht unwichtig, sich stets vor Augen zu halten, dass es sich bei dem Galilei Brechts eben um eine literarische und damit fiktive Figur und nicht etwa um den „echten" Galilei handelt. Durch die Betrachtung des Lebens des historischen Galilei fallen viele Gemeinsamkeiten zwischen Mensch und Figur auf, ebenfalls werden aber auch Unterschiede deutlich.

Unterschied zwischen dem historischen Galileo Galilei und der Figur Galilei

Galileo Galilei wurde als Sohn des Musikgelehrten und physikalisch forschenden Vincenzo Galilei und seiner Frau Giulia degli Ammannati 1564 in der italienischen Stadt Pisa geboren. Die Eltern zogen mit dem Elfjährigen 1575 nach Florenz um. Nachdem er die Schulbildung bei den Mönchen des Benediktinerordens genossen hatte, wollte er zunächst in den Orden eintreten, begann aber auf Wunsch des Vaters ein Medizinstudium in Pisa. Nach Abbruch des Studiums kehrte er nach Florenz zurück, schrieb

Galileo Galilei – geboren, aufgewachsen und Studium in der Toskana im 17. Jh.

sich für Mathematik ein und gelangte durch erste Forschungen bald zu bedeutenden Errungenschaften.

Professur, drei
Kinder, Wechsel
nach Padua
(Republik
Venedig)

1589 erhielt er an der Universität von Pisa eine Stelle als Hochschullehrer für Mathematik. Seine finanzielle Situation war prekär und verschlechterte sich noch weiter nach dem Tode seines Vaters 1591. Auch deshalb folgte er 1592 einem Ruf an die Universität von Padua und blieb dort bis 1610 als Mathematikprofessor.

Während dieser Zeit zeugte Galilei drei Kinder mit seiner Haushälterin Marina Gamba. Die beiden Töchter Virginia und Livia (geboren 1600 und 1601) wurden zu Ordensschwestern. Dies war eine sehr gute Versorgungsmöglichkeit für illegitime, also uneheliche Kinder. Der Sohn Vincenzo (geboren 1606) konnte später vom Vater legitimiert (rechtlich als erbberechtigter Nachfahre anerkannt) werden. Marina Gamba durfte Galilei nicht nach Florenz folgen. Er trennte sich zuvor von ihr.

Erforschung von
Phänomenen der
Mechanik – keine
Behinderung
durch die Kirche

In Padua, das zur von der politischen Macht der katholischen Kirche nur wenig beeinflussten Republik Venedig gehörte, forschte Galilei intensiv an Phänomenen der Mechanik. So erhielt er etwa ein Patent für eine Maschine zum Heben von Wasser.

Beschäftigung
mit dem
heliozentrischen
Weltbild – Angst
vor Giordano
Brunos Schicksal

Das heliozentrische Weltbild des Kopernikus war ihm schon in dieser Zeit bekannt, jedoch erwähnte er es nie während seiner Vorlesungen. Das Schicksal seines Zeitgenossen, des Philosophen Giordano Bruno, dürfte seine Wirkung auch auf Galilei nicht verfehlt haben. Bruno war von der Inquisition der Ketzerei für schuldig befunden und auf dem Scheiterhaufen verbrannt worden, weil er die Unendlichkeit des Weltalls behauptete. Doch diese Annahme ließ keinen Platz für ein metaphysisches[1] Jenseits und verstieß gegen das geozentrische Weltbild.

---

[1] Metaphysik (frei: jenseits der Natur): Teil der Philosophie, der über naturwissenschaftliche Begründungszusammenhänge hinausgeht

1609 entwickelte Galilei das „perspicillum", ein Fernrohr, das die Grundlage für seine astronomischen Forschungen der Folgejahre war. Die Idee dazu stammte von einem Wissenschaftler aus den Niederlanden. Galilei baute nach dessen Vorlage ein eigenes Fernrohr und entwickelte es in der Folgezeit weiter. Mit der Hilfe des Fernrohrs, dessen Rechteverkauf ihm ein höheres Gehalt einbrachte, konnte er Beobachtungen anstellen, die zuvor unmöglich waren und die zu bahnbrechenden Erkenntnissen führten. So entdeckte er die Phasen der Venus, vier Jupitermonde und konnte Untersuchungen zur Oberfläche des Mondes anstellen. Auch das Wesen der Milchstraße konnte er als eine Ansammlung unzähliger Sterne entschlüsseln. Seine Forschungsergebnisse veröffentlichte er in der aufsehenerregenden Schrift „Sidereus Nuncius" (Sternenbote, 1610). Die Jupitermonde benannte er nach Cosimo II. di Medici[1], dem Fürsten von Florenz, die „Mediceischen Gestirne". Davon erhoffte er sich ein lukratives Engagement an dessen Hof, das er auch angeboten bekam.

Die Erkenntnisse des Galilei, der durch seine wissenschaftlichen Kriterien standhaltenden Beobachtungen nun offensiver mit der Lehre des heliozentrischen Weltbildes umging, wurden wenig später von Christophorus Clavius[2], einem einflussreichen Gelehrten im Collegium Romanum, bestätigt. Dennoch konnten sie nicht gegen innerkirchlichen Widerstand durchgesetzt werden.

Sein Engagement in Florenz machte Galilei angreifbarer, da er nun nicht mehr unter dem Schutz der Republik Vene-

Marginalien:

Entwicklung eines Fernrohrs nach niederländischer Vorlage – dadurch Möglichkeit neuer Entdeckungen

„Sidereus Nuncius" und Mediceische Gestirne

Bestätigung der Forschungsergebnisse durch Christophorus Clavius

---

[1] Cosimo II. di Medici (1590–1621): ab 1609 Großherzog der Toskana. Er holte Galilei an den Hof und gab ihm eine Stelle als Mathematikprofessor in Pisa. Zuvor war er von Galilei als sein Schüler unterrichtet worden.

[2] Christophorus Clavius (1537–1612): deutscher Jesuit und Mathematiker der katholischen Kirche in Rom. Er war Begründer der astronomischen Forschungen des Vatikan und stand in wissenschaftlichem Kontakt mit Galilei.

Wissenschaftliche
Karriere zum
Preis der
Sicherheit

dig stand. In der Toskana war der Einfluss der Kurie ungleich bedeutender und der Zugriff der Inquisition wahrscheinlicher. Durch den Erfolg seiner wissenschaftlichen Forschungen wurde Galilei dennoch zum Ersten Mathematiker des Großherzogs ernannt. Als solcher begann Galilei die Erforschung der Sonnenflecken, die zu weiteren, das kopernikanische Weltbild stützenden Ergebnissen führte.

Bekanntschaft
mit dem
zukünftigen
Papst,
gleichzeitig
wachsende Kritik
an Galilei

Ein enger Kontakt zum Kardinal und späteren Papst, Maffeo Barberini[1], der aus einer florentinischen Kaufmannsfamilie stammte, gründete in der gemeinsamen Mitgliedschaft in der „Akademie der Luchse", einer wissenschaftlichen Gesellschaft in Rom. Dem freundschaftlichen Verhältnis zu einem hohen Vertreter der Kirche, der eine rasante Karriere an der Kurie durchlief, stand die zunehmende Kritik an Galileis wissenschaftlichen Prämissen und

Ablehnung des
geozentrischen
Weltbildes

Erkenntnissen gegenüber. Denn dessen Ansichten standen der kirchlichen Lehre, die auf den Schriften des griechischen Philosophen Aristoteles beruhte, diametral gegenüber. Aristoteles' Schriften und das geozentrische Weltbild des Ptolemäus[2] waren noch in der Spätantike in kirchliche Doktrin übergegangen und wurden, da sie mit der Bibel in Einklang zu bringen waren, scharf gegen anderslautende Lehren verteidigt.

Päpstliches
Dekret: Verbot
der kopernika-
nischen Lehren;
Mahnung an
Galilei: ein
Rückschlag

Ausdruck dieser Verteidigung war ein päpstliches Dekret, das aufgrund einer Veröffentlichung eines italienischen Geistlichen, die den Lehren des Kopernikus folgte, dessen Werk „De revolutionibus orbium coelestium" verbot. Im Zuge dieses Verfahrens wurde auch Galilei gemahnt, die kopernikanischen Lehren nicht zu vertreten. Der Kardinal

---

[1] Maffeo Barberini (1568–1644): Kardinal und späterer Papst Urban VIII. (1623–1644)

[2] Claudius Ptolemäus (ca. 100 – ca. 180): griechischer Astronom, Mathematiker und Philosoph der Antike. Er verbesserte ein überliefertes geozentrisches Weltbild des Hipparchos von Nicäa, das später den Namen ptolemäisches Weltbild erhielt.

Roberto Bellarmino[1] forderte Galilei offiziell auf, die Behandlung des heliozentrischen Weltbildes allein als wissenschaftliche Hypothese zu nutzen. Obwohl Galilei noch nicht zum Widerruf eigener Theorien gezwungen worden war und keine Schrift verboten wurde, war das Verfahren ein Rückschlag für Galilei. In den folgenden Jahren verlegte er sich auf die Erforschung der praktischen Anwendbarkeit seiner Einsichten. Er hielt sich also über Jahre an das Gebot, seine Ansichten zu verschweigen.

Noch kein Widerruf, aber Verschweigen der Erkenntnisse

Als Barberini 1623 nach dem Tod Papst Gregors XV.[2] zu dessen Nachfolger Urban VIII. gewählt worden war, schienen sich die Voraussetzungen für die Anerkennung und Fortführung von Galileis Erkenntnissen wieder zu verbessern. Der neue Papst war ihm freundschaftlich verbunden und galt als der Wissenschaft zumindest nicht abgeneigt. Galilei wurde in den folgenden Jahren mehrfach vom Papst empfangen. Er wurde mutiger bei der öffentlichen Artikulation seiner Ansichten, hielt sich aber zunächst noch an sein Versprechen aus dem Jahr 1616, wonach er das kopernikanische Weltbild nur als wissenschaftliche Hypothese vertreten durfte. 1630 ging er ein weiteres Mal nach Rom, um die Publikationserlaubnis für sein Hauptwerk „Dialogo i sopra due massimi sistemi del mondo" (Dialog über die zwei hauptsächlichen Weltsysteme) einzuholen. Diese erhielt er unter der Auflage, eine Passage zugunsten des ptolemäischen Weltbildes einzubauen.

Ein neuer Papst: bessere Aussichten für die Forschung

Das Werk „Dialogo" wurde 1632 veröffentlicht. Jedoch rief das Werk massive Kritik seitens der Kirchenvertreter hervor. Sie entrüsteten sich über die Darstellung des Vertreters der aristotelisch-ptolemäischen Lehre mit dem vielsagenden Namen Simplicio (der Schlichte), welchem zudem Wen-

Erscheinen des Werkes „Dialogo" – Verlust der Gunst Urbans VIII.

---

[1] Kardinal Roberto Bellarmino (1542–1621): von der kirchlichen Doktrin überzeugter Jesuit

[2] Papst Gregor XV. (1554–1623): als Alessandro Ludovisi geborener jesuitischer Philosoph und Jurist, Papst seit 1621

dungen in den Mund gelegt worden waren, die der Papst selbst so gebraucht hatte. Ebenso missfielen ihnen Aussagen, die den Schluss nahelegten, dass allein das kopernikanische Weltbild Naturphänomene richtig erklären könne. Dadurch hatte Galilei die schützende Gunst des Papstes verspielt. Er wurde nach Rom zitiert und dort in mehrwöchigen Anhörungen und Verhandlungen dazu gebracht, der bisher vertretenen Theorie abzuschwören. Der drohende Tod auf dem Scheiterhaufen blieb ihm erspart. Im

Prozess 1633: der Widerruf

Prozess am 22. Juni 1633 wurde er zu lebenslanger Haft verurteilt. Außerdem wurde ihm die Lehrerlaubnis entzogen und seine Bücher wurden verboten. Nicht historisch nachweisbar und mit hoher Wahrscheinlichkeit ins Reich der Legende zu verweisen ist sein angeblicher Ausspruch beim Verlassen der Kirche, in der sein Prozess stattfand: „Und sie bewegt sich doch!"

Hausarrest in Arcetri; Verschlechterung des Gesundheitszustandes

Galilei durfte erst im folgenden Jahr in sein Landhaus in Arcetri bei Florenz zurückkehren, stand dort aber unter bewachtem Hausarrest. Die Gesundheit des 68-Jährigen verschlechterte sich zunehmend, unter anderem deshalb, weil die Erforschung der Sonnenflecken das Augenlicht gefährdete, besonders aber, weil es Galilei nicht erlaubt war, bei teils sogar gravierenden Beschwerden Ärzte im nahen Florenz aufzusuchen. 1634 starb seine Tochter Virginia, die ihn bis dahin versorgt und betreut hatte.

Erscheinen des Werkes „Discorsi" im Ausland; Verbot von Galileis Schriften in Italien

Ein Jahr darauf wurde sein physikalisches Werk „Discorsi e dimostrazioni matematiche intorno a due nuove scienze" (Unterredungen und mathematische Demonstrationen über zwei neue Wissenszweige) veröffentlicht, allerdings nicht im italienischsprachigen Original, sondern in einer lateinischen Übersetzung in Straßburg. In Italien war die Publikation von Galileis Schriften unmöglich geworden.

Tod 1642; Rehabilitation erst 1992

Sein Augenlicht verlor der alternde Wissenschaftler vollständig 1638. Gleichzeitig wurden seine Arrestbestimmungen gelockert. Dennoch wurde ein Gnadengesuch zur

Aufhebung des Arrests abgelehnt. Galilei starb am 8. Januar 1642. Sein Grabmal befindet sich in der Kirche Santa Croce zu Florenz.

1992 rehabilitierte Papst Johannes Paul II.[1] Galileo Galilei. In seiner Begründung legte er dar, dass Galilei recht gehabt und die Kirche geirrt habe. Den sich auftuenden Widerspruch löste er auf, indem er von zwei unterschiedlichen Bereichen des Wissens ausging, dem der christlichen Offenbarung und dem der entdeckenden Vernunft.

Die beiden konkurrierenden Weltbilder

Das geozentrische Weltbild wurde zur Zeit Galileis von der katholischen Kirche vertreten, die damit den Lehren des griechischen Philosophen Aristoteles folgte. In diesem Weltbild steht die Erde im Mittelpunkt des Universums, alle anderen Himmelskörper, auch die Sonne, kreisen um sie.

Das geozentrische Weltbild – die Erde im Mittelpunkt des Universums

Schon in der Steinzeit hatten die Menschen entdeckt, dass die Himmelskörper in Bewegung waren. Sie begannen ihre Beobachtungen festzuhalten und sie immer besser zu nutzen. Erste Kalender gehen auf solche Beobachtungen zurück. Die Beobachtungen der Bewegungen am Himmel führten zu der Vermutung, dass die Erde als feststehender Fixpunkt im Zentrum des Universums lag und sich alle erkennbaren Himmelskörper um sie herum bewegten.

Entwicklung des geozentrischen Weltbildes durch Beobachtungen seit der Steinzeit

Der Versuch der Entwicklung eines wissenschaftlich fundierten Weltbildes aus diesen Beobachtungen heraus geht auf die griechische Antike zurück, in der versucht wurde, aus den erkennbaren Regelmäßigkeiten der Phänomene ein Weltbild herzuleiten.

Erste wissenschaftliche Erklärungsversuche in der Antike

---

[1] Papst Johannes Paul II. (1920–2005): im polnischen Wadowice als Karol Jozef Wojtyla geboren, ein auch politisch einflussreicher Papst (seit 1978)

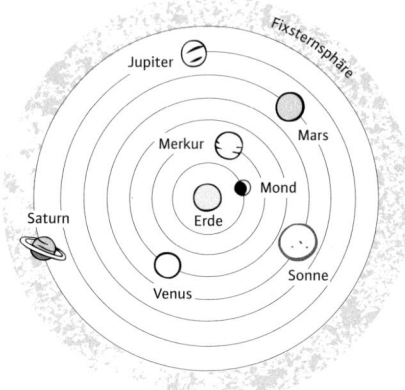

Das
ptolemäische
Weltsystem

Claudius
Ptolemäus

Eng verbunden mit dem geozentrischen Weltbild ist der Name Claudius Ptolemäus. Der spätantike Forscher fasste die Theorien und Erkenntnisse in seinem Werk „Mathematices syntaxeos biblia XIII" zusammen und entwarf damit das nach ihm benannte ptolemäische Weltbild.

Unterstützung der angenommenen Vollkommenheit des Systems durch die Epizykeltheorie

Das ptolemäische Weltbild geht nicht mehr von reinen Kreisbahnen aller bekannten Planeten um das Zentrum Erde aus, sondern von der sogenannten Epizykeltheorie, bei der die Planeten Schleifenbewegungen auf ihrer kreisförmigen Umlaufbahn durchlaufen.[1] Die Vorstellung von der reinen Kreisbahn der Bewegung basiert auf der Philosophie des griechischen Gelehrten Platon[2], der in der Kreisbahn die ideale Form der Geometrie erkannte. Diese Ansicht wurde später als göttliche Vollkommenheit gewertet. Ergänzt durch die Epizykel bewegen sich die Planeten im ptolemäischen Weltbild ebenfalls auf konzentrischen Kreisen um den Mittelpunkt des Systems. Von diesem, der Er-

---

[1] Auf diese Weise versuchte man, die scheinbaren Veränderungen der Geschwindigkeit der Himmelskörper zu erklären, ohne von der Vorstellung eines vollkommenen Weltbildes abrücken zu müssen.

[2] Platon (427–347 v. Chr.): griechischer Philosoph, Schüler des Sokrates, Lehrer des Aristoteles und Gründer der athenischen Akademie. Er hatte großen Einfluss auf die europäische Geistesgeschichte.

de, liegen sie unterschiedlich weit entfernt. Dadurch war die Theorie von Sphären, die die Erde umgaben, geboren. Nach außen abgeschlossen wird das System nach dieser Vorstellung von einer Schale, auf der sich die Fixsterne befinden. Die entwickelte Vorstellung deckte sich mit den bis in diese Zeit hinein bekannten Himmelskörpern und ihren Bewegungen. Sie widersprach auch nicht den physikalischen Lehren des Aristoteles, nach denen sich alle schweren Körper zur Erde hin und alle leichten von der Erde weg bewegen. Da die Erde für den schwersten Körper des Universums gehalten wurde, musste sie also auch das Zentrum desselben sein.

Altes Weltbild: ein Universum aus Sphären, die die Erde umgeben

Weit über 1500 Jahre lang hatte das Weltbild des Ptolemäus fast unbezweifelten Bestand. Im Zuge der verbesserten wissenschaftlichen Errungenschaften, die mit dem Beginn der Neuzeit in der zweiten Hälfte des 15. Jahrhunderts immer neue Entdeckungen ermöglichten, wurde das ptolemäische Weltbild, das noch im Mittelalter weiter verbessert worden war, immer häufiger infrage gestellt. Die konkurrierende Auffassung von der Sonne im Mittelpunkt des Universums erhielt durch die Forschungsergebnisse immer neue Nahrung.

Infragestellung des Weltbildes erst nach 1500 Jahren

Schon in der griechischen Antike, in Indien und in der islamischen Welt des Mittelalters hatte es immer wieder Wissenschaftler gegeben, die nicht dem vorherrschenden ptolemäischen Weltbild folgten, sondern eines propagierten, als dessen Mittelpunkt die Sonne und nicht die Erde angesehen wurde. Die Begründung hierfür lieferten immer wieder auftretende beobachtbare Himmelsphänomene, die sich nicht durch das ptolemäische Weltbild erklären ließen, mit ihm sogar unvereinbar waren. Allerdings begann die ernsthafte und kontinuierliche Entwicklung eines neuen Weltbildes erst im Europa des 16. Jahrhunderts. Erkenntnisse und Notwendigkeiten der Neuzeit führten dazu, dass in Konkurrenz zum offiziell von der katholischen Kirche ver-

Das heliozentrische Weltbild – die Sonne im Mittelpunkt des Universums

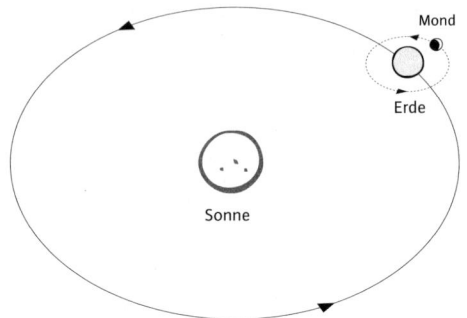

Das
kopernikanische
Weltsystem

tretenen geozentrischen Weltbild das heliozentrische Weltbild entwickelt wurde.

Forschungsfort-
schritt durch
Notwendigkeiten
der Seefahrt und
Entdeckungen

Speziell die Seefahrt und hier die Entdeckung Amerikas
und der reger werdende, machtpolitisch und wirtschaftlich
bestimmte Verkehr mit der Neuen Welt machten genauere
astronomische Kenntnisse zur Navigation nötig. Die ver-
stärkten Forschungen mündeten in die Erkenntnis, dass die
Bahnen der beobachtbaren Planeten nicht mit dem ptolemäischen Weltbild übereinstimmten.

Nikolaus
Kopernikus:
die Sonne im
Zentrum des
Universums

Nikolaus Kopernikus kommt ein großer Anteil an der Entwicklung des neuen heliozentrischen Weltbildes zu, das die
Sonne (helios) im Mittelpunkt der Erde sah. Erst in seinem
Todesjahr 1543 erschien sein Werk „De revolutionibus orbium coelestium" (Über die Bewegungen der Himmels-
kreise), indem er seine mathematisch ausgearbeiteten Erkenntnisse zusammenfasste. Die damals bekannten Planeten Merkur, Venus, Erde, Mars, Jupiter und Saturn
kreisen nach Kopernikus um die im Zentrum stehende
Sonne. Umgeben war die Sphäre der Planeten demnach
mit einer Sphäre, die Fixsterne[1] beinhaltete.

---

[1] Fixstern: Stern, dessen Position sich, von der Erde aus betrachtet,
nicht verändert. Fixsterne bilden so die auffälligen Konstellationen am
Himmel: die Sternbilder. Planeten bewegen sich in elliptischen Bah-
nen um eine Sonne. Sie verändern von der Erde aus betrachtet ihre
Positionen und werden deshalb auch als „Wandelsterne" bezeichnet.
Sie leuchten nicht selbst, sondern reflektieren das Licht ihrer Sonne.

Weitere Forschungen verbesserten die Erkenntnisse des Kopernikus. Zu nennen ist hier Johannes Kepler[1], ein Zeitgenosse Galileis, der mit seinen „keplerschen Gesetzen" für Aufregung sorgte. Er verbesserte das heliozentrische Weltbild, indem er die angenommenen kreisrunden Bahnen der Planeten durch elliptische Formen ersetzte. Auch Kepler nahm aber noch eine ins Unendliche gehende Fixsternsphäre um die Planetenbahnen an. Der Prager Hofastronom hatte einen Anteil an der Entstehung des Streits zwischen Galilei und der katholischen Kirche. Er wies nach, dass das Werk des Kopernikus nicht rein wissenschaftlich hypothetisch gemeint war. Diese fälschliche Annahme der Kirchenvertreter hatte es bis dahin vor einer Indizierung (Verbot) bewahrt. Das Verbot für Kopernikus' Buch wurde in einem Prozess gegen einen Geistlichen, der Kopernikus' Erkenntnissen gefolgt war, 1616 ausgesprochen. Im Zuge dieses Prozesses geriet auch Galilei erstmals ernsthaft ins Visier der Inquisition und hoher kirchlicher Würdenträger.

Verfeinerung des kopernikanischen Systems durch Johannes Kepler; Verbot der Lehren 1616

Bertolt Brecht: Lebensstationen und Werk

Eugen Berthold (ursprüngliche Schreibweise des Namens) Friedrich Brecht wurde am 10. Februar 1898 als älterer zweier Söhne des kaufmännischen Angestellten Berthold Friedrich Brecht und seiner Frau Sophie in Augsburg in kleinbürgerliche Verhältnisse hineingeboren. Während er die Volksschule und das Realgymnasium „An der blauen Kappe" besuchte, war seine Kindheit und Jugend überschattet von der Brustkrebserkrankung seiner Mutter.

Kindheit und Jugend

---

[1] Johannes Kepler (1571–1630): deutscher Naturforscher und Hofastronom des Kaisers in Prag. Die keplerschen Gesetze beschreiben die Gesetzmäßigkeiten der Planetenbewegungen.

Bertolt Brecht mit Bruder
Walter, Vater Berthold und
Mutter Sophie 1904

Erste poetische
Gehversuche
– Tagebuch No.
10, Herausgeber
der Schülerzei-
tung „Die Ernte",
erste Lieder-
sammlung

In seinem eigenen Künstleratelier, einer Mansardenwohnung über der elterlichen, konnte er ungestört seine ersten poetischen Gehversuche unternehmen. Das 1989 entdeckte Tagebuch No. 10 weist bereits die erste poetische Erprobung aus. Brechts organisatorisches Talent bewies er 15-jährig als Herausgeber der Schülerzeitung „Die Ernte". 1918, ein Jahr nach dem Notabitur[1] im März 1917 während des Ersten Weltkriegs, erschien seine erste Liedersammlung „Lieder zur Klampfe von Bert Brecht und seinen Freunden". Auf die Schule folgte die Immatrikulation für Philosophie und Medizin an der Universität in München, an welcher er aber hauptsächlich Seminare des Theaterprofessors Artur Kutscher besuchte.

Eine Herz-
erkrankung als
Lebensbegleiter

Wie ein roter Faden zieht sich Brechts eigene Krankengeschichte durch sein Leben. Von Kindheit an litt er an Herzbeschwerden, welche möglicherweise auch zu seinem frühen Tod 1956 beitrugen, die aber nie Thema seiner Dichtung wurden. Die Beschwerden verhinderten seine Einziehung zum Kriegsdienst, wenngleich er Lazarettdienste leisten musste.

---

[1] Notabitur: Im Ersten und Zweiten Weltkrieg konnte das Abitur unter erleichterten Bedingungen abgelegt werden, um die Einziehung der Schüler zum Militär zu erleichtern.

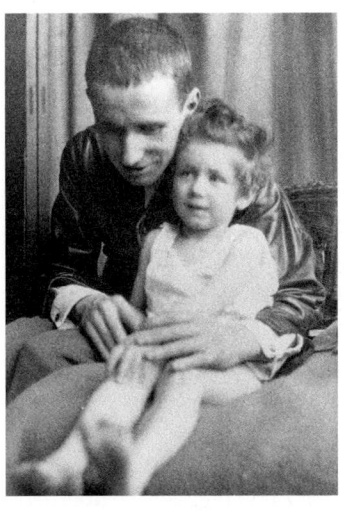

Bertolt Brecht mit seiner
Tochter Hanne

Während der Kriegsjahre machte sich Brecht auf der einen Seite als Autor patriotischer Zeitungsartikel einen Namen, wurde aber auf der anderen Seite aufgrund eines kritischen Schulaufsatzes beinahe

Erste Anzeichen von Ideologiekritik

mit einem Schulverweis belegt.

Brecht wurde schon in frühen Jahren Vater dreier Kinder. Paula Banholzer (1901–1989), die Brecht 1916 kennengelernt hatte, gebar ihm 1919 seinen ersten Sohn Frank (1919–1942). Zu einer Heirat kam es dennoch nicht. Mit Paula eröffnete Brecht eine Reihe von Beziehungen zu verschiedenen Frauen. Seine erste Ehefrau, die Sängerin Marianne Zoff (1893–1984), mit der er eine Tochter hatte, Hanne (1923–2009), lernte er noch während der Beziehung zu Paula Banholzer kennen. Die Ehe wurde 1927 geschieden, als Brecht, mittlerweile am Deutschen Theater in Berlin tätig, bereits mit Helene Weigel (1900–1971) sein drittes Kind, Stefan (1924–2009), gezeugt hatte.

Junge Vaterschaften

Mit seinen Werken hatte Brecht in den frühen 1920er-Jahren erste Erfolge. Das Werk „Trommeln in der Nacht" wurde 1922 an den Münchner Kammerspielen uraufgeführt und als Sensation aufgenommen. Auch sein seit zwei Jahren fertiggestelltes Drama „Baal" erschien, allerdings mit Verzögerung wegen der Zensur. Brecht erhielt im gleichen Jahr den Kleist-Preis. Seine frühen Werke, zu denen auch

Erste Erfolge: nihilistische Gesellschaftskritik in den Werken „Trommeln in der Nacht", „Baal", „Im Dickicht der Städte"

„Im Dickicht der Städte" (1921) zählt, sind noch vom Expressionismus der Nachkriegszeit bestimmt, von dem sich Brecht bis in die zweite Hälfte der 1920er-Jahre hinein genauso entfernte wie von seiner nihilistischen[1] Kritik an der bürgerlichen Gesellschaft im Frühwerk.

Hinwendung zum Marxismus

Dieser Nihilismus wich ab 1926 der Umsetzung neu gewonnener Einsichten Brechts, der Hinwendung zum Weltbild und zur Gesellschaftskritik des Marxismus.

Umzug nach Berlin – Arbeit mit Helene Weigel, Elisabeth Hauptmann, Kurt Weill

Nachdem Brecht nach Berlin übergesiedelt und in der Hauptstadt zunächst bei seiner Geliebten Helene Weigel untergekommen war, um dann in die Spichernstraße in eine Atelierwohnung umzuziehen, begann dort eine lebhafte künstlerische Produktion mit Gefährten wie Elisabeth Hauptmann[2], später besonders mit Kurt Weill (1900–1950), einem Komponisten jüdischer Herkunft, den er über eine Radiorezension seines Stückes „Mann ist Mann" (1924–26) kennenlernte. Die Zusammenarbeit mit Weill führte zu einer in der Kunstgeschichte einmaligen Konstellation: einem Zusammenwirken von Dichter und Komponist am Libretto der Oper „Aufstieg und Fall der Stadt Mahagonny".

„Die Dreigroschenoper": ein Welterfolg

Diese Zusammenarbeit war die Voraussetzung der Entstehung des Stückes „Die Dreigroschenoper", das auf der Vorlage John Gays „The Beggar's Opera" (1728) basiert und der erste große Erfolg Brechts war. Die geniale Verbindung von Musik und Text macht den künstlerischen Wert des Werks aus. Die Kälte und Gefühllosigkeit der Texte wird von der heiteren, leicht wirkenden und dennoch anspruchsvollen Musik konterkariert. Der Erfolg des Stückes hatte aber für Brecht auch eine Schattenseite. Durch den

---

[1] Nihilismus (von lat. nihil = nichts): verneint allgemeingültige Erkenntnisse und verbindliche Werte. Berühmt ist der Ausspruch des Philosophen Friedrich Nietzsche: „Gott ist tot".

[2] Elisabeth Hauptmann (1897–1973): deutsche Schriftstellerin und u. a. Mitautorin von Brechts „Die Dreigroschenoper". Nach Brechts Tod war sie Herausgeberin seiner Werke und arbeitete in „seinem" Berliner Ensemble als Dramaturgin.

Erfolg der Songs des Stückes „Die Dreigroschenoper" wurden ihre gesellschaftskritischen Inhalte geradezu verschüttet.

Das ist besonders bemerkenswert, weil „Aufstieg und Fall der Stadt Mahagonny" und „Die Dreigroschenoper" die ersten wichtigen Stücke waren, die Brecht seinem epischen Theater zurechnete. Brecht, der „Stückeschreiber", der parteilos blieb, aber ein überzeugter Kommunist war, begann in der Folgezeit damit, seine Theorie vom epischen Theater auszuformulieren und umzusetzen. Er übte damit parallel Kritik an der Gesellschaft und an der Kunst.

Episches Theater als Gesellschafts- und Kunstkritik

So lehnte er, der inzwischen die verbindliche Schreibweise seines Namens in „Bertolt" oder die Abkürzung „Bert" verwandelt hatte, die beliebten Dramenformen der Weimarer Republik, das Volksstück (Vertreter: Marieluise Fleißer (1901–1974), Carl Zuckmayer (1896–1977)) und das Zeitstück (Autoren der Neuen Sachlichkeit), ab, weil sie für ihn eine Form des unterhaltenden, anspruchslosen Schautheaters darstellten („Das Volksstück ist für gewöhnlich krudes und anspruchsloses Theater.", Brecht 1990, Bd. 17, S. 1162). Brecht verlangte aber in seiner Theorie, dass das Publikum durch das Theater für gesellschaftliche Veränderungen zu mobilisieren sei.

Kritik am Theater der Weimarer Republik

In Anlehnung an das proletarisch-revolutionäre Agitprop-Theater[1] (Kompositum aus „Agitation" und „Propaganda"), das von kommunistischen Gruppierungen und linksgerichteten Künstlern, etwa Erwin Piscator[2], veranstaltet wurde, schuf Brecht das „politische Lehrtheater", in dem

Entwicklung des Lehrstückes zur Vermittlung gesellschaftlicher Einsichten

---

[1] Agitprop-Theater: Laien werden zu Darstellern. So verwischt die Grenze zwischen Schauspieler und Zuschauer, noch bevor Brecht seine Verfremdungseffekte auf der Bühne auszuprobieren beginnt.

[2] Erwin Piscator (1893–1966): deutscher Regisseur und Intendant. Er gilt als einer der bedeutendsten Vertreter des politischen Theaters während der Weimarer Republik. Sein Theater hatte großen Einfluss auf die Entwicklung der Theorie des epischen Theaters Brechts.

Laien zu Darstellern wurden. Diese Lehrstücke sollen den Spielenden (Zuschauer sind dabei prinzipiell nicht nötig) gesellschaftliche Einsichten direkt vermitteln, indem die Stücke es ihnen ermöglichen, Distanz zu sich selbst herzustellen und sich Reflexionsmöglichkeiten zu eröffnen.

Früher Höhepunkt des politischen Lehrtheaters: „Die heilige Johanna der Schlachthöfe"

Für das politische Lehrtheater stehen in Brechts Werk „Die Dreigroschenoper" (1928), „Die heilige Johanna der Schlachthöfe" (1929/30) und „Die Mutter" (1930). Als Lehrstücke im Besonderen können „Der Jasager" (1930) und „Die Maßnahme" (1930) genannt werden.

Erkenntnis: Kunstwerke sind zu einer Ware geworden

Für Brechts Schaffen während der Zeit der Weimarer Republik war die Erkenntnis zentral, dass jedes Kunstwerk in der Zeit von Film und Rundfunk zur reinen Ware geworden war. Er wehrte sich etwa 1930 gerichtlich gegen eine verfälschende Verfilmung des Stückes „Die Dreigroschenoper". Andererseits verkaufte er seinen Gedichtband „Hauspostille" (1926), obwohl er dafür bereits beim Kiepenheuer Verlag unter Vertrag stand, noch einmal an den Propyläen-Verlag.

Experimente mit den neuen Medien Rundfunk und Film

Brecht war auch einer der ersten Künstler, der Konsequenzen aus der steigenden Konkurrenz von Rundfunk und Film zur Literatur zog. So experimentierte er mit den neuen Medien („Dreigroschenfilm", 1930). Im Hörspiel „Ozeanflug" (1929) entfaltete er seine Radiotheorie. Das Medium solle die Rezipienten nicht isolieren, sondern müsse sie in Beziehung zueinander setzen. Dazu bedürfe es der Fähigkeit des Radios, nicht nur zu senden, sondern auch zu empfangen. Brecht war in seiner hochproduktiven Phase der zweiten Hälfte der 1920er-Jahre in Berlin nicht nur in der Zeitung, sondern auch im Radio aktiv. Ständige Skandale um seine Theateraufführungen ließen zwar seinen Bekanntheitsgrad immer mehr steigen. Im Metier Film konnte er sich allerdings erst 1931 etablieren, als die Dreharbeiten zum Film „Kuhle Wampe"

(1932), dessen Musik von Hanns Eisler[1] stammt, in Berlin begannen.

Die Gedichtsammlung „Bertolt Brechts Hauspostille" von 1927 ist Brechts erstes wichtiges lyrisches Werk. Begonnen hatte er als Expressionist. Bald begann er aber, mit anderen lyrischen Formen zu experimentieren. Im Gegensatz zu seinen historischen Vorbildern, den Kirchen- und Hauspostillen, derer sich etwa Martin Luther (1483–1546) zur Festigung des Glaubens bedient hatte, wollte Brecht den Glauben mittels satirischer Rückgriffe zerstören. Die Themen der „Hauspostille" umfassen Ohnmacht, Unterdrückung und Leid des Einzelnen, die Unfähigkeit des Menschen zu solidarischem Zusammenleben, aggressive, unterdrückende Sexualität und den Protest gegen familiäre Zwänge.

Brecht als Lyriker: „Die Hauspostille"

In den letzten Jahren der Weimarer Republik hatte Brecht zwar Ruhm und künstlerischen Erfolg, jedoch blieb er finanziell in einer unsicheren Lage, zumal er weiterhin für drei, nach seiner Heirat mit Helene Weigel 1929 und der Geburt seiner zweiten Tochter Barbara (geb. 1930) für vier Kinder aufkommen musste.

Heirat mit Helene Weigel und finanzielle Schwierigkeiten

Eine entscheidende Veränderung seines Lebens begann sich durch den wachsenden Erfolg Adolf Hitlers anzubahnen, von dem Brecht als Anhänger des Kommunismus und Kritiker der konservativ-kapitalistischen Gesellschaft nichts Gutes zu erwarten hatte. Gewalt und Einschüchterung gehörten zu Druckmitteln der Nationalsozialisten, die mit der SA (Sturmabteilung) eine gewaltbereite Gruppierung unterhielten, welche auch Theatersäle stürmte, um

Erste Bedrohungen durch die Nationalsozialisten

---

[1] Hanns Eisler (1898–1962): deutscher, kommunistisch orientierter Komponist. Er komponierte oft für Brecht und war auch politisch mit ihm auf einer Wellenlänge. Viele seiner bekanntesten Werke erarbeitete er zusammen mit Brecht. Zudem schrieb er unter anderem die Hymne der DDR.

missliebige Aufführungen zu stören bzw. ganz zu unterbinden.

Die Aktionen gegen Brecht und seine Stücke begannen 1930 mit der Störung einer Leipziger Aufführung von „Aufstieg und Fall der Stadt Mahagonny". Weitere inszenierte Störungen und Abbrüche durch SA-Schlägertrupps folgten und führten zu ernsthaften Emigrationsüberlegungen Brechts, die er im Februar 1933, einen Tag nach dem Reichstagsbrand (27./28.02.1933), umsetzte.

1933: Flucht ins dänische Exil nach Repressalien

Die Flucht mit der Familie führte zunächst nach Prag, dann über Wien und Paris nach Dänemark. Währenddessen wurden in Deutschland Brechts Werke im Zuge der von den Nationalsozialisten betriebenen Bücherverbrennungen des 10. Mai 1933 vernichtet und sein Gesamtwerk verboten. Das erste Exilstück Brechts entstand in Paris in Zusammenarbeit mit Weill („Die sieben Todsünden"). In Dänemark wurden Brecht und seine Familie bis 1939 in Svendborg auf Fünen heimisch. Von dort aus unterhielt Brecht Kontakte zu seinen Unterstützern und Helfern. Zu seinen wichtigsten Weggefährten gehörten Hanns Eisler und Walter Benjamin[1].

Der „Dreigroschenroman" wird zu einem Erfolg

Brechts langjährige Geliebte Margarete Steffin (1908–1941) war ihm ebenfalls nach Dänemark gefolgt. Mit ihr verfasste er seinen „Dreigroschenroman" (1934), der von der Kritik gefeiert wurde. Das Werk hat nur noch geringe Überschneidungen mit der Oper. Brecht nutzt filmische Mittel zur Erzählung des Geschehens. Der Erzähler ist ein Apparat, der die Figuren aus verschiedenen Perspektiven schildern kann und sich in ihrer Darstellung am Film orientiert.

Lyrik im dänischen Exil: „Svendborger Gedichte"

Das wichtigste lyrische Werk der Exilzeit Brechts wurde die Gedichtsammlung „Svendborger Gedichte" (1939). In seiner Lyrik bricht sich Brechts Kritik an den Nazis Bahn. Die

---

[1] Walter Benjamin (1892–1940): vom Marxismus beeinflusster Schriftsteller, Literatur- und Zeitkritiker

Perversion der Kunst durch den Nationalsozialismus entlarvt er in zahlreichen Hitlergedichten sowie in „Verbot der
Theaterkritik" und „Die Regierung als Künstler". Die Trieb-
feder der Lyrikproduktion der Exilautoren war das Entsetzen über den Faschismus und die Notwendigkeit, diesem
Entsetzen Ausdruck zu verleihen.

Für die Exilliteratur war Brecht aber nicht nur als Lyriker,
Dramatiker und Prosaist von Bedeutung, sondern auch als
Theoretiker. Er analysierte das Wesen des europäischen Fa-
schismus messerscharf. Sogar die Entwicklung neuer litera-
rischer Formen machte er vom Kampf gegen diesen Fa-
schismus abhängig: „Wir leiten unsere Ästhetik wie unsere
Sittlichkeit von den Bedürfnissen unseres Kampfes ab." Die
Sammlung „Aufsätze über den Faschismus" (1933–39) war
Ausgangspunkt für seine literarische Theorie und Praxis. Er
arbeitete weiter an Lehrstücken, die das Ziel verfolgten, den
Zusammenhang von Faschismus und Kapitalismus und die
Funktion der Rassenpolitik für die Nazis zu zeigen. Dabei
bediente er sich der literarischen Form der Parabel[1].

> Brechts Waffe gegen den Faschismus: die Kunsttheorie

Bekannte Stücke in diesem Zusammenhang sind „Die
Rundköpfe und die Spitzköpfe" (1934), eine Auseinandersetzung mit der nationalsozialistischen Rassenpolitik, und
„Der Aufstieg des Arturo Ui" (1941). In diesem Werk wollte
Brecht den Aufstieg Hitlers in ein kapitalistisches Umfeld
setzen, um Zusammenhänge von Industriekapitalismus
und dem Aufstieg des Nationalsozialismus zu erhellen.

> Parabelstücke gegen die Nazis: „Die Rundköpfe und die Spitz-köpfe", „Der Auf-stieg des Arturo Ui"

Im Stück „Furcht und Elend des Dritten Reiches" (1935–38)
legte er gleichsam eine Sozialpsychologie des Faschismus
vor und prangerte den Mangel der Gegenwehr der bürgerlichen Intelligenz gegen den Aufstieg der Nazis an.

> „Furcht und Elend des Dritten Reiches"

Noch in Svendborg begann Brecht die Arbeit an einigen
seiner bekanntesten Werke, den Exildramen. Allerdings
musste er angesichts des drohenden Krieges Dänemark

> Beginn der Arbeit an den berühmten Exildramen (1938–1941)

---

[1] Parabel: lehrhaftes Gleichnis in Erzählform

verlassen und flüchtete im April 1939 nach Schweden, ein Jahr später, da Sozialdemokraten und Kommunisten auch dort gefährdet waren, nach Finnland, mit dem eigentlichen Ziel, in die USA zu emigrieren. Während dieser Zeit stellte Brecht das Drama „Der gute Mensch von Sezuan" (1938/40), die Komödie „Herr Puntila und sein Knecht Matti" (1940/41) und „Arturo Ui" fertig. Hinzu kommt die Arbeit am Drama „Mutter Courage und ihre Kinder" (1938/39) und der ersten Fassung des Werkes „Leben des Galilei" (1938/39).

Weiterentwicklung des politischen Theaters (Zusammenfassung im „Kleinen Organon für das Theater", 1948)

Diese Werke begründeten Brechts Weltruhm und machten ihn zum modernen Klassiker. Mit ihnen schuf Brecht eine Form des politischen Theaters, in dem Erheiterung und Nützlichkeit zu einer Einheit zusammenwachsen: „Das Theater bleibt Theater, auch wenn es Lehrtheater ist, und soweit es gutes Theater ist, ist es auch amüsant." (Brecht 1957) Im Exil entwickelte Brecht seine Theorie des epischen Theaters fort und fasste sie nach Ende des Krieges unter anderem im „Kleinen Organon für das Theater" (1948) zusammen.

Ein weiterer Höhepunkt des politischen Theaters: „Leben des Galilei"

Ein weiterer Höhepunkt des politischen Theaters ist das Drama „Leben des Galilei". In den verschiedenen Fassungen wird erkennbar, wie sehr sich Brecht in seinen Werken auf die Bedürfnisse der Zeit einstellt. Während die erste Fassung während der Zeit des Nationalsozialismus die Figur Galilei im Sinne des Widerstandskampfes gegen ein übermächtiges Regime zeichnet, allerdings in der Endfassung schon mit dem Makel des von der Figur selbst festgestellten Versagens im Kampf für die Wahrheit behaftet, steht sie nach den Atombombenabwürfen von 1945 in der zweiten Fassung unter der Fragestellung der Verantwortung des Wissenschaftlers für seine Forschungen und unter dem Verdikt des moralischen Versagens (siehe Kapitel „Die Entstehungsgeschichte des Dramas ‚Leben des Galilei'").

Emigration in die USA

Die Emigration in die USA gelang Brecht im Mai 1941 unter Mithilfe des bereits emigrierten jüdischen Brecht-Freundes und Schriftstellers Lion Feuchtwanger[1]. Auch Brechts Familie und seine Geliebte und Helferin bei seinen Inszenierungen, Ruth Berlau (1906–1974), konnten über Moskau und Wladiwostok die letzte Gelegenheit zur Flucht aus Europa ergreifen, während Margarete Steffin krank zurückbleiben musste und wenig später verstarb.

© by R. Berlau/Hoffmann

Brecht im amerikanischen Exil in New York 1946

Obwohl die USA für Brecht und seine Familie als der letzte sichere Ort vor den sich immer stärker ausweitenden Eroberungen Nazi-Deutschlands in Europa erschienen, hegte Brecht gegen dieses Land eine tiefe Abneigung. Schon in seinem neuen Exil Santa Monica in Kalifornien fühlte er sich unwohl, da er mit den Umgangsformen der Amerikaner nicht zurechtkam. Zudem litt er an Geldnot und war abhängig von den Zuwendungen anderer Exilanten. Dennoch zog sich Brecht von vielen anderen deutschen Emigranten in Santa Monica zurück, was ein Einleben weiter erschwerte. Um zu überleben, musste Brecht sich den Wünschen und Vorstellungen des amerikanischen Kunstmarktes öffnen und selbst offensiv dazu übergehen, seine Kunst zu verkaufen.

Eingewöhnungsprobleme und Abneigung gegen die USA

---

[1] Lion Feuchtwanger (1884–1958): erfolgreicher deutscher Schriftsteller, der wegen seines jüdischen Glaubens und seiner Schriften von den Nazis als politischer Gegner eingestuft wurde und deshalb ab 1933 im Exil leben musste. Er blieb auch nach dem Krieg in den USA.

Spionagever-
dächtigung,
kaum künstle-
rischer Erfolg

Brecht geriet nach dem Angriff Japans auf Pearl Harbor[1] wie viele Exilanten in das Visier des amerikanischen Geheimdienstes, ohne dass ihm kommunistische Tätigkeiten nachgewiesen werden konnten. Er blieb, obwohl ein erfolgreiches und erfüllendes Auskommen wohl eher in New York zu finden war, bis zum Ende seines Exils in Santa Monica. Sein künstlerisches Schaffen dort erwies sich aber als kaum ertragreich. Storys und Filmarbeiten Brechts war kein Erfolg beschieden: Sie wurden gar nicht erst gedreht. Entsprechend musste er sich mit der Publikation von Liedern und Gedichten über Wasser halten. Politisch versuchte Brecht, über die Mitorganisation der Gründung des „Council for a Democratic Germany"[2] (1944) tätig zu werden. Dieser Rat blieb jedoch ohne nennenswerte Wirkung und löste sich nach Kriegsende schnell auf.

„Schweyk" und
„Der kaukasische
Kreidekreis"

Trotz der Umstände gelangen Brecht in dieser Zeit mit „Schweyk" (1943) und „Der kaukasische Kreidekreis" (1944) zwei ästhetisch anspruchsvolle Dramen. Prosa und Lyrik blieben qualitativ hinter seinem bisherigen Werk zurück.

Drei Gründe für
die Rückkehr
nach Europa
nach Kriegsende

Nach Kriegsende blieb Brecht noch über zwei Jahre in den USA. Allerdings bewegten drei Umstände ihn 1947 zum Verlassen des Landes. Erstens sah er sein Publikum in Deutschland, zweitens wurde ihm vermehrt von Aufführungen seiner Stücke in Deutschland berichtet, die er nicht autorisiert hatte. Diesen Zustand hielt er für unerträglich. Der dritte Grund war die notorische Verdächtigung der Spionage und kommunistischer Umtriebe durch die Sicherheitsbehörden. Der Höhepunkt war mit einem Verhör vor dem „Untersuchungsausschuss unamerikanischer Tä-

---

[1] Pearl Habor: amerikanischer Kriegshafen auf Hawaii, der Teile der Pazifikflotte der USA beherbergt

[2] „Rat für ein demokratisches Deutschland": links orientierte Organisation deutscher Exilanten in den USA. Sein Ziel war die Erreichung des Selbstbestimmungsrechts für alle Völker und eine Kooperation der Westmächte mit der Sowjetunion.

tigkeit" am 30. Oktober erreicht. Brecht verließ am folgenden Tag die Vereinigten Staaten.

Sein Weg führte ihn zunächst in die Schweiz. Dort waren auch während des Krieges seine Exildramen aufgeführt worden. Er hielt also zunächst noch Abstand zum in Besatzungszonen geteilten Deutschland und wartete die politische Entwicklung ab, obwohl er bereits wusste, dass er wieder nach Berlin zurückkehren wollte. Diese Rückkehr fand im Zuge einer Inszenierung des Dramas „Mutter Courage und ihre Kinder" am Deutschen Theater in Ostberlin ab Oktober 1948 statt. Brecht zeigte sich erschüttert von dem, was er vorfand: „berlin, der schutthaufen bei potsdam" und „ruinentheater"[1] lauteten seine Bestandsaufnahmen zum Zustand der Stadt und ihrer Theaterwelt.

Über die Schweiz nach Ostberlin

Die Entscheidung Brechts für ein Leben in Ostdeutschland war weniger der Neigung als vielmehr den politisch-gesellschaftlichen Umständen der Zeit geschuldet. In der SBZ[2] waren die nicht des Faschismus verdächtigen Exilkünstler willkommen und wurden eingeladen, an der „antifaschistisch-demokratischen Erneuerung" teilzuhaben, die vordergründig den Aufbau eines neuen, besseren und friedlichen Deutschlands zum Ziel hatte.[3]

Entscheidung für ein Leben in Ostberlin

---

[1] Dass Brecht auf der Schreibmaschine in der Regel ohne Großbuchstaben schrieb, hatte vermutlich einen arbeitsökonomischen Grund: Auf diese Weise konnte er sich die Unterbrechung des Schreibflusses durch die Betätigung der Hochstelltaste ersparen. (Zitat: Hecht 1974, S. 528 (27.10.1948))

[2] Sowjetische Besatzungszone (SBZ): Gebiet im Osten Deutschlands, das nach dem Zweiten Weltkrieg durch die Beschlüsse der Konferenz von Jalta unter sowjetische Verwaltung gestellt wurde. Sie ging 1949 in die neu gegründete DDR über.

[3] Tatsächlich wurden in den ersten Jahren viele NSDAP-Angehörige in der SBZ von ihren Verwaltungs-, Wirtschafts- oder Politikposten entfernt. Jedoch ist auch nachgewiesen, dass in den frühen 1950er-Jahren in der neu gegründeten SED über 150 000 Alt-Nazis und Wehrmachtsangehörige aus dem Offizierskorps organisiert waren. Die „antifaschistisch-demokratische Erneuerung" in der DDR ist vor diesem Hintergrund also kritisch zu sehen.

Gründung des Berliner Ensembles 1949

Während Brechts Suche nach einer neuen Aufgabe ermöglichte es ihm die DDR-Führung, die auf den prestigeträchtigen Brecht nicht verzichten wollte, in Ostberlin eine eigene Schauspielgruppe zu gründen: das Berliner Ensemble. Es wurde zunächst im Deutschen Theater untergebracht und erhielt erst 1954 mit dem Theater am Schiffbauerdamm eine eigene Spielstätte. Mit dieser Gründung wurde Brecht die Möglichkeit eröffnet, sich die Schauspieler selbst auszusuchen, mit denen er seine ästhetischen und theoretischen Vorstellungen umsetzen wollte. Damit wurde sein Verbleib in Ostdeutschland wahrscheinlicher. Während Brecht sich in Zürich aber zunächst noch um die Schweizer Staatsbürgerschaft bemühte, wurde „sein" Theater von Helene Weigel aufgebaut und geleitet. Später erhielt Brecht durch Vermittlung seines Freundes Gottfried von Einem (1918–1996) die österreichische Staatsbürgerschaft, durfte dort aber nicht arbeiten.

Kritik am epischen Theater Brechts

Die Aufführung seines Dramas „Mutter Courage und ihre Kinder" Anfang 1949 wurde ein großer Erfolg, zugleich aber auch der Startschuss zu einer Welle von Kritik an Brechts Theorie vom epischen Theater, die sich zu einer publizistischen Kampagne gegen ihn ausweitete: Ein Drama müsse eben dramatisch und nicht episch sein, es fehle der positive Held, das epische Theater sei reiner Formalismus[1] und dekadent[2]. Hierin zeigt sich die von der Staatsführung in der DDR gesteuerte Kulturpolitik und die manipulierte öffentliche Meinung. Formalismus und Dekadenz waren Kampfbegriffe der politischen Führung, um nicht genehme

---

[1] Formalismus: Überbewertung der Form vor dem Inhalt
[2] dekadent: Der Begriff Dekadenz beschreibt in seiner negativen Lesart den Niedergang von Gesellschaften und Kulturen durch Ausschweifungen und Degenerierung. In den marxistischen Staaten wurde der Begriff mit der bürgerlichen Gesellschaft kapitalistischer Staaten in Verbindung gebracht. Der Dekadenz-Vorwurf diskreditiert einen Künstler und seine Kunst also als der sozialistischen Entwicklung der Gesellschaft abträglich und minderwertig.

Brecht mit Helene Weigel am Maifeiertag in Ostberlin 1954

Kunst und Künstler zu diskreditieren. Brechts Aufführung blieb von härteren Maßnahmen noch verschont, da der Formalismusstreit[1] in der DDR erst 1951 auf seinen Höhepunkt gelangte. Staatlich vorgegeben wurde, dass die Kunst der politischen Ausrichtung und Zielsetzung zu folgen habe. Jedes Abweichen wurde als antidemokratisch, kapitalistisch und volksfeindlich diffamiert. Dieser staatlichen Linie gemäß traute man Brecht nicht über den Weg und ließ ihn deshalb ab 1951 bespitzeln, um über sein Schaffen informiert zu sein und mögliche politisch unliebsame Auswirkungen seiner Arbeit schon im Keim ersticken zu können.

Obwohl Brecht der politischen Linken oft nahestand, wurde er niemals Mitglied einer Partei, weder der KPD (Kommunistische Partei Deutschlands) zu Zeiten der Weimarer

Kein Parteisoldat – Konflikte mit der SED

---

[1] Formalismusstreit: Es kam zu Auseinandersetzungen von DDR-Kulturfunktionären mit namhaften Künstlern um die kulturpolitische Ausrichtung und die Rolle der Kunst für den Aufbau einer neuen Gesellschaft. Besonders heftig entbrannte der Streit an der Oper „Johann Faustus" des Brecht-Freundes Hanns Eisler, die als Verunstaltung des Werkes des deutschen Klassikers Goethe kritisiert wurde. Angelehnt war die kulturpolitische Ausrichtung der DDR an Auseinandersetzungen in der UdSSR Ende der 1940er-Jahre.

Republik noch der SED (Sozialistische Einheitspartei
Deutschlands) in der DDR, blieb also unabhängig von politischer Indoktrinierung und wehrte sich stets gegen die
Vereinnahmung seiner Person. So lehnte er es in der DDR
ab, seine Kunst instrumentalisieren zu lassen. Linientreue,
Parteigehorsam und die Ausprägung eines Klassenbe-
wusstseins mochte er nicht zum Inhalt und Ziel seiner Arbeit machen. Die Folge waren dauernde Auseinandersetzungen mit Kulturfunktionären der SED. Brecht musste
sogar Zensur und Verbote hinnehmen (z. B. gegen sein
dramatisches Hörspiel „Das Verhör des Lukullus" (1940)).
Die Auswirkung war zumindest teilweise der Rückzug auf
die Umarbeitung älterer Stoffe, die Inszenierung eigener,
älterer Werke und nur vereinzelt die Aufführung neuer
Werke mit dem Berliner Ensemble.

Brecht und der
Aufstand des
17. Juni 1953

Das Jahr 1953 führte mit zwei politisch höchst brisanten
Ereignissen – dem Tod des sowjetischen Diktators Stalin[1]
und dem vom sowjetischen Militär blutig niedergeschlagenen Arbeiteraufstand vom 17. Juni in der DDR[2] – zu Ver-
ärgerung über Brecht in beiden Teilen Deutschlands. Im
Westen, weil ein Stalin preisender Text Brechts in der Ost-
zeitung „Neues Deutschland" erschienen war, und in der
DDR, weil Brecht die Regierung im Zuge des Aufstands kritisierte. Ausdruck der harschen, wenngleich nicht öffentli-

---

[1] Josef Wissarionowitsch Dschughaschwili (1878–1953): nannte sich
seit 1912 mit Kampfnamen Stalin („der Stählerne"), war seit 1922
Generalsekretär des Zentralkomitees der Kommunistischen Partei der
Sowjetunion und seit 1927 faktischer Diktator des Landes. Er sicherte
seine Herrschaft durch ein Terrorregime, dem mehrere Millionen
Menschen zum Opfer fielen.

[2] Am 17. Juni 1953 kam es zu einem Arbeiteraufstand in der DDR gegen
die Regierung der SED und die russische Besatzung. Das Aufbegehren
in mehreren Städten wurde mithilfe der russischen Armee blutig nie-
dergeschlagen. Es richtete sich gegen die Normerhöhungen der SED-
Regierung für die Arbeiter und die von ihr beschlossenen und auf
massiven Widerstand stoßenden Maßnahmen zum Aufbau des Sozialismus (z. B. Kollektivierungen in der Landwirtschaft).

chen Kritik Brechts ist das Gedicht „Die Lösung", in dem er zum Aufstand des 17. Juni schrieb: „Wäre es da/Nicht doch einfacher, die Regierung/Löste das Volk auf und/Wählte ein anderes?"

Trotz der politischen Widerstände gegen seine Person setzten sich Brechts Stücke in Ost und West ab 1954 mehr und mehr durch. Die Widerstände, mit denen er sich in der Bundesrepublik konfrontiert sah, wurden durch einflussreiche Freunde – zu nennen sind der Verleger Peter Suhrkamp (1891–1959) und der Theaterintendant Harry Buckwitz (1904–1987) – gekontert. Und so setzten sich die Stücke Brechts auch im Westen des geteilten Landes durch.

1952 bezog Brecht ein Haus in Buckow am Schermützelsee außerhalb Berlins, wo er sich aus Altersgründen immer häufiger von der Arbeit in Berlin ausruhen musste und seine Aufenthalte sich deshalb zusehends mehrten. In der folgenden Zeit nahm seine Gesundheit immer mehr ab. Seine Gedichtsammlung „Buckower Elegien" (1953) ist entsprechend, obwohl er gerade erst 55 Jahre alt war, als lyrisches Alterswerk zu bezeichnen. Insgesamt war seine künstlerische Produktivität aufgrund der gesundheitlichen Gebrechen und der Schwierigkeiten um seine Person und die Aufführung seiner Werke nahezu zum Erliegen gekommen. 1954 schrieb er sein letztes Stück, „Turandot oder der Kongreß der Weißwäscher".

Brecht starb am 14. August 1956 in Berlin an Herzversagen. Er wurde auf dem Dorotheenstädtischen Friedhof beerdigt.

Die letzten Jahre: Rückzug aufs Land

Gedichtsammlung „Buckower Elegien" – lyrisches Alterswerk

Tod am 14. August 1956

Brechts Gesellschaftsauffassung

Zum Verständnis der bekanntesten Stücke Brechts und der Zielsetzung seiner Theorie vom epischen Theater ist es notwendig, sich mit der Gesellschaftsauffassung des Autors auseinanderzusetzen.

Der Marxismus als Grundlage der Weltanschauung Brechts

Brecht orientierte sich ab der zweiten Hälfte der 1920er-Jahre immer stärker am Marxismus. Karl Marx[1] war gemeinsam mit seinem Freund und finanziellen Förderer Friedrich Engels[2] der bedeutendste Theoretiker des Sozialismus[3] und Kommunismus[4]. Diese Theorien stehen in Konkurrenz zum Kapitalismus und haben seine Überwindung zum Ziel. Die Wirtschafts- und Gesellschaftstheorie des Marxismus fußt auf einem materialistischen Weltbild[5], das davon ausgeht, dass Zugang zu und Besitz von materiellen Werten (bei Marx sogenannte Produktionsmittel; sie umfassen Gebäude, Land, Rohstoffe, Maschinen) das Sein des Menschen und darüber auch sein Bewusstsein bestimmen.

Der historische Materialismus

Marx' und Engels' materialistisches Weltbild ist als historischer Materialismus zu bezeichnen, weil es davon ausgeht, dass die Geschichte der Menschheit durch die wirtschaftlichen Systeme und Veränderungen bestimmt wird. Beide sahen die Geschichte als eine Abfolge verschiedener

---

[1] Karl Marx (1818–1883): deutscher Philosoph und Kritiker der ökonomischen Verhältnisse seiner Zeit. Zusammen mit Friedrich Engels ist er der Schöpfer des wissenschaftlichen Sozialismus, des nach ihm benannten Marxismus.

[2] Friedrich Engels (1820–1895): deutscher sozialistischer Politiker und Schriftsteller. Mit Karl Marx verfasste er das „Kommunistische Manifest" (1848).

[3] Sozialismus: Sammelbegriff für die Lehren und Bewegungen, die im Zuge der Industrialisierung im 19. Jahrhundert die kapitalistische Ordnung durch eine auf Gemeineigentum und Gemeinwirtschaft gründende Ordnung ersetzen wollen

[4] Kommunismus: Er sieht eine klassenlose Gesellschaft vor, in der die gesamten Produktionsmittel, die Produktion und die Verteilung der Güter in den Händen aller liegen. Freiwillige Zusammenarbeit ersetzt den Staat.

[5] Materialismus: Weltsicht, die den Grund aller Dinge und alles Wirklichen als Resultat des Stoffes – der Materie – und seiner Bewegungen sieht. Leben, Seele, Geist und Weltgeschehen werden darüber erklärt. Gegensatz zum Idealismus.

Gesellschaftsformationen. Der Untergang der einen wird durch das Aufleben einer neuen Formation bedingt.

Der Wandel vollzieht sich durch vorhandene soziale und wirtschaftliche Widersprüche. Die Wirtschaftsstruktur der jeweils existierenden Gesellschaftsform bildet nach Marx die Basis für alles darauf Aufbauende (z. B.: das Rechtssystem, das Herrschaftssystem, die Kultur, die Religion).

Gesellschaftlicher Wandel durch Widersprüche, die zu revolutionären Veränderungen führen

Die bisherige Geschichte wird als von Klassenkämpfen bestimmt aufgefasst. Die Gesellschaftsklassen entstehen durch die Produktionsverhältnisse im Wirtschaftssystem. Nach marxistischer Auffassung versucht die herrschende Klasse (die Bourgeoisie), die bestehenden Verhältnisse zu erhalten, während die unterdrückte (arbeitende) Klasse (das Proletariat) sie umzustürzen versucht (der Klassenantagonismus = Klassengegensatz). Der Klassenkampf treibt die Entwicklung der Geschichte voran.

Der Klassenantagonismus bestimmt den Lauf der Geschichte

Nach Marx und Engels befand sich die Menschheit im 19. Jahrhundert im letzten Stadium dieser zielgerichteten Entwicklung – in der kapitalistischen Gesellschaftsordnung. Nach deren Auflösung durch eine siegreiche Revolution des Proletariats (der Arbeiter) stehe der Sozialismus. Dieser sei die letzte Vorstufe zum Kommunismus, also einer klassenlosen Gesellschaft. Und diese ist laut Marx und Engels das Ziel der Geschichte.

Das Ziel des Kommunismus: die klassenlose Gesellschaft

Diese philosophischen Grundlagen bestimmten ab den späten 1920er-Jahren Brechts Denken und auch seine Beschäftigung mit dem Theater. Er war sich aufgrund der Verelendung breiter Bevölkerungsschichten in der Weltwirtschaftskrise von 1929 sicher, dass eine gesellschaftliche Veränderung stattfinden müsse. Erlebnisse wie der „Berliner Blutmai"[1] 1929 überzeugten Brecht davon, dass eine

Brechts Annäherung an den Kommunismus – Kunst als Instrument zur Veränderung

---

[1] Berliner Blutmai (1.–3. Mai 1929): Linke Protestanten in Berliner Arbeitervierteln lieferten sich Straßenschlachten mit der Polizei, bei denen Hunderte Menschen verletzt und einige getötet wurden.

revolutionäre Umwandlung der Gesellschaft nur durch den Kommunismus zu vollziehen sein würde. Die Kritik an der bestehenden und die Möglichkeit einer neuen, sozialistischen Gesellschaft bestimmten sein Leben und Werk.

Konsequenz für Brechts Werk: Ideologie- und Gesellschaftskritik

In seinen Stücken findet sich der Marxismus vor allem in der Ideologiekritik wieder, die auf die Emanzipation des Menschen von Abhängigkeiten und auf seine Befreiung aus Herrschafts- bzw. Unterdrückungsverhältnissen ausgerichtet ist. Dieser Zielsetzung entsprechend suchte Brecht nach Möglichkeiten der Umsetzung auf der Bühne. In Zusammenarbeit mit marxistisch ausgerichteten Theoretikern und Künstlern entwickelte er dazu die Theorie des epischen Theaters. Er sah seine Kunst als Instrument zur Verbesserung der Gesellschaft, indem er seine Zuschauer befähigen wollte, sich Missstände bewusst zu machen und Handlungsanreize für deren Änderung zu setzen.

Brechts Themen

Brecht als Zeit- und Gesellschaftskritiker

Bert Brecht hat ein umfangreiches Werk hinterlassen. Dabei gibt das Motiv der Gesellschaftskritik die zentralen Themen des „größten Dramatikers unserer Zeit" (so Literaturkritiker Marcel Reich-Ranicki) vor: die Kritik an der bürgerlich-kapitalistischen Gesellschaft mit dem Verlust der Individualität und der Perspektive der revolutionären Veränderung sowie der Kampf gegen Faschismus und Nationalsozialismus.

Werke als „Versuche"

Brecht selbst bezeichnete seine Werke als „Versuche": Es handelt sich bei ihnen um Zeitdichtung, sodass seine Arbeiten nicht als abgeschlossen verstanden werden können. Indem er sie immer wieder bearbeitete und aktualisierte, nahmen die sich ändernden Zeitumstände Einfluss auf jeweilige Stückfassungen und deren Inszenierungen. Das Stück „Leben des Galilei" mit seinen drei ganz unterschiedlichen Fassungen steht dafür paradigmatisch.

Schon in einigen seiner ersten Dramen, etwa in „Baal" und „Mann ist Mann", forderte der junge Brecht die bürgerliche Gesellschaft heraus. Der Titelheld seines ersten Dramas „Baal", ein genialer Dichter, ist gesellschaftlicher Außenseiter und Individualist, der zum Mörder wird. Der asoziale Baal wendet sich von einer als nicht mehr lebensfähig gezeichneten Gesellschaft des Wilhelminischen Kaiserreichs ab. Sein ausschweifendes Leben wird als Ausdruck seiner Individualität gesehen, während die Anpassung an die Gesellschaft seinen Tod bedeutet hätte.

Frühe Jahre: Individualisierung und Gesellschaftskritik – Drama „Baal": Anpassung heißt Tod

Auf der immer wieder thematisierten Individualität des Menschen und auf ihrem Verlust liegt der Fokus im Drama „Mann ist Mann". Der Packer Galy Gay gibt seine Identität auf, um bei einer vierköpfigen Soldatengruppe den Verlust des vierten Mannes auszugleichen. Er wird zum Teil des Kollektivs und wandelt sich zu einer Kampfmaschine, womit Brecht vor dem Hintergrund sich wandelnder gesellschaftlicher Verhältnisse – kapitalistische Industriegesellschaft, Anonymität, Arbeitsteilung – die Verdinglichung des Menschen bzw. dessen Aufgehen in der Masse aufzeigt.

„Mann ist Mann": Verdinglichung des Menschen durch Aufgabe seiner Individualität

Auch im ab 1929 neu entwickelten Spieltypus des Lehrstückes steht Brechts Interesse am Konflikt zwischen Individuum und Gesellschaft im Vordergrund. Durch diese Dramen sollten die Akteure ein im Sinne des Marxismus angemessenes Verhalten in gesellschaftlichen Konfliktsituationen lernen. Zu nennen ist besonders das Lehrstück „Die Maßnahme" (1930), mit dem Brecht erstmals ein Stück mit kommunistischem Hintergrund publizierte. Es finden sich hierin marxistische Forderungen wieder, nach denen die Welt nicht mehr interpretiert werden dürfe, also keine gedankliche Weltanschauung betrieben werde, sondern es darauf ankomme, durch Eingriffe in die gesellschaftliche Praxis die Wirklichkeit zu verändern. Damit ist Brechts Lebensthema umrissen: die Kritik an der Gesellschaft und die

Lehrstück „Die Maßnahme": erstmals Werk mit kommunistischem Hintergrund

Veränderung der Welt durch die Tat

Befähigung des Zuschauers zum Eingriff in die gesellschaftliche Wirklichkeit zum Zwecke ihrer Veränderung als Aufgabe des Theaters.

Kritik an der kapitalistischen Gesellschaft

Parallel zu den Lehrstücken arbeitete Brecht zusammen mit Kurt Weill an einem weiteren Genre: In den Opern „Die Dreigroschenoper" (1928) und „Aufstieg und Fall der Stadt Mahagonny" (1930), die die traditionelle Oper revolutionieren sollten, setzte sich Brecht mit der kapitalistischen Gesellschaft auseinander.

„Die Dreigroschenoper": Austauschbarkeit von kapitalistischem Bürger und Räuber

Gerade in der Oper „Die Dreigroschenoper", in welcher anhand des raubenden und mordenden Protagonisten Mackie Messer die Austauschbarkeit von Räuber und Bürger vorgeführt wird, wird die bürgerliche Gesellschaft als räuberisches System dargestellt und gezeigt, dass alle Verbrechen durch die Gesellschaftsverhältnisse selbst begründet sind. Auch der später im Exil entstandene „Dreigroschenroman", der die Räuber der „Dreigroschenoper" in die Geschäftswelt versetzt, ist eine scharfe Satire auf den Kapitalismus und die von ihm hervorgebrachten Verbrecher.

„Die heilige Johanna der Schlachthöfe": Unmenschlichkeit des Kapitalismus und Kritik an den Reformen

Brechts Drama „Die heilige Johanna der Schlachthöfe" (1931) galt lange Zeit als sein erstes marxistisches Stück.[1] Die Heilsarmistin Johanna versucht, das Massenelend der Chicagoer Schlachthofarbeiter zu verstehen und zu lindern, bevor sie diese schließlich aufgrund ihrer eigenen Notsituation doch verrät und so dem Fleischgiganten Mauler zum Sieg verhilft. Die Reformmaßnahmen Maulers, die letztlich nur ihm und nicht den Arbeitern dienen, verdeutlichen einerseits die Unmenschlichkeit des Kapitalismus, andererseits übte Brecht damit Kritik an den Reform-

---

[1] Nach heutigem Forschungsstand ist vielmehr „Die Maßnahme", die 1930 in Zusammenarbeit mit Hanns Eisler entstand, Brechts erstes mit dem Marxismus in direkte Verbindung zu bringendes Werk.

bemühungen der SPD in der Weimarer Republik.[1] Wo Gewalt herrscht, hilft nur Gewalt – so Johannas Fazit.

Die kapitalistische Gesellschaft als immer wiederkehrendes Thema seiner Werke steht auch im Fokus der großen Exildramen „Herr Puntila und sein Knecht Matti" (1940/41) und „Der gute Mensch von Sezuan" (1938/40). Darin verwandelt sich im fernen China die großzügige und hilfsbereite Frau Shen Te zeitweilig in den brutalen Ausbeuter Shui Ta, denn diese Maskierung benötigt sie, um Bittsteller abzuwehren und wirtschaftlich erfolgreich zu sein. Dabei füllt sie die patriarchalische Rolle immer erbarmungsloser aus, bis sie schließlich auffliegt. Als Erkenntnis gibt sie zu bedenken, dass angesichts der kapitalistischen Situation in Sezuan Nächstenliebe nicht zu leisten sei. Die kapitalistische Welt wird als barbarisch entlarvt. Selbstentfremdung und Identitätsverlust spielen auch hier eine Rolle. Das Drama „Herr Puntila und sein Knecht Matti" führt anhand der beiden Titelgeber vor Augen, dass ein Ausgleich zwischen Herrn und Knecht, also Reich und Arm, nicht möglich ist, sofern sich nicht die Eigentumsverhältnisse ebenfalls ändern.

Die Exildramen „Der gute Mensch von Sezuan" und „Herr Puntila und sein Knecht Matti" – weitere Kritik an der kapitalistischen Gesellschaft und ihren Eigentumsverhältnissen

Brechts Schaffensphase im europäischen und amerikanischen Exil in den Jahren 1933 bis 1947 ist geprägt von der immer stärkeren Politisierung seines Werkes („Ich […] widmete von nun an meine gesamte literarische Arbeit dem Kampf gegen Nazismus, Stücke und Gedichte schreibend.", Müller 2009, S. 21). Seine Exilzeit stand fast ausschließlich im Dienst des Kampfes gegen den europäischen Faschismus, besonders aber gegen den Nationalsozialismus Hitlers. Dieser Kampf wurde vor allem durch seine literarische Produktion dieser Zeit geführt, deren Anliegen es

Kampf gegen den Nationalsozialismus

---

[1] Die gemäßigte Mehrheits-SPD (im Gegensatz zur radikaleren unabhängigen USPD) hatte sich während der Revolution 1918 erfolgreich gegen die Einführung einer sozialistischen Räterepublik gewandt und die Revolution in den Augen der radikalen Linken mit der Einführung der parlamentarischen Republik unvollendet gelassen.

auch war, die Gleichgültigkeit der Menschen aufzubrechen und ihnen Möglichkeiten zum Eingreifen zu zeigen.

Theaterstück „Die Gewehre der Frau Carrar": Passivität ist tödlich

Das Stück „Die Gewehre der Frau Carrar" thematisiert den Spanischen Bürgerkrieg von 1936–1939 und galt der Unterstützung des französischen Antifaschismus. Die Fischersfrau Carrar verliert durch ihren Pazifismus, den sie nach dem Tod ihres Mannes konsequent lebt, auch noch ihren Sohn. Dieser wird von den Faschisten erschossen. Schließlich nimmt auch Frau Carrar am Krieg gegen die Faschisten teil, womit Brecht sein Publikum überzeugen will, dass Passivität nichts nützt, sondern in den Untergang führt.

„Der Aufstieg des Arturo Ui": Nationalsozialismus und Kapitalismus als organisiertes Verbrechen

Vor allem Parabelstücke, die die Entstehung und die Nützlichkeit von Ideologien für die jeweiligen Machthaber aufzeigen, gehören zu wichtigen Werken gegen den Nationalsozialismus. Im Werk „Der Aufstieg des Arturo Ui" (1940) wird der laut Brecht von kapitalistischen Wirtschaftsbossen begrüßte Aufstieg der Nationalsozialisten ins Gangstermilieu verlagert und damit eine Analogie zwischen dem Aufstieg Hitlers und dem organisierten Verbrechen hergestellt.

Gegen den Krieg: „Mutter Courage und ihre Kinder"

Im Drama „Mutter Courage und ihre Kinder" richtet sich Brecht gegen den Krieg. Die Entstehungszeit im Herbst 1939 rückt das Werk in unmittelbaren Zusammenhang mit dem Beginn des Zweiten Weltkriegs. Die fahrende Händlerin Anna Fierling (Mutter Courage) verdient im Dreißigjährigen Krieg (1618–1648) ihren Lebensunterhalt, indem sie dem Heer folgt und davon profitiert. Dabei vernachlässigt sie zugunsten des Handels ihre drei Kinder, die alle im Verlauf des Dreißigjährigen Kriegs sterben. Auch wenn Mutter Courage sich aus dem Krieg eigentlich heraushalten will, lebt sie von ihm und fällt ihm zum Opfer. Denn obwohl sie ideologiekritisch die unmenschlichen Ansichten der anderen aufdeckt, ist es ihr aufgrund ihres Gewinnstrebens nicht möglich, gemäß dieser Einsichten zu agieren: „Sagen Sie mir nicht, daß Friede ausgebrochen ist, wo ich eben neue Vorrät eingekauft hab."

Episches Theater

Brechts Theater wird episches Theater genannt, weil er zahlreiche Elemente der erzählenden Gattung Epik in seine Dramen eingebaut hat. Bevor aber auf Einzelheiten eingegangen wird, bedarf es der Erläuterung grundsätzlicher Anliegen des epischen Theaters und der Klärung des Begriffs der Verfremdung.

„Wenn man sieht, daß unsere heutige Welt nicht mehr ins Drama paßt, dann paßt das Drama eben nicht mehr in die Welt."[1] Dieser Einsicht entsprechend begann Brecht nach seiner Hinwendung zum Marxismus auch seine neue Dramenkonzeption und Theaterästhetik zu entwickeln.[2]

Notwendigkeit einer neuen Form des Dramas

Brechts episches Theater sollte verschiedene Wirkungen hervorrufen, die auf die Veränderung der Gesellschaft abzielten: Ihm ging es um die Erkenntnisvermittlung durch die kritische Beobachtung des Geschehens auf der Bühne. Das Theater sollte klar vor Augen führen, wem und warum Unrecht geschieht bzw. welche gesellschaftlichen Mechanismen hinter dem Verhalten der Figuren stehen. Das verlangte gleichzeitig die Anregung von Aktivität im Publikum, welches zu genauem Hinsehen, Verstehen, Mit- und Nachdenken bewegt werden sollte. Damit einher ging die Herausstellung des veränderbaren und verändernden Individuums. Dahinter steht die Abkehr von der Annahme eines unabänderlichen schicksalhaften Geschehens und die Hinwendung zur Veränderungsfähigkeit und -möglichkeit der gesellschaftlichen Lebensverhältnisse. Mit der Ver-

Sinn und Zweck des epischen Theaters

---

[1] Dieser Ausspruch Brechts zur Begründung einer neuen Form des Dramas wurde von seiner Mitarbeiterin Elisabeth Hauptmann überliefert. (Zitat: Müller 2009, S. 112)

[2] Allerdings schuf er keine umfassende theoretische Schrift. Vielmehr muss eine Theorie aus verschiedenen Abhandlungen Brechts hergeleitet werden, so z. B. aus „Der Messingkauf" (1939/40) und „Kleines Organon für das Theater" (1948).

mittlung von materialistischem Denken durch das Theater sollte das Bewusstsein als bewusstes Sein geschult werden. Schließlich ist es Brechts Ziel gewesen, das Theater zum Versammlungs-, Diskussions- und Verhandlungsraum zu machen, zu einem Ort der Demokratie also.

Die „Poetik" des Aristoteles

Wenn Brecht der Ansicht war, dass das Drama nicht mehr in die Welt passe, dann bezog er sich dabei auf das vorherrschende Illusionstheater, das seine Grundlagen im klassischen Drama der griechischen Antike findet. In seiner „Poetik" hat der griechische Philosoph Aristoteles das Wesen der Tragödie verdeutlicht und damit die sogenannte geschlossene Dramenform begründet, die die Einheit von Ort, Zeit und Handlung wahrt. Dies bedeutet, die Handlung spielt in einem überschaubaren Zeitraum (bei Aristoteles an einem Tag), an nur einem Ort und ist in sich abgeschlossen.

Einfühlung des Zuschauers in die Figuren: Katharsis und Mimesis

Aristoteles sieht als Zweck der Tragödie die Katharsis an, d. h. die Reinigung des Zuschauers durch das Erleben von Furcht und Mitleid. Das gelingt durch die Einfühlung des Zuschauers in die Figuren auf der Bühne, mit denen er leiden soll. Demzufolge muss er aus seiner eigenen Realität herausgelöst werden und die Bühnenhandlung an ihrer Stelle annehmen, folglich soll er die Distanz zum Bühnengeschehen aufgeben. Dies gelingt, indem mimetisch gespielt wird. Mit der Mimesis ist das möglichst wirklichkeitsgetreue, nachahmende Spiel gemeint, durch das der Zuschauer zur Aufgabe der Distanz und zur Identifikation mit den dargestellten Figuren gebracht werden soll.

Die für das deutsche Theater wichtigste Änderung der aristotelischen Grundlage nahm in der Zeit der Aufklärung[1]

---

[1] Aufklärung: geistige Strömung des ausgehenden 17. und vor allem 18. Jhs in Europa. Sie begann mit der Emanzipation des Denkens von der christlichen Offenbarung und von dem christlich überlieferten Weltbild. Stattdessen wurde die menschliche Vernunft zum Leitbild der Epoche.

Gotthold Ephraim Lessing[1] vor, als er in seiner „Hamburgische Dramaturgie" (1767/69) die Theorie vom deutschen bürgerlichen Trauerspiel einführte.

Darin spielten nun bürgerliche, nicht mehr adlige Heldenfiguren die zentralen Rollen. Zum einen wurde dadurch die sogenannte Fallhöhe der Helden in der dramatischen Katastrophe deutlich verringert, zum anderen aber das Mitgefühl der Zuschauer geweckt, indem die Identifikation mit den bürgerlichen Heldenfiguren durch die gleiche Standeszugehörigkeit wie die vieler Zuschauer erhöht wurde.

Die aristotelische Katharsis, die in der Auslegung als Schrecken und Furcht verstanden worden war, wurde durch Lessing zu einer moralischen Läuterung durch das Mitleid und die mitfühlende Angst mit dem Helden. Die Furcht, gleiches Unrecht zu erleiden, sollte die Zuschauer zu einem moralischen, tugendhaften Leben anhalten und somit eine erzieherische Funktion erfüllen.

Furcht und Mitgefühl des Zuschauers und die erzieherische Funktion sind also die Prämissen, die Brecht im zu seiner Zeit vorherrschenden Illusionstheater vorfindet. Letztere setzt Brecht in seinem epischen Theater fort, erstere dagegen wollte er unbedingt vermeiden. Dahinter steckt der Anspruch, das Theater als ein Instrument gesellschaftlicher Veränderung zu gebrauchen.

Nach Brecht muss der Zuschauer aktiviert werden, um das Geschehen auf der Bühne kritisch bewerten zu können und es auf seine eigene gesellschaftliche Situation zu beziehen. Das Durchschauen gesellschaftlicher Prozesse würde aber durch die Einfühlung nur behindert. Ein mitfühlender, sich mit den Figuren identifizierender Zuschauer ist aufgrund

---

Die Aufklärung: Gotthold Ephraim Lessings „Hamburgische Dramaturgie"

Das bürgerliche Trauerspiel

Erregung von Mitleid zur moralischen Läuterung – erzieherische Funktion des Theaters

Ablehnung und Übernahme des Vorgefundenen durch Brecht

Funktionen des epischen Theaters: Aktivierung und Distanzierung, Förderung der kritischen Reflexionsfähigkeit

---

[1] Gotthold Ephraim Lessing (1729–1781): deutscher Dichter, Literaturtheoretiker und -kritiker und herausragender Vertreter der literarischen Aufklärung in Deutschland

seiner Distanzlosigkeit nicht in der Lage, das Gesehene zu reflektieren. Distanzerzeugung und daraus resultierende Reflexionsfähigkeit sind aber Brechts Maximen, weil er besonders Stücke für das Proletariat schreiben wollte, um dieser nach marxistischer Geschichtsauffassung unterdrückten Klasse Handlungsmöglichkeiten für eine Verbesserung ihrer Situation an die Hand zu geben.

Materialismus in der Theatertheorie: Handlungsanstöße durch realistische Darstellungen

Durch die Übertragung der aus dem Theater gewonnenen Erkenntnisse soll der Zuschauer seine eigene gesellschaftliche Wirklichkeit gestaltend verändern können. Eine auf der Bühne vorgestellte Figur soll wie der reale Mensch das Produkt ihrer sozialen (Bühnen-)Umwelt und deshalb veränderbar sein, weil eben auch die Umwelt veränderbar ist. Indem dem Menschen die Veränderbarkeit seiner selbst und seiner Gesellschaft vor Augen geführt werden, erhält er Handlungsanstöße. Damit zeigen sich Brechts marxistische Grundhaltung und sein materialistisches Geschichtsbild auch in seiner Vorstellung vom Theater.

Offene Form statt klassischer Geschlossenheit des Dramas ...

Auch im Aufbau grenzt sich Brecht deutlich vom traditionellen Drama ab. Nach der Theorie von Gustav Freytag[1] aus der Zeit des frühen 19. Jahrhunderts ist ein Drama typischerweise in pyramidaler Form aufgebaut. Das heißt, dass es sich aus fünf Akten zusammensetzt, die je eine bestimmte Funktion im Stück erfüllen.[2]

---

[1] Gustav Freytag (1816–1895): Mit „Die Technik des Dramas" (1863) schrieb er ein Lehrbuch, das versuchte, an antike und klassizistische Formen anzuknüpfen und das die Dramenform stark schematisierte.

[2] Das bedeutet im Einzelnen, dass der erste Akt die Exposition, also die Einleitung und Entfaltung des Konflikts, beinhaltet. Im zweiten Akt wird die steigende Handlung mit erregendem Moment verortet, während auf der Spitze der Pyramide im dritten Akt der Höhepunkt angesiedelt ist. Im vierten Akt folgt die fallende Handlung mit dem retardierenden Moment. Dieses verlangsamt den Weg zur Katastrophe im fünften Akt noch einmal und die Möglichkeit einer Lösung blitzt auf.

Brechts Konzeption sieht im Gegensatz dazu keine geschlossene Dramenform vor. Vielmehr sollen hier einzelne Bilder in loser Folge aneinandergereiht werden. Dieses Prinzip der epischen Reihung wird im Drama „Leben des Galilei" gut sichtbar, wenn allein die Titel der einzelnen Bilder hintereinander gelesen werden und so die Handlung in einem kurzen Text gleichsam zusammengefasst wird. Durch diese Praxis wird das Aufkommen von Spannung vermieden.

... stattdessen Prinzip der epischen Reihung: lose Szenenfolge

Die epische Reihung steht im Gegensatz zur Zielgerichtetheit der pyramidalen Form des klassischen Dramas. Genauso ist die Einheit von Ort, Zeit und Handlung durchbrochen. Im Stück „Leben des Galilei" werden in der Folge der epischen Reihung verschiedene Handlungsschauplätze (Padua, Florenz, der Vatikan/Rom, Landhaus, italienische Grenze) durchlaufen, Zeitsprünge sind besonders im zweiten Teil des Dramas häufig, z. B. acht Jahre zwischen Bild 8 und Bild 9, und es treten zudem weit mehr Figuren auf, als es im klassischen Drama der Fall ist.[1]

Aufhebung der klassischen Einheit von Ort, Zeit und Handlung

Brechts Dialektik

Ein typisches Bauprinzip der epischen Stücke Brechts ist die Dialektik[2]. Brecht selbst spricht vom „Nicht-Sondern" (Müller 2009, S. 123). Damit ist gemeint, dass immer Handlungsalternativen für die agierenden Figuren aufgezeigt werden. Dadurch soll in jeder Handlung auch dasjenige mitschwingen, *gegen* das sich die Figur entschieden hat. In jeder Entscheidung ist damit für Brecht ihr eigenes

Dialektik als typisches Bauprinzip

[1] Die Figurenübersicht am Anfang (S. 6) nennt 54 Personen sowie weitere Mitarbeiter, Ratsherren, Männer, Frauen und Kinder.
[2] Dialektik: Weiterentwicklung des Denkens in gegensätzlichen Begriffen. Nach dem deutschen Philosophen Georg Wilhelm Friedrich Hegel (1770–1831) erzeugt jede These eine entgegengesetzte These, die Antithese. Aus beidem geht als höhere Form die Synthese hervor, in der die Widersprüche aufgehoben werden.

Gegenteil enthalten. Ziel der Dialektik Brechts ist es, dem Zuschauer bewusst zu machen, dass *nicht* schicksalhafte Ereignisse das Leben bestimmen, *sondern* dass der Mensch durch seine Entscheidungen Einfluss auf seine Umwelt und seine eigene Entwicklung nimmt. Deshalb muss für Brecht immer die Alternative zu einer Entscheidung sichtbar gemacht werden.

Die wichtigste und deutlichste dialektische Situation im Stück „Leben des Galilei" ist der Widerruf Galileis im 13. Bild. Dadurch, dass Brecht Galilei erst drei Minuten nach fünf Uhr widerrufen lässt, wird die Alternative des Widerstands gegen die Folter für seine wartenden Anhänger für drei Minuten lang zur Realität, bevor dann doch die Glocken läuten (vgl. S. 112). So wird auch dem Zuschauer für einen Moment die Alternative, obwohl sie historisch falsch gewesen wäre, als eine Möglichkeit vorgestellt. Der Widerruf verliert so seine Schicksalhaftigkeit. Weitere dialektische Elemente sind z. B. die Entscheidungen zum Aufenthalts- und Forschungsort (Padua oder Florenz, Bilder 3 und 11) oder die Frage nach dem Weitertreiben oder Einstellen der wissenschaftlichen Forschungen (Bilder 5, 9 und 14).

Insgesamt dialektisch angelegt ist auch die Hauptfigur. Galilei wird gezeichnet als wissenschaftlicher Theoretiker und Genussmensch, als besorgt um das Wohl des Volkes, aber zugleich ohne Skrupel, Andrea während der Pest zu gefährden, als Förderer und Verräter an der Wissenschaft, als Verfechter der Wahrheit und als Betrüger des Kurators.

Die Verfremdung

Die Verfremdung durch sogenannte V-Effekte – Definition

Verfremdung ist der zentrale Begriff, der das epische Theater Brechts charakterisiert. Sein „V-Effekt" ging in die Theatergeschichte ein. Die klassische Definition gibt er 1939 in der Schrift „Über experimentelles Theater": „Einen Vor-

gang oder einen Charakter verfremden heißt zunächst einfach, dem Vorgang oder dem Charakter das Selbstver-
ständliche, Bekannte, Einleuchtende zu nehmen und über
ihn Staunen und Neugierde zu erzeugen. [...] Verfremden
heißt also Historisieren, heißt Vorgänge und Personen als
historisch, also als vergänglich darstellen. Dasselbe kann
natürlich auch mit Zeitgenossen geschehen, auch ihre Hal-
tungen können als zeitgebunden, historisch, vergänglich
dargestellt werden."

Brecht wollte also nicht das ohne weiteres Sichtbare auf
der Bühne spiegeln. Ihm kam es darauf an, die „Vorgänge
hinter den Vorgängen", also das nicht sichtbare Räderwerk
hinter den Ereignissen sichtbar zu machen. Wie gelang ihm
das?

Durch die verschiedenen Verfremdungstechniken wird der
Zuschauer gezwungen, Distanz zum Dargestellten zu wahren.

Brechts Verfremdungsmöglichkeiten – Ziel: Distanz

Als Verfremdungsmaßnahmen sind für Brecht besonders
seine Lieder und die sie begleitende Musik, die Ansprache
der Zuschauer, das Verlesen des Nebentextes, Zitate und
Referieren sowie die Verfremdung durch die Benutzung
der dritten Person bzw. die Versetzung in die Vergangenheit typisch. Zunächst soll auf die Historisierung eingegangen werden, da sie als wichtigstes Mittel der Verfremdung
im Drama „Leben des Galilei" zur Geltung kommt.

Brecht versteht Historisierung in einem zweifachen Sinne:
Einerseits macht sie die Darstellung von Vergangenem als
solche bewusst, soll also nicht die Illusion erwecken, die
dargestellten historischen Ereignisse geschähen gerade
wirklich. Dabei eröffnet sich die Möglichkeit, den Blick auf
die historischen Ereignisse zu schärfen und bisherige Deu-
tungsmuster der Geschichte zu hinterfragen. Eine andere
Sicht auf die Geschichte löst Brecht aus, wenn er den Streit
zwischen Galilei und der katholischen Kirche auch als einen
Kampf für bzw. gegen die Ideologie der Kirche, also eine

Historisierung I: Vergangenheit als bereits vergangen bewusst machen

politische Auseinandersetzung, und nicht als einen Streit allein um wissenschaftliche Erkenntnis darstellt.

Historisierung II: Gegenwart aus einer utopischen Zukunft betrachten

Andererseits kann die Gegenwart durch Historisierung als bereits vergangene vorgestellt werden (aus der Perspektive einer gedachten utopischen Zukunft). Das Entscheidende an beiden Möglichkeiten ist die Gelegenheit, Beweise dafür vorzuführen, dass die menschengemachten Lebensverhältnisse auch durch den Menschen veränderbar sind.

Ideologiekritik im Drama „Leben des Galilei"

Im Drama „Leben des Galilei" zeigt sich durch die Darstellung historischer Ereignisse und Verhältnisse, dass als unumstößlich geltende Grundsätze, die über lange Zeit allgemein als wahr akzeptiert wurden, nicht wahr sein müssen – das ptolemäische Weltbild, das von der Kirche gestützt wird, weil es ihr Weltbild stützt, wird von Galilei als falsch entlarvt. Der Zuschauer soll dadurch erkennen, dass in seiner Gegenwart ebenfalls Ideologien nicht um der Wahrheit, sondern um des Machterhalts willen, gepflegt und verteidigt werden.

Einfügung von Liedern: Durchbrechung der Form zur Reflexion der dramatischen Geschehnisse

Verfremdung kann auch mithilfe der Durchbrechung der dramatischen Form erreicht werden. Brecht misst dazu dem Lied eine wichtige Funktion zu: Es ermöglicht die Spiegelung des dramatischen Geschehens in lyrischer Form.

Lieder als Kommentare und Identifikationsbremse

Lieder sind nicht als bloße Einlage gedacht. Vielmehr kommentieren sie das Vorangegangene. Sie beziehen Stellung und resümieren die dramatische Handlung. Zudem wird den Schauspielern die Möglichkeit eröffnet, aus ihrer dramatischen Rolle herauszutreten und dem Zuschauer zu vergegenwärtigen, dass hier Schauspieler eine Rolle vortragen, um die Identifikation des Zuschauers mit den dramatischen Figuren zu unterlaufen. Verstärkt wird der Bruch durch die veränderte Vortragsweise (Gesang), veränderte Lichtverhältnisse für die Dauer der Songs und die einsetzende Musik.

Direkte Ansprache der Zuschauer – Abschaffung der „Vierten Wand"

Ein Ziel Brechts ist es, mit seinen Stücken die sogenannte „Vierte Wand" im Theater einzureißen. Damit ist die Trennung der Bühne vom Zuschauerraum gemeint. Das Spiel darf nicht Wirklichkeit suggerieren, sondern muss als Kunstwerk erkennbar werden. Eine direkte Ansprache des Publikums durch die Schauspieler, etwa während des Heraustretens aus der dargestellten Rolle im Zuge eines Song-Vortrags, beteiligt den Zuschauer unmittelbar an dem auf der Bühne verhandelten Geschehen und animiert ihn zum Mitdenken und Urteilen. Der Zuschauer ist nicht länger der hinter der „Vierten Wand" ohnmächtig und gleichsam heimlich Zuschauende, sondern er nimmt teil.[1]

Eines der zentralen Elemente der Epik, der Erzähler, wurde durch Brecht mit dem Ziel der Kommunikation zwischen Bühne und Zuschauerraum in die dramatische Gattung eingeführt. Der Erzähler, der auf die Bühne tritt, gleichzeitig aber von der Handlung getrennt bleibt, kann die Handlung des Bühnengeschehens erzählen, dadurch die zeitliche Kontinuität verändern, durchbrechen oder die Zeit raffen, das Publikum direkt ansprechen, konfrontieren oder auf den reinen Kunstcharakter des Bühnenspiels hinweisen.

Einsatz eines Erzählers

Somit zählt es auch zu den „V-Effekten", dass die Schauspieler nicht untrennbar mit den Figuren verschmelzen, sondern weiterhin als Schauspieler erkennbar sind, die zuvor auswendig gelernten Text rezitieren. Das Publikum sieht also sowohl die dargestellte Figur als auch den darstellenden Schauspieler. Dadurch wird für den Zuschauer erkennbar, dass alles, was der Schauspieler tut und sagt, Zitat der dargestellten Figur ist. Dies ermöglicht es dem Schauspieler zugleich, Stellung zu nehmen zu dem, was die Figur tut und sagt. Auf diese Weise soll der Zuschauer

Kein Verschmelzen des Schauspielers mit der dargestellten Figur

---

[1] Um den Schein, der durch das Bühnenbild erweckt wird, zu entlarven, wollte Brecht das Unsichtbare hinter dem Vorhang erkennbar machen. Anstelle eines den Zuschauerraum abtrennenden dichten Vorhangs, sollte eine „halbhohe, leicht flatternde Gardine" eingesetzt werden. So sieht und hört der Zuschauer zumindest teilweise die Vorbereitungen für das jeweils nächste Bild.

mehr sehen können als im klassischen Theater, weil ihm auf der Bühne der Blick hinter die Kulissen geöffnet wird.

Projektionen von Nebentexten und Regieanweisungen; karges Bühnenbild

Je mehr Informationen von außen in die dramatische Handlung Eingang finden sollten, desto mehr wurde es nötig, die Regieanweisungen auszubauen. Den Nebentext auf der Bühne mit zu verlesen oder ihn zu projizieren und gleichzeitig das Bühnenbild einfach zu halten, wurde zu einer weiteren Möglichkeit Brechts, die Trennung von Kunst und Wirklichkeit sichtbar zu machen.

Lenken der Aufmerksamkeit vom „Was" auf das „Wie" durch vorangestellte Inhaltsangaben

Durch die den Szenen bzw. Bildern häufig vorangestellten Inhaltsangaben wird ihnen ein Großteil der Spannung genommen. Der Fokus liegt nun auf dem „Wie", da das „Was" ja vorab in Umrissen bekannt gemacht wurde. Die künstlerische Ausgestaltung des Inhalts und die Motivationen und Entscheidungen der Figuren geraten also stärker in den Fokus.[1]

„Leben des Galilei" als episches Theater

Brechts Unzufriedenheit mit der Form

„An und für sich kann ‚Leben des Galilei' ohne größere Umstellung des zeitgenössischen Theaterstils aufgeführt werden." (Schuhmacher 1968) Mit diesen Worten brachte Brecht zum Ausdruck, dass dieses Werk die Lehre des epischen Theaters keineswegs vollständig verwirklichte: Neben zahlreichen epischen Elementen weist das Stück auch deutliche Parallelen zu traditionellen, von Brecht eigentlich abgelehnten Theaterkonzepten auf. Was genau am Stück

---

[1] In einigen Stücken verwendet Brecht einen Prolog bzw. einen Epilog. Die Prologe kennzeichnen die folgenden Stücke etwa als Experimente und wirken gleich einem Erzähler distanzierend einleitend. In seinen Epilogen wird das Publikum zur Handlung aufgefordert oder ein vorläufiger Schluss für Stücke mit offenen Ausgängen formuliert.

ist also episch, was entspricht eher dem traditionellen Theaterdenken?

Ohne Zweifel realisiert das Drama zahlreiche Ansätze des epischen Theaters.

Elemente des epischen Theaters

Zunächst fallen die Titel der einzelnen Bilder auf. Sie erklären in Verbindung mit den vorangestellten Versen dem Zuschauer bzw. Leser, was im folgenden Bild geschehen wird. Zudem geben die Titel einen Überblick über den Schauplatz, die wichtigsten auftretenden Figuren oder die Institutionen und die Zeit, in der das Folgende stattfinden wird.

Inhaltsüberblick: die Titel der Bilder und die Epigramme

Die lockere Szenenfolge mit ihren Zeitsprüngen, wechselnden Schauplätzen und mannigfaltigen Figurenkonstellationen hindert den Zuschauer daran, in die Handlung einzutauchen, und verhindert damit Identifikation, schafft dagegen aber die verlangte Distanz.

Versuch der Verhinderung von Identifikation

Eine Verfremdung installiert Brecht in der Figur Galilei selbst, indem Galilei, der in seiner historischen Gestalt klassische Heldenmerkmale auf sich vereint, das Heldentum ablehnt (Bild 13: „Unglücklich das Land, das Helden nötig hat.", S. 116) und sich in seiner langen Rede im 14. Bild selbst verurteilt. So soll der Zuschauer kritisch-fragende Distanz zu Galilei gewinnen, die er zuvor im Verlauf des Stückes möglicherweise verloren hat. Eine Identifikation mit der Figur soll verhindert werden.

Verfremdung der Hauptfigur

Eine typische Form der Episierung ist das Kommentieren durch einen Erzähler. Im Stück „Leben des Galilei" gibt es keine solche Figur. Dennoch sind erzählerisch-kommentierende Elemente vorhanden. Die wichtigste Kommentierung nimmt die Hauptfigur selbst vor. Gegenüber Andrea kommentiert Galilei im 14. Bild die Rolle des Wissenschaftlers aus seiner Sicht, der Sicht eines Mannes, der sich einerseits als Wissenschaftler der politischen Macht gebeugt hat. Andererseits aber forschte er heimlich weiter, um Andrea gegenüber – nun aber aus einer distanzierten Position heraus („[...] wie die Welt der Wissenschaft, zu der ich

Kommentierende und reflektierende Gesprächssituationen

mich selber nicht mehr zähle, ihn zu beurteilen haben wird", S. 124) – über die Rolle der Wissenschaft zu dozieren.

Der Fastnachts-
umzug im 10. Bild

Neben den reflektierenden Mono- und Dialogen ist das 10. Bild zu nennen: der Fastnachtsumzug. Zwar handelt es sich hierbei nicht um eine kommentierende Unterbrechung der Handlung durch einen für Brecht typischen Song. Dennoch ist auffällig, dass hier neue Figuren auftreten, die sonst keinerlei Verwendung im Handlungsverlauf finden und deren Beruf als Balladensänger die kommentierende Weitergabe von Informationen ist. Die Szene bleibt außerdem in gewisser Weise getrennt von den anderen stehen, da in ihr die Hauptfigur sowie die wichtigen Nebenfiguren nur mittelbar oder gar nicht auftreten.

Galilei ist
anachronistisch
seiner Zeit weit
voraus

Auffällig ist, dass Galilei mit einem weit über seine Zeit hinausweisenden Verständnis für Gefahren der wissenschaftlichen Forschungen kommentiert, welches den Zuschauer überraschen und aufrütteln muss. Galileis Rolle wird hier gewissermaßen für kurze Zeit durch diese anachronistische[1] Weitsicht der Figur aufgebrochen – ein typisches Element des epischen Theaters (vgl. S. 125 f.). Die Historisierung als Mittel der Verfremdung wird hier in gewisser Weise umgekehrt. Deutlich treten die Anspielungen auf Nazi-Deutschland in Galileis Rede gegenüber Andrea im 14. Bild hervor (vgl. S. 125 und: „Gib acht auf dich, wenn du durch Deutschland kommst, die Wahrheit unter dem Rock.", S. 127). Der historische Stoff ist von Brecht in die Gegenwart des Zuschauers geholt worden.

---

[1] Anachronismus: falsche zeitliche Einordnung. Ein Beispiel ist die Ermunterung Galileis durch Urban VIII., die Forschungen zu den Sonnenflecken wieder aufzunehmen (vgl. S. 80). Urban wurde 1623 Papst, Galileis Forschungen zu den Sonnenflecken sind gut zehn Jahre älter. Gleiches gilt für die Forschungen zu den „[s]chwimmende[n] Körper[n]" (S. 80).

Zu einer direkten Ansprache des Publikums in Form eines Appells, ebenfalls ein typisches Merkmal des brechtschen Theaters, kommt es ganz am Ende des Stückes im einleitenden Gedicht des 15. Bildes: „Liebe Leut, gedenkt des End's/Das Wissen flüchtet über die Grenz./Wir, die wissensdurstig sind/Er und ich, wir blieben dahint'./Hütet nun ihr der Wissenschaften Licht/Nutzt es und mißbraucht es nicht/Daß es nicht ein Feuerfall/Einst verzehre noch uns all/Ja, uns all" (S. 128).

Direkte Ansprache des Publikums

Auch damit wird in das 20. Jahrhundert vorausgewiesen und die Aktualität des Stoffes noch einmal unterstrichen.

Ein weiteres Element des epischen Theaters Brechts findet sich in der vereinzelten Einfügung von Originalzitaten des historischen Galilei, die – typisch für Brecht losgelöst von der eigentlichen Bühnenhandlung – als Projektionen auf dem Vorhang auftauchen oder von einem Ansager vorgetragen werden und dem Zuschauer vor Augen führen, dass hier ein Theaterstück vor der Folie eines historischen Ereignisses aufgeführt wird. Dies ist am Ende des dritten Bildes der Fall, wenn Brecht die Widmung von Galileis Schrift „Sidereus Nuncius" von 1610 als Briefseite des literarischen Galilei an den Großherzog von Florenz projizieren lässt. Hinzu kommt der Originalwortlaut des Widerrufs in deutscher Übersetzung (vgl. S. 112 f.). Vor dem Vorhang verlesen wird auch ein leicht geändertes Originalzitat aus Galileis Schrift „Discorsi" (vgl. S. 114).

Verlesung und Projektionen von Originaltextauszügen

Trotz der starken Prägung durch das epische Theater wirken im Stück jedoch auch Elemente des traditionellen Theaters: Der Titel „Leben des Galilei" lässt zunächst eine klassische Heldenfigur erwarten, zumal der historische Galilei als Überwinder eines alten, falschen Weltbildes und herausragender Forscher durchwegs positiv konnotiert ist.

Elemente des traditionellen Theaters

Der Titel lässt eine Heldenbiografie erwarten

Tatsächlich weist die Hauptfigur Merkmale auf, die das Stück „Leben des Galilei" in ein nahes Verhältnis zum klassischen Drama stellen. Zu nennen ist die Tatsache, dass das

Der Stoff macht Abweichung vom Geschichtsverlauf unmöglich

ganze Stück auf den Wissenschaftler als die zentrale Figur hin zugeschnitten ist. Brecht gibt ihm sehr menschliche, lebenslustige Züge, da seine Leidenschaft nicht die Forschung allein, sondern auch der materielle Lebensgenuss in Form von Speisen und Getränken ist. Außerdem ist dem Zuschauer von vornherein bekannt, dass Galilei recht hat und seine Gegenspieler nicht. Dies ist dem historischen Vorbild geschuldet. So kann der Zuschauer sich sehr gut mit dem „Helden" Galilei identifizieren: ein Umstand, der gerade nicht in Brechts Interesse lag. Das historische Vorbild Galileo Galilei macht es zudem unmöglich, einschneidend vom tatsächlichen Geschichtsverlauf abzuweichen. Brecht war damit stark gebunden und hat sich, wenn man von einigen Anachronismen absieht, auch an die Vorgaben der Geschichte gehalten. Überhaupt erwiesen sich Verfremdungsmittel im Drama „Leben des Galilei" als nur sehr begrenzt einsetzbar.

Der Stoff erweckt den Eindruck der Geschlossenheit

Durch die Gebundenheit an Leben und Zeit des historischen Galilei erscheint das Drama geschlossen, weil die Geschichte einen klaren Ablauf der Ereignisse mit dem zentralen Höhepunkt des Widerrufs bereits vorgibt. Es ähnelt damit dem traditionellen Theater. Von namhaften Brecht-Forschern (Schumacher u.a.) ist dem Stück in plausibler Art und Weise der pyramidale Aufbau des klassischen Dramas bis hin zur fünfaktigen Form zugeschrieben worden.

Verquickung von modernem und traditionellem Theater als Erfolgsrezept?

Die im Drama „Leben des Galilei" nicht in Reinform umgesetzte Theorie seines epischen Theaters könnte der Grund dafür sein, dass das Werk, neben dem Drama „Mutter Courage und ihre Kinder", für das Ähnliches zutrifft, eines der größten Bühnenerfolge Brechts wurde. Viele Stücke, die stärker experimentell angelegt sind, haben keine derart erfolgreiche Rezeption erlebt. Ob dies an der Form oder am Stoff der Stücke liegt, bleibt letztlich aber offen.

Die Entstehungsgeschichte des Dramas „Leben des Galilei"

Das Stück „Leben des Galilei" hat Brecht fast zwanzig Jahre lang beschäftigt. Der Text wurde immer wieder von ihm umgearbeitet, wobei der Aufbau der Handlung nicht verändert wurde, die Gesamtaussage der Fassungen aber unterschiedlich ist. Üblicherweise werden drei unterschiedliche Fassungen des Stückes unterschieden, die nach dem Entstehungsland bzw. -ort benannt sind: die Dänische (1938/39), die Amerikanische (1944/47) und die Berliner Fassung (1955/56).

Drei Fassungen in 18 Jahren Entstehungszeit

Alle drei Fassungen wurden noch zu Brechts Lebzeiten veröffentlicht und auch zur Aufführung gebracht.

Im Zusammenhang mit dem Plan, ein Theater zu gründen, um die interessantesten Prozesse der Menschheitsgeschichte aufzuführen, erwähnte Brecht Anfang der 1930er-Jahre zum ersten Mal den Galilei-Stoff. Im dänischen Exil nahm er sich den Stoff wieder vor, wie einige in seinem Nachlass befindlichen Gliederungsskizzen und Szenenfragmente zeigen, die vermutlich zwischen Februar und Herbst 1938 entstanden sind. Die Niederschrift der ersten Fassung ist auf den November 1938 zu datieren. Nach eigener Aussage benötigte Brecht hierfür lediglich drei Wochen, weswegen davon auszugehen ist, dass er im Vorfeld umfangreiche Vorarbeiten und Quellenstudien betrieben hat. Das entstandene Manuskript, auch als „Urfassung" bezeichnet, trägt den Titel „Die Erde bewegt sich" (er weist auf das Motiv des Widerstandes hin) und besteht aus 13 Szenen.

Die Dänische Fassung (1938/39)

Das Stück wurde bis 1939, gemeinsam mit Margarete Steffin, von Brecht mehrfach überarbeitet, bevor es – nun mit 14 Szenen – unter dem Titel „Leben des Galilei. Schauspiel" als Dänische Fassung publiziert, aber erst im Septem-

Publikation 1939, Uraufführung in Zürich 1943

ber 1943 in Zürich uraufgeführt wurde (unter dem Titel „Galileo Galilei").

Exemplarische Behandlung der Frage, wie mit der Bedrohung durch die Gewaltherrschaft der Nazis umzugehen sei

Am 28.02.1933, genau einen Tag nach dem Reichstagsbrand in Berlin, flüchtete Brecht mit seiner Familie vor den Nationalsozialisten ins dänische Exil und musste von dort aus die Machtentfaltung und den Terror der NSDAP verfolgen. Als Intellektueller stellte er sich die Frage, wie er, der um die Gefahren des Faschismus wusste, sich in Zeiten der Unterdrückung und Verfolgung durch die Gewaltherrschaft der Nationalsozialisten verhalten solle. Obgleich sich die erste Fassung weitgehend frei von zeitgeschichtlichen Bezügen zeigt, kann das Drama als exemplarische Untersuchung dieser Frage gelten.

Galilei zwischen berechtigtem Schweigen und der Selbstanklage des Verrats

Einerseits wird an mehreren Stellen die Auffassung Brechts deutlich, dass der Oppositionelle eine Zeit lang ruhig abwarten solle, bevor er sein Wissen, wenn es so weit sei, umso nachdrücklicher verkünden müsse. Damit soll den in Deutschland zurückgebliebenen Intellektuellen Hoffnung gegeben werden, dass sich die Wahrheit durchsetzen werde. Auf der anderen Seite akzeptiert Brechts Figur Galilei den Vorwurf, zum Verräter geworden zu sein, und spricht ein strenges Selbsturteil. In diesem gibt er zu erkennen, dass er gegen ein ungeschriebenes Wissenschaftsethos verstoßen, es dauerhaft beschädigt und seine Durchsetzung damit verhindert habe (vgl. Bild 14). Er habe die wissenschaftliche

Verrat an der Wahrheit aus Angst vor dem Tod

Wahrheit so ihrer Autorität beraubt und die Verantwortung des Wissenschaftlers dadurch untergraben. Deshalb verdiene er es nicht, weiterhin in den Reihen der Wissenschaft geduldet zu werden. Nicht List, sondern Angst vor dem Tod wird von Galilei, der sich damit nicht zu rechtfertigen versucht, als Beweggrund für sein Handeln angegeben.

Widersprüchlichkeit: die Verbreitung der Wahrheit steht neben der moralischen Verurteilung

So stehen am Ende die Verbreitung der Wahrheit und das Überleben der Wissenschaft (Andrea erhält eine Abschrift des Werkes „Discorsi") widersprüchlich neben der moralischen Verurteilung des Wahrheitsträgers. Insofern ist die Moral darin zu sehen, dass sich Mut nicht in Widerstand um jeden Preis beweist, sondern in der Suche nach einem realistischen Weg, der nicht widerspruchsfrei sein muss.

Es vergingen einige Jahre, bis Brecht sich erneut dem Galilei-Stoff zuwandte. Mittlerweile lebte er im amerikanischen Exil in Santa Monica in Kalifornien.

Die Amerikanische Fassung (1944/47)

Die hier entstandene Amerikanische Fassung, eine grundlegende Überarbeitung, geht zurück auf die Zusammenarbeit mit dem amerikanischen Schauspieler Charles Laughton (1899–1962), der das Stück in den USA aufführen lassen wollte. Sie entstand zwischen Dezember 1944 und Dezember 1945. Brecht übersetzte für Laughton ins Englische, dieser versuchte, durch das Spielen der Szenen treffende englische Formulierungen zu finden.

Diese zweite Fassung umfasst 13 Szenen und ist erheblich kürzer als die erste und auch die spätere dritte Fassung. Veränderungen betrafen etwa den Entfall der Pestszene, während andererseits Figuren wie Ludovico und Federzoni als Vertreter weiterer gesellschaftlicher Gruppen neu eingefügt wurden.

© by R. Berlau/Hoffmann

Charles Laughton als Galilei (Inszenierung am Maxine Elliott Theatre in New York 1947)

Neue Gestaltung
der Hauptfigur:
negativere Züge,
Verräter an der
Gesellschaft

Brecht löste sich in der Amerikanischen Fassung stärker von seinen Quellen und ging mit den historischen Fakten freier um. Dadurch erfuhr auch seine Hauptfigur eine andere Ausgestaltung. Wissenschaftsgeschichtliche Aspekte wurden zugunsten der Darstellung sozialer und politischer Verhältnisse gekürzt. Die Umgestaltung der Hauptfigur geht großenteils auf Laughton zurück, der sich für die verbrecherische Seite Galileis begeisterte. Galilei erhielt insgesamt negativere Züge. Brecht beurteilte ihn jetzt unnachsichtiger. Nun erschien ihm die nach dem Widerruf fortgesetzte wissenschaftliche Tätigkeit als lasterhaft, sodass Galileis Weiterarbeit in Gefangenschaft nun keine oppositionell-verschwörerischen Züge mehr trug, sondern als Gewohnheit und Krankheit gezeichnet wurde. Insgesamt verlagerte sich die Aussage der Selbstverurteilung Galileis vom Verrat an der Wissenschaft zum Verrat an der Gesellschaft, weil die Wissenschaft nur an ihren Ergebnissen, nicht aber an deren Nutzbarmachung für das Volk bzw. deren politischer Verwendung interessiert war. Galilei nahm im

Annahme der
Verantwortung
durch Galilei

Schlussauftritt die soziale Verantwortung des Wissenschaftlers an und entließ den Zuschauer mit dem Auftrag, sich um die Verwendung der Wissenschaft zum Wohle der Menschheit zu sorgen.

Die Verantwortung des
Wissenschaftlers
vor dem
Hintergrund der
Atombomben-
abwürfe

Damit rückte in der zweiten Fassung die Frage nach der gesellschaftlichen Verantwortung des Wissenschaftlers in den Mittelpunkt. Einzuordnen ist diese Lesart in die Beobachtung Brechts, dass viele Wissenschaftler in Deutschland ihre Forschung in den Dienst der Nationalsozialisten stellten. Noch bevor die Arbeit an der zweiten Fassung abgeschlossen war, kam es Anfang August 1945 zu den Atombombenabwürfen auf Hiroshima und Nagasaki[1], in

---

[1] Mit dem erstmaligen Einsatz der Atomwaffe durch die Amerikaner gegen die beiden Großstädte wurde Japan zur Kapitulation gezwungen und der Zweite Weltkrieg endgültig beendet.

denen viele Zehntausend Menschen den Tod fanden. Atomphysiker hatten die Wissenschaft genutzt, um die tödlichste und verheerendste Waffe, die die Menschheit je gekannt hat, zu entwickeln.

Der ohnehin schon veränderten Tendenz des Stückes, die nun durch Umarbeitungen noch stärker betont wurde (Galilei bekam noch negativere Züge), wurde durch die Debatte um das enorme Vernichtungspotenzial, das Wissenschaftler entwickelt hatten, besondere Aktualität verliehen, wie Brecht selbst in einem 1945 verfassten „Vorwort" für die amerikanischen Aufführungen verdeutlichte. Darin wird der Fall Galilei als Sündenfall der Wissenschaft gekennzeichnet, der in der Atombombe gipfelt.

Umarbeitung der Amerikanischen Fassung: Fall Galilei als Sündenfall der Wissenschaft

Im Dezember 1945 war „Galileo", wie das Stück nun hieß, abgeschlossen. Von der Dänischen Fassung distanzierte sich Brecht jetzt deutlich. Gespielt wurde „Galileo" 1947 – mit Laughton in der Hauptrolle – mäßig erfolgreich in kleinen Theatern in Beverly Hills und New York.

Deutliche Distanzierung von der Dänischen Fassung

Für die dritte, die Berliner Fassung (1955/56 „Leben des Galilei") wurden die wichtigsten dramaturgischen und konzeptionellen Veränderungen der Amerikanischen Fassung übernommen. Zahlreiche Streichungen (gegenüber der ersten Fassung) wurden gleichzeitig aber rückgängig gemacht. Insgesamt ist die Berliner Fassung vom Umfang mit der Dänischen Fassung vergleichbar, die inhaltlichen Unterschiede zu ihr sind aber größer als zu der Amerikanischen Fassung.

Die Berliner Fassung (1955/56)

Übernahme von dramaturgischen Änderungen und Rücknahme von Streichungen der Amerikanischen Fassung

Die 15 Szenen umfassende Version entstand nach Brechts Rückkehr aus dem Exil über Zürich nach Berlin (1947/48) und seiner Gründung des Berliner Ensembles. Diese Theatergruppe ermöglichte ihm, den theoretischen Anspruch seines epischen Theaters praktisch umzusetzen. Dafür zog er bald das Drama „Galilei" in Betracht, doch erst 1953 nahm das Vorhaben Gestalt an. Zwei seiner Mitarbeiter bekamen den Auftrag, die beiden vorliegenden Fassungen

Umarbeitung für das Berliner Ensemble nach der Rückkehr nach Deutschland

und weitere Entwürfe zu einer neuen Bühnenfassung um-
zuarbeiten, die dann von Brecht noch überarbeitet wurde.

Die Selbstverur-
teilung des
Galilei rückt
stärker in den
Fokus

Neben der Ausweitung negativer Charaktereigenschaften
Galileis und der gesellschaftskritischen Funktion der neuen
Lehre wurde besonders die Aussagetendenz der Selbstver-
urteilung Galileis (Bild 14) verstärkt – insgesamt folgte
Brecht also weiter der Amerikanischen Fassung.

Hippokratischer
Eid für
Wissenschaftler
vor dem
Hintergrund der
Atom- und
Wasserstoff-
bomben

Galileis Vorschlag eines hippokratischen Eids des Naturwis-
senschaftlers (vgl. S. 126) ist im Zusammenhang des mittlerweile eingesetzten atomaren Wettrüstens zu verstehen,
das Teil des Kalten Krieges zwischen der USA und der Sowjetunion war. So hatte das Stück nach dem Abwurf der
Atombomben auf Japan nicht an Aktualität verloren, sondern vor dem Hintergrund des Baus der Wasserstoffbom-
be, gegen den viele Wissenschaftler und andere Intellektu-
elle protestierten, an Brisanz gewonnen. Das unabsehbare
Vernichtungspotenzial der neuen Waffe ließ die Frage nach
der Verantwortung des Wissenschaftlers für die Gesellschaft umso dringender erscheinen.

Tod Brechts vor
der Aufführung
des Berliner
Ensembles

Die Proben zur Inszenierung des „Galilei" durch das Berliner Ensemble mit Ernst Busch in der Hauptrolle wurden
nach Brechts Erkrankung von Erich Engel übernommen.
Eine Aufführung seiner Berliner Fassung erlebte Brecht
nicht mehr. Dazu kam es erst am 15.01.1957. Für die Inszenierung stellte Brecht eine eigene Bühnenfassung her.
Eine erste Aufführung gab es aber bereits 1955 im Kölner
Schauspielhaus unter dem Titel „Galileo Galilei". Gedruckt
wurde die Berliner Fassung postum 1957.

Wirkung und Rezeption

Während Bertolt Brechts Werke in der DDR schon seit den
1950er-Jahren zum Kanon der Schullektüren gehörten,
wurde dies seinen Texten erst Anfang der 1960er-Jahre in

Westdeutschland zuteil. Getragen war der Erfolg der Werke von ihrer Bühnenpräsenz. Schon bei seinem Tod galt Brecht als der wichtigste deutsche Dramatiker des Jahrhunderts. In den 1970er-Jahren war er zeitweilig sogar der meistgespielte Dramatiker noch vor William Shakespeare. Die Beliebtheit hält bis heute an und auch in den Lehrplänen ist die Auseinandersetzung mit Brechts Werken verankert. Darunter zählt das Drama „Leben des Galilei" zu den bedeutendsten, bekanntesten, beliebtesten und meistrezipierten Stücken aus der Feder Brechts. Die Zahl der Inszenierungen und Aufführungen ist immens, auch weltweit. Die Druckausgabe verkaufte sich bis heute etwa 2,9 Millionen Mal.

„Leben des Galilei": eines der erfolgreichsten Werke Brechts

Die Uraufführung der Dänischen Fassung in Zürich wurde von Publikum und Kritik äußerst positiv aufgenommen. Es wird von Begeisterungsstürmen berichtet, und das, obwohl das Publikum etwas anderes bekam als erwartet: „Es war zu befürchten gewesen, daß selbst Brechts treueste Freunde dem Dichter diesmal das Gefolge versagen würden. Wie denn? Brecht ohne Songs? Brecht ohne jegliches prächtig-brechtsche Wortgeglitzer der überspitzten Argumente, der kecken Antithesen, der tollen Gedankensprünge?" (Wyss 1977) Diese Erwartung, so der Kritiker der Uraufführung Bernhard Kissel, habe sich nicht erfüllt. Der „frappante Erfolg" des Stückes beruhe darauf, an keiner Stelle den Versuch gemacht zu haben, an Gefühle zu appellieren oder mit Spannung und Suggestion zu arbeiten. Überall sei es gelungen, den Zuschauer vor die freie Entscheidung aus der Vernunft zu stellen.

Rezeption auf der Bühne – anhaltender großer Erfolg

Der Amerikanischen Fassung in Los Angeles und New York 1947 (Regie: Bertolt Brecht, Hauptdarsteller: Charles Laughton) war dagegen kein Erfolg diesen Ausmaßes beschieden. Trotz bejubelter Theaterinszenierungen erkannte das Publikum die Aktualität des literarischen Stoffes nicht.

Kein Erfolg der zweiten Fassung in den USA

Die undramatische Struktur missfiel, sodass das Stück scheiterte.

In der Berliner Fassung kam das Drama auf deutschsprachige Bühnen. Brechts Inszenierungen wurden 1955 in Köln, 1956 in Österreich und 1957 in der DDR aufgeführt.

Mit der Inszenierung an den Kölner Kammerspielen (Regie: Friedrich Siems, Hauptdarsteller: Kaspar Brünninghaus) wurde der seit dem blutig niedergeschlagenen Aufstand in der DDR vom 17. Juni 1953 herrschende Boykott gegen den dem Kommunismus nahestehenden Brecht auf westdeutschen Bühnen gebrochen.[1] In der Zeitung „Die Welt" feierte Friedrich Luft die Aufführung „des wichtigsten Dramas, das Brecht neben der ‚Courage' überhaupt geschrieben hat", während die Aufführung selbst kritisch gesehen wurde. Interessant ist die Lesart Lufts, nach der Brecht sein eigenes „heutiges Dilemma vor zwanzig Jahren hier schon vorgezeichnet zu haben scheint" (Wyss 1977). Der Autor wird hier mit seiner Figur Galilei in Verbindung gebracht, wenn Luft ihm vorwirft, dass Brecht sich nun selbst der Zensur der DDR unterwerfe, der SED-Führung Zugeständnisse mache, Aussagen widerrufe und Diktatoren Huldigungstelegramme schreibe.[2]

In der DDR führten Brecht und Erich Engel Regie im Theater am Schiffbauerdamm, in dem Brechts Berliner Ensemble untergebracht war und Ernst Busch den Galilei in dieser Inszenierung gab, welche die Berühmtheit des Berliner Ensembles mitbegründete. Gastspiele verbreiteten diese Aufführung in fast ganz Europa. Sie gehört zu den Inszenierungen mit den meisten Darbietungen überhaupt und blieb bis 1961 im Programm des Ensembles, das weitere Inszenierungen in den Jahren 1971, 1978 und 1997 folgen

---

[1] Näheres hierzu s. Kapitel „Bertolt Brecht: Lebensstationen und Werk".

[2] Gemeint ist die zumindest teilweise fortgesetzte Unterstützung Brechts für die Linie der SED in der Folge des Aufstands in der DDR von 1953.

ließ. Diejenige von 1978, die bis 1992 aufgeführt wurde, ist mit 274 Aufführungen die bis heute erfolgreichste.

Besonders seit der 1968er-Bewegung, die für sich in Anspruch nahm, die Opposition der jungen Generation gegen eingefahrene gesellschaftliche Machtstrukturen begonnen zu haben, und durch den Protest gegen den Kalten Krieg mit der aufkeimenden Friedensbewegung wurde das Drama „Leben des Galilei" ein beliebtes Bühnenstück. Bis heute (Stand 2012/13) hat es etwa 200 Inszenierungen des Dramas im deutschen Sprachraum gegeben, in den ersten Jahren unseres Jahrhunderts allein etwa 30 in Deutschland.

Etwa 200 Inszenierungen insgesamt, schon über 30 in diesem Jahrhundert

Die jüngsten Inszenierungen versuchen, sich dem Drama mit ganz unterschiedlichen Ansätzen zu nähern. Die jeweiligen Pole des Spektrums zeigen z. B. die Aufführungen der Theater Trier und Bonn auf. Am Trierer Theater wurde von Regisseur Horst Ruprecht die formale Perfektion des epischen Theaters versucht, sodass in der Kritik von „fast museale[r] Anmutung" (www.hunderttausend.de) der

Neue Inszenierungen: Versuch formaler Perfektion ...

Moderne Inszenierung der Bonner Kammerspiele 2012

Inszenierung gesprochen wurde, da sie inhaltliche Modernität habe vermissen lassen. Möglichkeiten zur Aktualisierung gäbe es derweil genügend.[1]

... oder Modernisierung des Stückes durch „Verfremdung 2.0"

Eine Modernisierung der Darstellung wurde von Niklas Ritter an den Bonner Kammerspielen versucht. Dort hielten Varieté-Szenen, eine moderierte Modenschau und die Veränderung der Figur Andrea in ein wissbegieriges Mädchen Einzug auf die Bühne. Ein Auto tauchte ebenso auf wie weitere zeitgenössische Accessoires. Die Kritik nannte Bühnenbild und Kostümierung gar „Verfremdung 2.0". Galilei erhielt einen zeitgemäßen Charakter mit zynischen und depressiven Zügen. Der Vernunftglaube Galileis wurde als Illusion präsentiert.

---

[1] Vgl. dazu „An die Leserin und den Leser".

Das Drama „Leben des Galilei" in der Schule

Der Blick auf die Figuren: Die Personencharakterisierung

Eine literarische Figur charakterisieren – Tipps und Techniken

In einer literarischen Charakterisierung analysiert man neben den äußeren Merkmalen besonders die inneren Wesenszüge einer literarischen Figur. Auf diesem Wege gelangt man zu einer Gesamtinterpretation der Figur. Sämtliche Elemente der Charakterisierung – äußere Merkmale, charakterisierende Aussagen sowie weiterführende Deutungen – basieren auf der Textvorlage. Bei einem dramatischen Text ist es dabei wichtig, nicht nur die Figurenreden zu untersuchen, sondern auch die Regieanweisungen. Durch direkte und indirekte Textbelege lassen sich die Aussagen über die zu charakterisierende Figur in nachvollziehbarer Weise begründen.

Für die Erarbeitung einer literarischen Charakterisierung können unter anderem folgende Aspekte und Leitfragen von Bedeutung sein:

1. **Personalien und sozialer Status**
   - Was erfahren wir über Name, Geschlecht, Alter und Beruf der Figur?
   - Werden auffällige äußere Merkmale beschrieben?
   - Wie stellen sich Lebensverhältnisse und das soziale Umfeld der Figur dar?
   - Gibt es Informationen zur Vorgeschichte der Figur?

2. Wesentliche Charaktereigenschaften

- Zeigt die Figur typische Verhaltensweisen und Gewohnheiten?
- Was sind ihre hervorstechenden Wesensmerkmale und Charakterzüge?
- Welche Umstände prägen und bestimmen ihre Existenz?
- Welches Bild hat die Figur von sich selbst?
- Welche inneren Einstellungen, welches Weltbild hat die Figur?
- Zeigt die Figur eine Veränderung in ihren äußeren Merkmalen bzw. eine innere Entwicklung?
- Wie wird sie durch die anderen Figuren wahrgenommen?
- Welcher Art sind die Beziehungen zwischen der Figur und anderen Figuren?

3. Sprachgebrauch und Sprachverhalten

- Wie kann man den Sprachgebrauch der Figur allgemein beschreiben (Sprachebene, Sprachstil)?
- Welche Auffälligkeiten lassen sich auf Satz- und Wortebene erkennen (Satzbau, Wortwahl, …)?
- Welche kommunikativen Aussagen werden durch die nonverbale Kommunikation (Gestik, Mimik, Körperhaltung) transportiert?
- Welches Gesprächsverhalten, welche Gesprächsstrategien verfolgt die Figur?

4. Zusammenfassende Bewertung

- Wie lässt sich die Funktion der Figur für das Drama beschreiben?
- Welche Gesamtdeutung der Figur ergibt sich aus den gewonnenen Erkenntnissen?

Diese Zusammenstellung dient als „Checkliste" für die Erarbeitungsphase der Charakterisierung.

Galilei

Galilei ist zu Beginn der Dramenhandlung 46 Jahre alt (vgl. S. 20). Da die Handlung des 15. Bildes auf 1637 datiert wird, ist er hier ungefähr 74-jährig.

1. Personalien und sozialer Status

Zusammen mit seiner Tochter Virginia und seiner Haushälterin Frau Sarti sowie deren Sohn Andrea, für den er die Funktion eines Ziehvaters und Lehrers übernimmt, lebt Galilei in einem Haushalt. Zunächst wohnen sie in Padua, später wird der Wohnort nach Florenz verlagert. Seinen Lebensabend verbringt Galilei als Gefangener der Inquisition gemeinsam mit Virginia in einem Landhaus in der Nähe von Florenz, wo er abgeschnitten vom europäischen Wissenschaftsbetrieb lebt (vgl. S. 119). Über seine familiäre Herkunft erfährt der Zuschauer nichts.

Galilei hat sein Leben mathematischen, physikalischen und astronomischen Studien verschrieben, die ihm auch im Ausland Bekanntheit eingetragen haben (vgl. S. 18) bzw. mit zunehmendem Alter zur Berühmtheit machen (vgl. z. B. S. 121). Um seinen Lebensunterhalt zu sichern, ist er zunächst auch mit vier Wochenstunden als Dozent an der Universität von Padua (vgl. S. 16) sowie als Erfinder praktischer Instrumente wie des Proportionalzirkels (vgl. S. 20) tätig. Außerdem ist er genötigt, Privatschüler anzunehmen (vgl. S. 16 f.).

Dennoch plagen den Wissenschaftler zu Beginn der Dramenhandlung Geldsorgen, die ihm allerdings nicht wichtig sind (vgl. Bild 1: Von Interesse ist für ihn, dass Andrea sich bei der Beschreibung der Schulden beim Milchmann korrekt ausdrückt, nicht aber, worum es inhaltlich geht, S. 7; vgl. ebenso sein Desinteresse, Privatschüler zu gewinnen, S. 12). So kann er beispielsweise nicht einmal den Milchmann bezahlen (vgl. S. 7). Um dieser prekären Situation zu entkommen und vor allen Dingen, um mehr Zeit für seine eigenen Forschungen zu haben, entschließt er sich, als Mathematiker an den florentinischen Hof der Medici im Großherzogtum Toskana zu wechseln (vgl. S. 36 f.).

2. Wesentliche Charaktereigenschaften

Als Vertreter der neuen Zeit steht die Figur Galilei für den wissenschaftlichen und gesellschaftlichen Aufbruch. Sein Ausspruch „Eine neue Zeit ist angebrochen, ein großes Zeitalter, in dem zu leben eine Lust ist" (S. 12) verdeutlicht beispielhaft seine Begeisterungsfähigkeit und seinen Forscherdrang. Der gestandene Wissenschaftler ist noch lange nicht zufrieden (vgl. S. 20). Vielmehr hält er sich immer noch für „dumm" (S. 17) und will dementsprechend selbst noch lernen (vgl. S. 16). Seine Neugier, seine Wissbegierde und sein Drang nach der Wahrheit beziehen sich vor allem auf tiefere Erkenntnisse über den Zusammenhang der Dinge: „Über die größten Probleme haben wir heute noch nichts als Hypothesen. Aber wir verlangen Beweise" (S. 17 oder vgl. ebenso S. 26: „Aber ihr laßt mir keine Zeit, den weiterführenden Spekulationen nachzugehen […].). Praktische und finanziell lohnenswerte Erfindungen stellt er gegenüber theoretischen Erkenntnissen zurück. So bewertet er die eigene Erfindung des Proportionalzirkels als „Schnickschnack" (S. 20). Sie genügt seinem Wissensdurst nicht.

Galilei als leidenschaftlicher Forscher ...

... und sinnlicher Genießer ...

Galilei ist ein sinnlicher Mensch, wie bereits der Hinweis auf seine Lust zu forschen gezeigt hat. Er verbindet Wissen und Körperlichkeit explizit miteinander: „Das Wissen wird eine Leidenschaft sein und die Forschung eine Wollust." (S. 88) Essen hat übrigens eine befruchtende Wirkung für Galileis Forschung: „ich esse gern anständig. Bei gutem Essen fällt mir am meisten ein" (S. 31). Nicht nur die wissenschaftliche Forschung ist für Galilei mit Genuss verbunden, sondern auch alltägliche Dinge wie Essen, Trinken (vgl. z. B. S. 101, S. 103, S. 108) und Körperhygiene (vgl. S. 7: „sich den Oberkörper waschend, prustend und fröhlich: Stell die Milch auf den Tisch"). Insgesamt betrachtet Galilei Genussfähigkeit als Leistung, die er wertschätzt und zu der seiner Ansicht nach nicht jeder in der Lage ist: „Ich schätze die Tröstungen des Fleisches. Ich habe keine Geduld mit den feigen Seelen, die dann von Schwächen sprechen. Ich sage: Genießen ist eine Leistung." (S. 88)

Diese beiden Seiten – bedingungslose wissenschaftliche Wahrheitssuche und Aufrechterhalten des körperlichen Wohlergehens – bringen Galilei des Öfteren in einen Zwiespalt. Um seine Einnahmen zu steigern, gibt er das Fernrohr als seine eigene Erfindung aus und wird so zum Betrüger (vgl. Bild 1). Für einen lukrativeren Lebensunterhalt verzichtet er auf die Forschungsfreiheit der Republik Venedig (vgl. Bild 3). Trotz Pestausbruch bleibt er in Florenz, um die Beobachtung der Venus fortzusetzen (vgl. Bild 5). Der Widerruf schließlich ist der Gipfelpunkt in der Auseinandersetzung zwischen der geistigen und körperlichen Seite Galileis: „Ich habe widerrufen, weil ich den körperlichen Schmerz fürchtete." (S. 123) Damit ist Galileis Zwiespalt aber nicht aufgehoben. Vielmehr wird er lebenslang davon umgetrieben. Als Gefangener der Kirche im Landhaus bei Florenz riskiert er seinen letzten Komfort, indem er eine Abschrift des Werkes „Discorsi" anfertigt. Selbst sein Augenlicht opfert er für seine jahrzehntelange Forschung (S. 115, „halbblind").

... im Zwiespalt zwischen Körper und Geist

Insofern verwundert es dann nicht, dass er sein Erkenntnisinteresse als Laster verurteilt. Dem kleinen Mönch gegenüber zeigt er, wie weit seine Sucht nach Wissen reicht. Anhand des Beispiels, sich unter der Erde einsperren zu lassen, um mehr über das Wesen des Lichts zu erfahren, das dort gar nicht hingelangt, zeigt er einerseits die Irrationalität seines Dranges (vgl. S. 79), andererseits offenbart er auch den Zwang, neu erworbenes Wissen weiterzugeben (S. 79: „Und das Schlimmste: was ich weiß, muß ich weitersagen. Wie ein Liebender, wie ein Betrunkener, wie ein Verräter."). Im Schlussdialog mit Andrea (Bild 14) bringt er als lebensweiser alter Mann die Dinge auf den Punkt. So bezeichnet er seine anhaltende Forschungslust und -tätigkeit abwertend als „Rückfäl-

Zwanghafter Wissensdurst ...

le", Barberinis Worte nutzend als „Krätze", „Laster" und schließlich als „Sklave meiner Gewohnheiten" (S. 120f.). Insgesamt kennzeichnet er sich selbst also als Opfer seines Forscherdranges, der ihn zeitweilig auch sehr kurzsichtig handeln lässt.

... und naive Kurzsichtigkeit ...

So fehlt es Galilei an religiöser Weitsicht, wenn er die Gleichheit von Mond und Erde infolge der Entdeckung der Berge auf dem Mond lakonisch kommentiert: „Was du siehst, ist, daß es keinen Unterschied zwischen Himmel und Erde gibt. Heute ist der 10. Januar 1610. Die Menschheit trägt in ihr Journal ein: Himmel abgeschafft." (S. 28) Vor allem aber ist er in politischer Hinsicht unvernünftig und naiv. Er hört nicht auf Sagredos Warnung, nicht nach Florenz zu gehen, da er den Einfluss der Kurie auf den Großherzog unterschätzt (S. 38: Sagredo – „Weil die Mönche dort herrschen."; Galilei – „Am Florentiner Hof sind Gelehrte von Ruf."). Ein ähnliches Verhalten zeigt er gegenüber Frau Sartis Warnung vor seiner Leichtgläubigkeit (vgl. S. 89) und dem Hilfsangebot Vannis, aus Florenz zu fliehen (vgl. S. 101). Stattdessen vertraut Galilei blauäugig Cosmo de Medici ebenso wie dem Papst (vgl. S. 101). Damit verkennt er die Machtstrukturen im Land. Er unterschätzt einerseits die Macht des Bürgertums und den Einfluss der Inquisition. Andererseits verneint er die gesellschaftliche Sprengkraft seines Werkes (vgl. S. 101). Da er allerdings für sich selbst eine Fluchtmöglichkeit vorbereitet hat (vgl. S. 103), relativiert sich der Eindruck seiner Naivität ein wenig.

... gegenüber Vernunft - orientierung ...

Grundsätzlich geht Galilei vom Glauben an die Vernunftbegabung eines jeden Menschen aus. Die Kraft von Beweisen – so glaubt er – muss einen jeden von der Wahrheit überzeugen, auch kirchliche Würdenträger von der kopernikanischen Lehre. So legt Galilei beispielsweise Clavius' Urteil als Sieg der Vernunft aus (vgl. S. 63). Auch den dem Ergebnis der Untersuchung vorangehenden Spott erträgt er infolge seines Vernunftglaubens lässig, denn für ihn war das Ergebnis zu keinem Zeitpunkt fraglich. Im Hinblick auf ihren Vernunftglauben macht die Figur Galilei eine Entwicklung durch. In Anbetracht des Dekrets, das die kopernikanische Lehre verbietet – eine Demonstration der kirchlichen Macht –, ergänzt Galilei seine Annahmen um die Rolle des Wissenschaftlers bei der Durchsetzung der Wahrheit. Der Wissenschaftler müsse den Menschen helfen, indem er sie das Denken lehre, bevor diese dann auf der Grundlage wissenschaftlicher Erkenntnisse ihr Leben verbessern können (vgl. S. 78).

Seine – positiv formuliert – Anpassungsfähigkeit an äußere Gegebenheiten und von ihm empfundene (finanzielle) Zwänge steigert sich stellenweise zu einem skrupellosen Verhalten bar jeglicher moralischer Grundsätze. Hinsichtlich der Erfindung des Fernrohrs wird er zum gewissenlosen Betrüger (vgl. S. 23). Moralische Werte haben nicht einmal Gültigkeit, wenn es um die nächsten Angehörigen geht. Wenn der Forscherdrang es verlangt, werden auch zwischenmenschliche Beziehungen geopfert (Virginia und Ludovico, vgl. das Ende von Bild 9), Fürsorgepflichten vergessen (die Kinder fliehen ohne ihn vor der Pest, vgl. Bild 5) oder sogar die Gesundheit der Liebsten rücksichtslos aufs Spiel gesetzt (Frau Sarti, Andrea, vgl. das Ende von Bild 5). Immerhin ist er stellenweise auch in der Lage, sein Handeln kritisch zu überdenken und sich Selbstvorwürfe zu machen, z. B. dass Frau Sarti wegen ihm das pestverseuchte Florenz nicht verlassen hat (vgl. S. 56) und deshalb erkrankt ist.

... Skrupellosigkeit ...

Im Laufe der Handlung entwickelt Galilei auch seine Haltung zur Verantwortung der Wissenschaftler für ihre Forschungsergebnisse. Zunächst macht er sich für die Aufklärung des Volkes stark. „Wer die Wahrheit nicht weiß, der ist bloß ein Dummkopf. Aber wer sie weiß und sie eine Lüge nennt, der ist ein Verbrecher!" (S. 81) lautet sein absolutes

... gegenüber ausgeprägtem Verantwortungsbewusstsein

Urteil. Die gesellschaftliche Sprengkraft wissenschaftlicher Erkenntnisse scheint Galilei von Anfang an bewusst zu sein. So geht er im Zusammenhang mit der Entdeckung der Jupitermonde davon aus, dass mit neuen Erkenntnissen auch „für unerschütterlich angesehene Lehren ins Wanken gekommen sind" (S. 49). Im achten Bild tritt diese gesellschaftliche Komponente stärker zu Tage. Gegenüber dem kleinen Mönch verdeutlicht Galilei die notlindernde Funktion wissenschaftlicher Erkenntnisse und Erfindungen für die Masse der Bauern (vgl. S. 77). Indem er seine Neuerungen nicht verschweigt, handelt der Wissenschaftler moralisch integer, selbstlos und nicht egoistisch, da er den für sein Schweigen versprochenen materiellen Wohlstand und die Angst vor Verfolgung hintenan stellt (vgl. S. 77).

Mit zunehmendem Alter Galileis kommt zu seinem Konzept der Verantwortung der Aspekt hinzu, die Bevölkerung müsse durch den Wissenschaftler zum Denken angeleitet werden.

Einige Jahre nach seinem Widerruf bewertet Galilei diesen selbst als Verrat an der Wahrheit („ich verneinte die Wahrheit", S. 122) und postuliert schärfer als je die soziale Verantwortlichkeit, die sich auf „alle" Menschen beziehe (S. 124). Wie bereits gegenüber dem kleinen Mönch ausgeführt, lautet sein Konzept, den Menschen wachzurütteln, zum Zweifeln zu bringen, damit er sein Elend entdecke und die Gesellschaft verändere (vgl. S. 125). Gleichzeitig würde unter Anleitung des Wissenschaftlers „die Mühseligkeit der menschlichen Existenz [...] erleichter[t]" (S. 125) werden. Indem der Wissenschaftler für die Folgen der wissenschaftlichen Erkenntnisse verantwortlich ist, wird die moralische Komponente ausgeweitet. Gar einen Missbrauch durch die Machthaber habe der Wissenschaftler zu verhindern (vgl. S. 125 f.). Indem Galilei aber widerrufen hat, hat er seinen eigenen Ansprüchen nicht genügt und eine historische Chance vertan (vgl. S. 126). Damit ist er selbst in seiner

Sicht zum Verkäufer und Verräter geworden, denn er hat die Wahrheit gegen sein Weiterleben eingetauscht, auch wenn er dadurch weiterhin forschen kann, um neue Erkenntnisse zu gewinnen. Dass die Wissenschaft aber eben nicht zum Selbstzwecke betrieben werden darf, vertritt er gegenüber Andrea vehement (vgl. S. 124). Er schließt sich aus den Reihen der Wissenschaftler aus und übernimmt damit die Verantwortung.

Wie in seinen Charaktereigenschaften präsentiert sich Galilei auch im Sprachgebrauch nicht einheitlich. So ist er als Forscher sehr darauf bedacht, dass er selbst und auch seine Schüler sich einer wissenschaftlichen, sachlichen Ausdrucksweise und korrekten Fachsprache bedienen (vgl. Andreas Unterweisung, Bild 1, S. 7).

3. Sprachgebrauch und Sprachverhalten

Andererseits reagiert er aber manchmal sehr leidenschaftlich. Dies ist besonders bei seiner Begeisterung für die neue Zeit oder diverse Entdeckungen zu sehen. Im aufgeregten Zustand vernachlässigt er den vollständigen Satzbau und formuliert lediglich Nebensätze (vgl. S. 33) oder wendet sich mit vielen Ausrufen appellativ an sein Gegenüber (vgl. S. 32, ebenso S. 34).

Im Kontext von Darlegungen oder Argumentationen ist auch Galileis bildliche Sprache zu betrachten, die er nutzt, um für seine Gesprächspartner verständlich zu sein. Besonders häufig setzt er Metaphern, aber auch eine Vielzahl von Personifikationen und Vergleichen ein (vgl. z. B. seinen großen Schlussmonolog ab S. 124).

In offiziellen Situationen wie der Übergabe des Fernrohrs oder beim Verfassen des Briefes an den florentinischen Großherzog kann Galilei sich aus taktischen Gründen sprachlich sehr unterwürfig zeigen. Dies äußert sich in den von ihm verwendeten Anreden („Eure Exzellenz, Hohe Signoria!", S. 23), in der wiederholten Betonung der Unterordnung („Mit tiefer Freude und aller schuldigen Demut", S. 23; „Meine Herren, ich ersuche Sie in aller Demut, Ihren

Augen zu trauen.", S. 48) und vor allem im inflationären Gebrauch von positiv besetzten Adjektiven (vgl. besonders S. 23, z. B. „in Ihrem weltberühmten Großen Arsenal, nach den höchsten wissenschaftlichen und christlichen Grundsätzen, Frucht siebzehnjähriger geduldiger Forschung Ihres ergebenen Dieners"). Sind die Umstände allerdings nicht zu Galileis Zufriedenheit oder muss er Rückschläge einstecken, flüchtet er sich in Ironie („Man schenkt mir große Aufmerksamkeit." – als Umschreibung seiner Gefangenschaft, S. 119; „Das könnte helfen, wenn es Sie veranlaßte einzugestehen, daß zwei mal zwei hin und wieder vier ist!", S. 74).

4. Zusammenfassende Bewertung

Galilei ist eine widersprüchliche Figur: Forscher und Genießer, vernunftbegabt und naiv, voller Zuneigung für den Ziehsohn und Kälte gegenüber der Tochter, leidenschaftlicher Kämpfer und ironisierender Unterlegener, verantwortungsvoller Wissenschaftler und skrupelloser Betrüger. Genauso ambivalent bleibt sein Handeln hinsichtlich des großen Grundkonflikts des Dramas. Er gibt die postulierte soziale Verantwortung des Wissenschaftlers durch den Widerruf auf, um seine eigene Haut zu retten. Andererseits riskiert er sie wieder, wenn er heimlich eine Abschrift des Werkes „Discorsi" anfertigt, und empfindet tiefe Reue und Scham aufgrund seines früheren Handelns. Aus dieser Widersprüchlichkeit bezieht die Figur ihre Menschlichkeit und Glaubwürdigkeit. Galilei ist nicht der Vorzeigeforscher, der alles weiß und keine Fehler macht. Er ist eine Figur mit Ecken und Kanten, eben ein Mensch mit positiven und negativen Eigenschaften. Musterlösungen hat auch er nicht parat. Aber er reift und hat am Ende seines Lebens ein vorbildliches Verantwortungskonzept entwickelt.

Andrea Sarti

Andrea Sarti, der Sohn der Haushälterin Frau Sarti, ist im Oktober 1598 geboren worden, denn zu Beginn der Handlung 1609 ist er zehn Jahre alt (vgl. S. 11). Er wird als aufgewecktes Kind aus dem einfachen Volk und als Mitglied im Haushalt des Galilei eingeführt („Mutter sagt, wir müssen den Milchmann bezahlen. Sonst macht er bald einen Kreis um unser Haus, Herr Galilei." S. 7). Als Sohn von Frau Sarti hat ihn Galilei ins Herz geschlossen (vgl. S. 7). Andrea kann sich frei im Hause bewegen und offenherzig mit dem Hausherrn umgehen. Galilei wirkt dabei gewissermaßen als Vaterfigur für Andrea, der ohne leiblichen Vater und als Einzelkind aufwächst. Er ist damit Teil der „Patchwork"-Familie Galileis, zu der noch die leibliche Tochter Virginia zählt. Als Junge aus dem Volk widerlegt er mit seiner Intelligenz die Ansichten der Gelehrten von der Unzulänglichkeit des Verstandes der einfachen Leute. Dennoch ist seine Herkunft im jungen Alter noch klar erkennbar, da er den Namen „Kippernikus" falsch behalten hat und den Einflüssen der Religion unterliegt (Ausruf: „Heilige Maria" S. 22). Als Kind ist er zwischen dem Einfluss der Mutter und dem des Galilei hin- und hergerissen, etwa in der Frage der Bezahlung des Milchmannes (vgl. S. 7: Frau Sarti mahnt die Bezahlung an, Galilei ist sie egal. Andrea orientiert sich zunächst an der Mutter, wird dann aber von Galilei zur Wissenschaft gelenkt.). Die Faszination, die der Forscher auf ihn ausübt, gewinnt aber die Oberhand. Schon früh tritt er der Mutter selbstbewusst, ja überheblich gegenüber (vgl. S. 12) und ahmt Galilei nach, indem er das von ihm Gelernte der Mutter zu beweisen sucht (vgl. S. 12, S. 13, S. 20). Darin nimmt das Kind schon die Rolle des erwachsenen Andrea vorweg, der sich zum Gelehrten und Lehrer entwickelt (vgl. Bild 15).

1. Personalien und sozialer Status

Die Darstellung der Wesenszüge erfolgt zweigeteilt, da Andrea dem Zuschauer ab Bild 9 nicht mehr als Junge, sondern als Mann begegnet.

2.a) Wesentliche Charaktereigenschaften des Kindes

Der intelligente Schüler – ein gelehriger Junge aus dem Volk

Andrea ist Schüler seines Ziehvaters und fasziniert von der Wissenschaft. Schon früh steht sein Berufswunsch fest: „Ich möchte auch Physiker werden, Herr Galilei." (S. 21) Dies fördert Galilei, indem er Andrea motiviert und ihm Anteil an seinen Forschungen zuschreibt (vgl. S. 12). Der Junge ist sehr gelehrig. Neben seiner Ergebenheit Galilei gegenüber – er verrichtet ohne Murren Botengänge, lässt sogar seinen Mantel als Pfand beim Linsenschleifer zurück (vgl. S. 21) und trocknet bereitwillig Galileis Rücken ab (vgl. S. 8) – zweifelt er dessen Erklärungen aber auch an und nimmt sie nicht gleichmütig hin (vgl. S. 11, S. 12f.). Seine Intelligenz zeigt sich auch in der Wissbegierde, die ihn an Galileis Forschungen fesselt (vgl. S. 13), sowohl im Versuch des eigenen Nachvollzugs des Gesehenen (vgl. S. 15) als auch in seinem fortwährenden Fragen (vgl. S. 21).

Der Heißsporn – die zweite Seite Andreas

Im 4. Bild präsentiert Andrea eine andere Seite von sich. Im Zusammentreffen mit dem gleichaltrigen Cosmo de Medici, der als Landesherr gesellschaftlich weit über Andrea steht, zeigt sich Galileis Schüler zunächst als selbstständig forschender Junge. Er imitiert seinen Lehrmeister (vgl. S. 41 mit dem Ausspruch Galileis auf S. 14). Jedoch offenbart er auch seine kindlichen Züge, indem er der Versuchung nicht widerstehen kann, dem jungen Herzog das kopernikanische Weltbild vor Augen zu führen (vgl. S. 42), um ihn dann seine eigene Überlegenheit spüren zu lassen. Andrea agiert jetzt überheblich (vgl. S. 42), impulsiv, ja aggressiv, droht dem Herzog mit Gewalt und beginnt, sich mit ihm zu raufen. Er verhält sich also nicht diplomatisch, sondern will gleichsam mit dem Kopf durch die Wand. Dies setzt sich im selben Bild in seiner Impulsivität den erwachsenen Gelehrten gegenüber weiter fort. Seine Reaktion auf die Weigerung der Gelehrten, durch das Fernrohr zu schauen, grenzt an Jähzorn, den er später als junger Erwachsener auch Galilei entgegenbringt (vgl. S. 47 und Bild 13).

Andreas Dickköpfigkeit und gleichzeitige Kindlichkeit zeigen sich auch in der Pestszene, die prägend für die weitere Entwicklung der Figur ist. Er springt eigenmächtig vom Wagen, der ihn in Sicherheit bringen soll, und läuft drei Tage lang zurück in die von der Seuche geplagte Stadt. Dabei ist er psychisch völlig von der Situation überfordert (vgl. S. 56). Einerseits sorgt er sich um die erkrankte Mutter und schluchzt unentwegt. Andererseits ist das Zusammentreffen mit dem ebenfalls vom weinenden Kind überforderten Galilei zukunftsweisend. Letzterer versucht Andrea, mit seinen Forschungserkenntnissen zu trösten, statt ihm zwischenmenschliche Nähe entgegenzubringen. Andrea lernt hier von Galilei, wenn auch von diesem nicht beabsichtigt, dass für die Wissenschaft Opfer erbracht werden müssen (vgl. S. 56). Außerdem wird er der Gefahr einer Ansteckung von Galilei wissentlich ausgesetzt (vgl. S. 57). Diese Einstellung seines Mentors Galilei schleudert er ihm im 14. Bild entgegen: „Die Wissenschaft kennt nur ein Gebot: den wissenschaftlichen Beitrag" (S. 124) und „Todesfurcht ist menschlich! Menschliche Schwächen gehen die Wissenschaft nichts an" (S. 124).

Die Sprache des Kindes Andrea zeichnet ihn als Schüler des Galilei aus. Er fragt viel und antwortet kurz und knapp auf die Fragen des Lehrers. Seine soziale Herkunft kommt nur gelegentlich zum Ausdruck. So sind ihm Fremdwörter nicht geläufig („Was ist eine Hypothese?", S. 21) und seine Grammatik lässt manchmal zu wünschen übrig („Was? Das mit dem Kippernikus seinem Drehen?", S. 11). Er neigt also zur Umgangssprachlichkeit. Allerdings zeigt er sich auch hier intelligent und lernfähig. Mit der Aussprache des schweren Wortes „ptolemäische" hat er etwas später Cosmo gegenüber kein Problem (vgl. S. 42).

Marginalien:

Der Dickkopf – Schüler seines Lehrers auch im Verhalten

3.a) Sprachgebrauch und Sprachverhalten als Kind

2.b) Wesentliche Charaktereigenschaften des Erwachsenen

Ab Bild 9 begegnet dem Zuschauer Andrea als junger, etwa 25-jähriger Mann und Wissenschaftler (die Überschriften der Bilder 7 und 9 weisen auf das Jahr 1624). Er ist noch immer Schüler Galileis, aber zu seinem ernst zu nehmenden Assistenten aufgestiegen (vgl. S. 80 und S. 88). Tatendrang und Zukunftsoptimismus zeichnen den jungen Forscher Andrea aus (vgl. S. 92).

Junger Wissenschaftler nach dem Vorbild Galileis

Nicht nur ist er der lateinischen Sprache mächtig, er kennt sich auch in der europäischen Wissenschaftslandschaft aus und ist auf dem neuesten Stand der Forschung (vgl. S. 83). Seine fachliche und methodische Entwicklung zeigt sich auch in der eigenständigen und verbotenen Forschung an den Sonnenflecken (vgl. S. 84). Er hat also den Drang zur Wissenschaft von seinem väterlichen Mentor und Vorbild übernommen. Dennoch ist er weiterhin der Schüler Galileis und lässt sich von diesem kritisieren (vgl. S. 85).

Negative Seiten – provokant, unnachgiebig, radikal, beleidigend

Andreas Persönlichkeit trägt aber im Erwachsenenalter auch negative Züge. Er hat sich vor allem seine provokante Art auch im Erwachsenenalter erhalten. Er ist nicht nur geradeheraus und nimmt kein Blatt vor den Mund, sondern schießt bei seinen Provokationen gegen Ludovico über das Maß hinaus (vgl. S. 88 und S. 92). Außerdem zeigt sich Andrea im Erwachsenenalter unnachgiebig und radikal in seinen Ansichten. Für ihn gibt es nur Schwarz oder Weiß und das mit aller Konsequenz – eine Haltung, die er in Bezug auf die Wissenschaft von Galilei abgeschaut hat. Dieser Charakterzug tritt besonders deutlich in der Stresssituation der Widerrufsszene zutage. Andrea ist nun 34 Jahre alt. Angstvoll erwartet der Schüler das Ergebnis der Befragung des Lehrers. Allerdings ängstigt er sich gar nicht um Galilei, sondern um dessen wissenschaftliches Werk (vgl. S. 109). Unerschütterlich ist sein Glaube an Galilei (vgl. S. 109 f.), den er schließlich mit einem wissenschaftlichen Glaubensbekenntnis als Heilsbringer verklärt (vgl. S. 111).

Konterkariert wird seine zur Schau gestellte Sicherheit durch seine Nervosität, auf die sein Schreien (vgl. S. 110), seine Ungeduld (vgl. S. 111) und schließlich, nach dem Widerruf, sein körperlicher Zusammenbruch (vgl. S. 113) hinweisen. Sein Schwarz-Weiß-Denken zeigt sich, als der Widerruf bekannt gegeben wird. Jetzt schlägt sein Vertrauen in Galilei aufgrund der für unmöglich gehaltenen Enttäuschung in tiefe Abneigung um. Er verliert völlig die Fassung und enthüllt als Mann erneut, was sich im Kind schon angedeutet hatte: Er verurteilt Galilei, ohne ihn anzuhören, und vergreift sich schreiend mit Beleidigungen gegen den völlig Erschöpften im Ton (vgl. S. 113).

Aus dieser konsequenten Haltung Andreas resultiert eine neunjährige Funkstille zwischen ihm und seinem Lehrer, die nur dadurch beendet wird, dass er von Wissenschaftlern um Informationen über die Befindlichkeit Galileis gebeten wird, bevor er Italien zu Forschungszwecken verlässt. Andrea, so stellt sich heraus, ist der einzige der einstigen Gefolgsleute Galileis, der sein Leben auch weiterhin der Forschung verschrieben hat. Seine Haltung gegenüber dem alternden Galilei hat sich über die vielen Jahre nicht verändert. Er begegnet ihm kühl (vgl. S. 119) und macht deutlich, dass er nicht aus persönlichem Antrieb kommt (vgl. S. 118). Trotz seiner nun 43 Jahre macht er Galilei noch immer implizit Vorwürfe. Andrea zeigt sich also als extrem nachtragend (vgl. S. 119), zudem ironisch (vgl. S. 120) und möchte Galilei schnell wieder verlassen. Wehleidig jammert er der Wissenschaft nach und ist völlig auf sie fixiert (vgl. S. 121).

Neue Verklärung des Galilei im fortgeschrittenen Alter

Erst die Bekanntgabe der Existenz einer Abschrift des Werkes „Discorsi" lässt Andrea wieder eine 180-Grad-Wende in seiner Sicht auf Galilei vollziehen. Auch jetzt noch gibt es für ihn nichts zwischen den absoluten Polen Gut und Böse. Die Ansicht der Schrift „Discorsi" führt unmittelbar zu einer Verteidigungsrede für Galileis Verhalten. Die kühle Zurückhaltung weicht der Begeisterung, bis hin zur erneuten Verklärung des Galilei (vgl. S. 123).

Listiger und humaner Gelehrter – der doch noch gereifte Andrea

Andreas Haltung ändert sich auch noch nicht, als Galilei das Entschuldigungskonstrukt zerstört. Galileis ehemaliger Schüler fällt auf die Erklärung der rücksichtslosen Verbreitung und des Betreibens der Wissenschaft zurück. Schnell wird er energisch, als er sich in die Defensive gedrängt sieht (vgl. S. 124). Jedoch ist der Einfluss Galileis auf seinen Schüler zu groß. Andrea vermag sich nicht als ebenbürtig oder gar moralisch höherwertig zu etablieren und muss die Rede Galileis über sich ergehen lassen. Erst jetzt löst sich Andreas starre Haltung etwas. Er geht erschüttert und wortkarg aus dem Treffen heraus. Seine Töne sind nach der Rede seines ehemaligen Mentors moderater geworden. Er ist vorsichtiger in seinen Formulierungen (vgl. S. 126 f.).

Im letzten Bild erkennt der Zuschauer die Veränderung, die Andrea Sarti seit seinem letzten Treffen mit Galilei durchgemacht hat. Nach diesem Gespräch tritt er als schlauer Mann auf, der seine geistige Überlegenheit klug einzusetzen weiß, um sein Ziel – das Herausschmuggeln der Schrift „Discorsi" aus Italien – zu erreichen (vgl. S. 128, S. 129). Jegliche Lautstärke und jedes Pathos sind aus seinem Verhalten und seiner Sprache verschwunden. Stattdessen zeigt er eine soziale Ader, die vorher noch nicht an ihm zu beobachten war. Der bedürftigen alten Frau überlässt er den Milchkrug (vgl. S. 131). Seine persönliche Reifung zeigt sich auch in seinem Verhalten dem Jungen Giuseppe gegenüber (vgl. S. 130 f.). Insgesamt richtet sich Andreas Blick in die Zukunft („Wir wissen bei weitem nicht genug, Giuseppe. Wir stehen wirklich erst am Beginn.", S. 131). Er hat mit der Vergangenheit und damit mit seinem Lehrer Galilei seinen Frieden gemacht und kann nun, da er besonnener geworden ist, besser versuchen, in dessen Fußstapfen zu treten.

Die Sprache des erwachsenen Andrea Sarti ist einerseits von wissenschaftlicher Knappheit, andererseits von bilderreichem Pathos geprägt. Solange er sich in Galileis Umfeld vor der Widerrufsszene bewegt, spricht Andrea größtenteils von der wissenschaftlichen Untersuchung und redet oft nicht mehr als nötig (vgl. Bild 9). Dagegen ändert sich sein Stil vollkommen, als es um den Widerruf und später um die Entschuldigungskonstruktion für Galileis Verhalten geht. Andrea zeigt sich plötzlich einer bildhaften (vgl. z. B. S. 123) und sehr pathetischen, verklärenden Sprache (vgl. z. B. S. 111, S. 112, S. 113) mächtig.

3. b) Sprachgebrauch und Sprachverhalten als Mann

Die Figur Andrea Sarti spiegelt ihren Mentor und Lehrer Galilei mit seinen positiven und negativen Eigenschaften. Am Kind bildet sich die positive Seite der Figur des Wissenschaftlers und Menschen Galilei ab. Andrea erhält vom Gelehrten die zu dieser Zeit unerhörte Chance, in die Welt der Wissenschaft einzutauchen, und bekommt als Kind aus dem einfachen Volk somit einen gesellschaftlichen Aufstieg ermöglicht. Gleichzeitig spiegelt Andrea aber auch das Negative der Figur Galilei. Er ahmt seinen Lehrer, das große Vorbild, nach und entwickelt sich so zu einem radikalen und unnachgiebigen Wissenschaftler, der ähnlich wie Galilei einem Süchtigen gleich der Wissenschaft verfällt. Erst das letzte Eingreifen, die letzte Belehrung durch Galilei führt zu einem versöhnlichen Verhalten der Figur, die den Zuschauer bzw. Leser mit einem der Zukunft zugewandten Ende aus dem Stück entlässt.

4. Zusammenfassende Bewertung

Ludovico

Ludovico Marsili ist ein junger Mann aus gutem Hause. Sein genaues Alter erfährt man nicht. Sowohl durch Frau Sarti als auch durch eine Regieanweisung wird er aber als jung gekennzeichnet (vgl. S. 12, S. 14). Er entstammt einer vermögenden aristokratischen Familie, die Güter in der Campagna besitzt (vgl. S. 14). Insofern ist er auch

1. Personalien und sozialer Status

„[s]ehr gut angezogen" (S. 12). Der Reichtum der Familie zeigt sich zudem noch darin, dass sich Ludovico auf Wunsch seiner Mutter durch Reisen fortgebildet hat, um sich in den entsprechenden gesellschaftlichen Kreisen angemessen bewegen zu können, wenn er später in die Verwaltung der Familiengüter einsteigen wird (vgl. S. 86). So hielt er sich, bevor er in Galileis Haus kommt, in Holland auf (vgl. S. 14). Der junge Mann soll seine Ausbildung vervollkommnen, indem er sich auch mit den Wissenschaften auseinandersetzt, weswegen er Privatunterricht bei Galilei angestrebt hat (vgl. S. 14). Die Höhe der Kosten dafür ist ebenfalls egal (vgl. S. 14).

Sein vertrauter Umgang mit Virginia bei der Fernrohrübergabe an die Republik Venedig ca. 1609 deutet bereits die spätere Verlobung der beiden an (vgl. S. 26), die etwa sieben Jahre nach Ludovicos erstem Auftritt in Galileis Haus erfolgt ist (vgl. S. 64). Beim Maskenball in Rom 1616 ist er sehr stolz auf Virginia und schwärmt für ihre Schönheit, sodass er sogar denkt, sie könne ihren Vater überstrahlen (vgl. S. 65). Auf Galileis wenig schmeichelhafte Replik, es sei leicht, im römischen Frühling schön auszusehen (vgl. S. 65), reagiert er nicht. Eine Verteidigung seiner Verlobten findet also nicht statt. Ludovico handelt, trotz nun fortgeschrittenen Alters, passiv und defensiv.

Dass er von wahrer Zuneigung ihr gegenüber ergriffen ist, bezeugt zum einen der Umstand, die Tochter eines Mannes zu heiraten, der sinnbildlich für ein die eigene Existenz bedrohendes Weltbild steht, denn Ludovico bleibt sein ganzes Leben lang ein Anhänger des alten Weltbildes. Andererseits offenbart er seine Gefühle auch, indem er sich nicht von Virginia fernhalten kann, als er in der Nähe ihres Aufenthaltsortes in Florenz Besitztümer der Familie begutachtet (vgl. S. 86). Nach weiteren acht Jahren Verlobungszeit erfolgt dennoch schließlich der Bruch mit Virginia aufgrund von Galileis Wiederaufnahme der Forschungen am kopernikanischen Weltbild (vgl. S. 92), obwohl bereits Verabredungen zum Einzug Virginias bei den Marsilis nach der Hochzeit bestanden haben (vgl. S. 86).

Ludovico absolviert die Ausbildung bei Galilei ohne Wissensdurst für die Physik, denn er interessiert sich lediglich für Pferde (vgl. S. 14: „Ich habe keinen Kopf für die Wissenschaften"). Mehr noch, er scheint auch kaum wissenschaftliches Verständnis für Gesetzmäßigkeiten mitzubringen (vgl. S. 15: „Hauptsächlich, weil es in den Wissenschaften immer anders ist, als der gesunde Menschenverstand einem sagt."). Jedoch zeichnen ihn seine offenen Antworten auf Galileis Fragen und noch dazu seine selbstkritische Aussage „Sie werden Geduld mit mir haben müssen" als ehrlichen Menschen aus, der sich seiner Schwächen bewusst ist (S. 15).

2. Wesentliche Charaktereigenschaften

Wissenschaftliches Desinteresse und Ehrlichkeit

Ludovico ist als junger Mann sehr von seiner Mutter abhängig. Immer wieder betont er deren Standpunkt, seine eigene Meinung hingegen erwähnt er nicht („Die Mutter wünschte."; „Und da die Mutter wünscht.", S. 14; „Die Mutter meint", S. 15). Auch bei der Verfechtung des alten Weltbildes folgt er, trotz wissenschaftlichen Studiums, den Ansichten seiner Mutter (S. 80: „Sie ist mit Vaters Büchern nicht einverstanden."). Dies wird bei einem Spontanbesuch Ludovicos in Galileis Haus in Florenz ein weiteres Mal offensichtlich und führt hier auch zur Auflösung der Verlobung zwischen Ludovico und Virginia. Als Sprachrohr der Mutter, das Ludovico durchgängig darstellt, beglückwünscht er in diesem Zusammenhang Galilei zum Verzicht, sich an den Sonnenfleckenforschungen zu beteiligen. Seine Folgsamkeit überträgt er als junger Mensch zunächst auch auf den Lehrer Galilei, wenn er dessen willkürliche Preiserhöhung von 10 auf 15 Skudi pro Unterrichtsmonat lapidar bestätigt (S. 14: „Sehr wohl, Herr Galilei."). Der Gehorsam des jungen Ludovico gegenüber Galilei wird auch in seiner Reaktion auf den Fernrohrbetrug deutlich, den er sehr wohl durch-

Gehorsam gegenüber der Mutter und Galilei

schaut und sarkastisch typisch für den Wissenschaftsbetrieb kommentiert (vgl. S. 26). Er reflektiert jedoch nur und denkt nicht daran, den Betrug auch aktiv zu entlarven. Allerdings klingt in dem Zusammenhang erstmals Kritik an Galilei an. Genau genommen wird dessen mangelnde Redlichkeit festgestellt, indem der enttäuschte Ludovico mit seinen Hinweisen auf die Farbänderung des Fernrohrfutters genau erkennt, dass das Fernrohr nicht verbessert, sondern nur kopiert wurde (vgl. S. 25). Dumm ist Ludovico also nicht.

Naivität und langsames Durchschauen von Zusammenhängen

Dennoch zeigt er sich meistens eher naiv und einfältig. So erzählt er in Galileis Haus freimütig vom wahrscheinlichen Papstamt Barberinis. Er erkennt nicht, welche Bedeutung Barberini haben könnte, obwohl er gleichzeitig noch Clavius' Befürchtungen mitteilt, die Forschung am kopernikanischen Weltbild könne durch die aktuellen Sonnenfleckenforschungen wieder aufgenommen werden (vgl. S. 87). Insofern versteht Ludovico auch nicht die plötzliche Fortsetzung der Forschungen an den Sonnenflecken durch Galilei und dessen Schüler (S. 88: „Woher die Erregung?"). Dies lässt ihn erneut sehr einfältig wirken. Von einer anderen Seite zeigt er sich im offenen Gespräch über die Situation der Campagnabauern und die Funktionsweise der Gutsherrschaft. Hier tritt er sehr resolut und egoistisch auf. Der Zusammenhang zwischen der Ausbeutung der Bauern und dem eigenen Wohlstand ist ihm wohlvertraut (vgl. S. 90 f.).

Vertreter des alten Weltbildes

Trotz des frühen Unterrichts bleibt Ludovico seinem sozialen Stand entsprechend ein Vertreter des alten Weltbildes. Seine Unterweisung und sein Umgang mit modernen Wissenschaftlern haben keinen Einfluss auf ihn gehabt. Die Figur hat in dieser Hinsicht keine Entwicklung vollzogen. Das wird an Ludovicos anhaltender Leugnung der Erddrehung (S. 64: „Sie dreht sich ja gar nicht.") bzw. seiner sprachlichen Distanzierung deutlich (S. 87: „der ganze Erde-um-die-Sonne-Zirkus").

Indirekt gibt Ludovico zu, dass die Ehe mit Virginia auch gesellschaftliche Ansprüche erfüllen muss (vgl. S. 89). Er ist sich seiner bzw. der Vorbildfunktion seiner Frau als Gutsherrin, z. B. in puncto Frömmigkeit, bewusst und akzeptiert sie (vgl. S. 89). Damit gibt er auch zu, dass die lange Verlobungszeit der Prüfung seines Schwiegervaters diente – ein Umstand, der zuvor selbstverständlich nicht offen dargelegt wurde.

Ludovicos aristokratische Weltsicht: die Unterordnung der Bauern

Das heißt aber auch, dass er seine zwischenmenschlichen Bedürfnisse gegenüber den durch seine Mutter und seine soziale Stellung hervorgerufenen Anforderungen zurückstellt. Dahinter steckt ein finanzielles Kalkül: Die Pachtzinszahlungen seiner Bauern (vgl. S. 89) hängen genauso von der Aufrechterhaltung des alten Weltbildes ab wie deren Anstrengungsbereitschaft (S. 91: „Jedoch könnte es sie [die Bauern] verstören, wenn sie erführen, daß frivole Angriffe auf die heiligen Doktrinen der Kirche nunmehr ungestraft blieben.“). Auf der alten Weltordnung (astronomisch und sozial) und der Gläubigkeit der Bauern basiert also letztlich sein materieller Wohlstand. Unumwunden gesteht er auch ein: „Ihre Feldarbeit ist zu schwer.“ (S. 91) Damit gibt er die schonungslose Ausbeutung der eigenen Untergebenen zu, an der er auf jeden Fall festhalten will: „Zucht und Ordnung und Höflichkeit“ (S. 91) gelte es zu bewahren. Auch die Einbeziehung der Macht des Papstes (durch die Aufrechterhaltung des alten Weltbildes) zu diesem Zwecke gibt er unverblümt zu. Unmissverständlich verdeutlicht er dessen Abhängigkeit von den vornehmen Familien (vgl. S. 89). Ludovico erhebt sich hier zu einem Sprecher einer ganzen gesellschaftlichen Schicht. Er wertet die Bauern dabei zu Tieren ab und hält sie für ausgesprochen dumm (vgl. S. 91).

Ludovicos Sprachgebrauch verrät viel über die Figur. Mit den mehrmaligen Verweisen auf die Meinung seiner Mutter (s. o.), bis hin zu dem Umstand, dass nicht er selbst

3. Sprachgebrauch und Sprachverhalten

seine Braut erwartet, sondern eben die Schwiegermutter (S. 86: „Die Mutter erwartet dich im September."), wird seine Anerkennung dieser Autorität betont. Auch die monotone Anrede Galileis mit „Herr" (vgl. z. B. die sechsmalige Verwendung im 1. Bild, S. 14/15) bzw. seine kurzen zustimmenden Antworten (S. 14: „Sehr wohl, Herr."; „Sehr wohl, Herr Galilei."; S. 15: „Jawohl, Herr.") sind dahingehend zu deuten. Außerdem sind der parataktische Satzbau (vgl. z. B. S. 15) bzw. die kurzen Antworten (vgl. z. B. S. 14: „Pferde."), die er auf Galileis Fragen erteilt, Hinweise auf die Einfältigkeit des Gutsherrn. Die herabsetzend wirkende Betonung der Demonstrativpronomina (S. 87: „durch diese Sonnenflecken") sowie die abwertenden Metaphern (S. 87: „Sonnenfleckenorgien", „der ganze Erde-um-die-Sonne-Zirkus"), die er benutzt, wiederum zeigen seine Distanzierung von Galileis Forschung.

4. Zusammenfassende Bewertung

Ludovico bildet ironischerweise gleich zweifach den Handlungsmotor für Galileis Forschung. Zum einen gibt Ludovico Galilei mit dem Fernrohr das Instrument in die Hand, seine Forschungen zu beweisen. Zum anderen verschafft er ihm neue Motivation für weitere Forschungen durch die Nachricht vom nahenden Papsttod und der wahrscheinlichen Wahl Barberinis zum Nachfolger. In der Auseinandersetzung mit seinem Gesellschafts- und Menschenbild bringt er Galilei schließlich dazu, sich für die Interessen der Bauern und damit für eine soziale Nutzbarmachung seiner Forschung einzusetzen (vgl. z. B. S. 91: „Ja, ich könnte seine Bauern aufstören, neue Gedanken zu denken."). Ludovico verkörpert als Gutsherr die obere Gesellschaftsschicht, die neben der Kirche der zweite einflussreiche Gegenspieler Galileis ist. Mit dem adligen Ludovico als weltlichem „Vertreter des alten Weltbildes" wird ein Gegenbild zu den bürgerlichen Freunden Galileis – Sagredo, Federzoni, Vanni – gezeichnet.

Der Blick auf den Text: Die Szenenanalyse

Eine Szene analysieren – Tipps und Techniken

Für die Analyse (Beschreibung und Deutung) von Einzelszenen des Dramas stehen grundsätzlich zwei verschiedene Methoden zur Auswahl: die Linearanalyse und die aspektgeleitete Analyse.

In der **Linearanalyse** werden die einzelnen Abschnitte der Textgrundlage der Aufgabe systematisch analysiert, das heißt ihrer Reihenfolge nach. Dies führt in der Regel zu genauen und detaillierten Ergebnissen. Allerdings besteht dabei die Gefahr, dass zu kleinschrittig gearbeitet wird und die übergeordneten Deutungsaspekte aus dem Blick geraten.

In der **aspektgeleiteten Analyse** werden diese Deutungsschwerpunkte von vornherein festgelegt. Daraus ergibt sich in der Regel eine sehr problemorientierte und zielgerichtete Vorgehensweise. Dabei werden jedoch die Deutungsaspekte, die nicht im Fokus des Interesses stehen, vernachlässigt.

Aufbauschema:

1. Einleitung:
- Basissatz: Autor; Titel; Textsorte; Erscheinungsjahr des Werkes, aus dem der Text stammt
- Ort, Zeit und Figuren der Szene
- kurze Inhaltsangabe

2. Einordnung der Szene in das Drama:
Was geschieht vorher, was nachher?

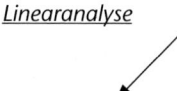

Linearanalyse   *aspektgeleitete Analyse*

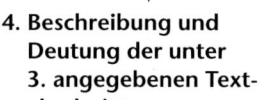

3. Aufbau der Szene:
- Auflistung der Textabschnitte/ Textgliederung

3. Untersuchungsschwerpunkte:
- Auflistung der ausgewählten Untersuchungsaspekte

4. Beschreibung und Deutung der unter 3. angegebenen Textabschnitte:
- Aussagen zum Inhalt des Abschnitts
- Aussagen zur Deutung, Einbetten in den Zusammenhang des Dramas
- Einbezug der sprachlichen Gestaltung

4. Beschreibung und Deutung der unter 3. angegebenen Aspekte:
- Benennen des jeweiligen Aspekts
- Aussagen zur Deutung, Einbetten in den Zusammenhang des Dramas
- Einbezug der sprachlichen Gestaltung

5. Schluss:
- Zusammenfassung der Ergebnisse
- Einordnung in einen größeren Deutungszusammenhang
- Bewertung

Zu den beiden Analysemethoden wird im Folgenden je eine mögliche, ausführliche Lösung präsentiert.

Übungsvorschlag:
Erstellen Sie zuerst jeweils eine eigene Lösung und vergleichen Sie sie dann mit den unten angeführten Vorschlägen. Überprüfen Sie: An welchen Stellen erscheint Ihnen Ihre eigene Lösung schlüssiger? Welche zusätzlichen Anregungen und Einsichten können Sie den Beispieltexten entnehmen?

Beispiel einer linearen Textanalyse

Auszug aus Bild 14: Der Zweck heiligt die Mittel – Andrea entwirft ein positives Bild des Widerspruchs (S. 122 bis S. 124)

Aufgabe: Analysieren Sie den Ihnen vorliegenden Textauszug aus Bild 14 unter inhaltlichen und sprachlichen Gesichtspunkten.

Der Auszug stammt aus der 1955/56 vollendeten dritten Fassung des Dramas „Leben des Galilei" von Bertolt Brecht. In diesem Werk wird am Beispiel der Figur Galilei die moralische Verantwortung des Wissenschaftlers für seine Forschung thematisiert sowie Kritik an den die Menschen unterdrückenden Ideologien geübt.

Einleitung mit knapper Inhaltsangabe der Szene

Im zu analysierenden Ausschnitt aus dem 14. Bild trifft der Wissenschaftler Galilei – einige Jahre nach dem durch die Inquisition erzwungenen Widerruf seiner bahnbrechenden wissenschaftlichen Erkenntnisse zum Weltbild – in seinem Landhaus in der Nähe von Florenz auf seinen „Ziehsohn" und ehemaligen Schüler Andrea. In ihrem Dialog offenbaren beide ihre unterschiedliche Einschätzung des Widerrufs und behandeln implizit die Frage, ob Galilei mit seinem Widerruf richtig, nämlich zum Wohle der Wissenschaft, gehandelt hat oder nicht.

Andrea deutet Galileis Widerruf zu einer absichtsvollen Tat um, die darauf abgezielt habe, die Wahrheit zu retten. Ausführlich begründet er diese neue Sicht mit vergleichbaren, moralisch fragwürdigen Verhaltensweisen Galileis in anderen Situationen, die nun ebenfalls positiv umgedeutet werden. Insgesamt unterstellt er Galilei ein planvolles Handeln zum Wohle der Wissenschaft. Galilei lässt ihn zunächst sprechen und verhält sich bis auf kurze Nachfragen passiv. Er entlarvt aber anschließend das Konstrukt Andreas als unwahr, indem er als Ursache für den Widerruf seine Angst vor Schmerzen angibt. Anschließend stellt er sich selbst als Verräter an der Wissenschaft dar.

Einordnung der Szene in das Drama

Die Szene folgt der Widerrufsszene. Galilei, der seit dem einige Jahre zurückliegenden Widerruf unter Hausarrest und Überwachung steht, gibt vor, geläutert zu sein, forscht aber heimlich weiter. Die Forschergemeinschaft, deren Kopf Galilei gewesen ist und der auch Andrea Sarti, der Sohn seiner Haushälterin, angehört hat, ist zerbrochen. Auch europaweit hat sein Widerruf negative Konsequenzen für die Entwicklung der Wissenschaft gehabt.

Der „Ziehsohn" Andrea hat sich zum erbitterten Gegner des Widerrufs und damit Galileis entwickelt. Er ist im Begriff, zu weiteren Forschungen ins freiheitliche Holland aufzubrechen, und soll Erkundigungen über Galilei einholen. Beide treten sich nach vielen Jahren ohne Kontakt zunächst sehr reserviert gegenüber. Das Gesprächsverhalten der Männer ändert sich erst, als die Galilei überwachenden Personen, Virginia und ein Mönch, das Zimmer verlassen und Galilei gesteht, seine Forschungen heimlich beendet zu haben. Er händigt Andrea eine Abschrift des Werkes „Discorsi" aus, die dieser begeistert aufnimmt. Sie führt zu einer nun positiven Auslegung des Widerrufs und des Charakters Galileis. Die Schrift bildet also den unmittelbaren Anlass für den folgenden informellen, vertrauten Dialog.

Im Anschluss an den Textauszug folgt Galileis großer Monolog über die moralische Verantwortung des Wissenschaftlers, der er selbst nicht gerecht geworden ist. Er weist sich die Rolle eines Versagers zu. Als Galileis Tochter Virginia den Raum betritt, kehrt Galilei schließlich der Wissenschaft scheinbar den Rücken und wendet sich dem sinnlichen Leben zu. Er isst. Dennoch deutet der Schluss des Bildes weitere heimliche Forschungen Galileis an.

Die Szene lässt sich in vier Teile gliedern. Zunächst deutet Andrea den Widerruf um und begründet seine Sicht, bevor Galilei diese wieder dekonstruiert und sich selbst anklagt.

Aufbau der Szene

Der Textauszug beginnt mit der verstärkend wirkenden Repetitio „Dies ändert alles. Alles!" (S. 122). Andrea sieht aufgrund Galileis fortgesetzter Forschung nicht nur positive Konsequenzen für die Wissenschaft, die Physik (vgl. S. 122: „Das wird eine neue Physik begründen."), sondern auch für sein Verhältnis zu Galilei und dessen Stellung in der wissenschaftlichen Welt.

Deutung
1. Abschnitt: Entlastung Galileis mittels Umdeutung des Widerrufs

Galilei erwidert mit einer kritische Nachfrage: „Ja?" (S. 122), die zum einen seinen Zweifel an dieser großen Veränderung ausdrückt, Andrea zum anderen aber auch zur Erklärung dieser radikalen Änderung bewegen soll.

Andrea nimmt diese Frage auf und legt seine neue positive Sicht auf Galilei und dessen Handeln dar, indem er beginnt, einen Plan hinter Galileis Widerruf zu konstruieren. Dass Galilei nun geradezu als Übermensch gezeichnet wird („[a]uch [...] um Jahrhunderte voraus", S. 122), zeigt erneut Andreas wiedergewonnene Bewunderung für seinen Lehrer. Dessen Widerruf wird von Andrea als ein Verstecken der Wahrheit umgedeutet (vgl. S. 122).

Galilei nimmt die wiedererlangte Lehrerrolle sogleich an und versetzt den erwachsenen Andrea zurück in die unterlegene Schülerposition mit seinem Appell im Imperativ „Erläutere das, Andrea" (S. 122), agiert ansonsten aber zunächst noch sehr zurückhaltend und abwartend.

Andrea gehorcht auch sofort. Er zeichnet den Ablauf der Widerrufssituation nach, indem er im Präteritum Galilei und dessen ehemalige Schülergemeinde sprechen lässt, die er mit der breiten Masse gleichsetzt („[m]it dem Mann auf der Straße", S. 122). Im letzten Satz schließlich erfolgt ein Tempuswechsel ins Präsens, was die Gültigkeit der umgedeuteten Widerrufsszene unterstreicht („Ihre Hände sind befleckt, sagten wir. – Sie sagen: Besser befleckt als leer.", S. 122). Der Chiasmus zeigt hier auch sprachlich die Antithetik der Umdeutung des Widerrufs durch Andrea vom Negativen ins Positive. Der Widerruf wird – metaphorisch verhüllt – nur noch als das kleinere Übel der Wahl zwischen Tod und Verneinung der Forschungsergebnisse angesehen, der das Weiterforschen ermöglichte: „Besser befleckt als leer." (S. 122) Dieser Satz wird Galilei in den Mund gelegt. Er nimmt ihn in seiner Erwiderung tatsächlich auf. Mit der Aufzählung und wiederholenden Verwendung des Adjektivs „neu" in „Neue Wissenschaft, neue Ethik" (S. 122) wird die Frage nach der Verantwortung des Wissenschaftlers für seine Forschungen vorbereitet, die Galilei im weiteren Gesprächsverlauf aus seiner Sicht erläutern wird.

2. Abschnitt:
Andreas
Begründung
seiner neuen
Sicht

Andrea baut die Reinwaschung Galileis weiter aus. Im Schnelldurchlauf werden alle kritisch zu betrachtenden Ereignisse und Charakterzüge Galileis, die im Dramenverlauf zum Tragen kamen, von Andrea in einen positiven Dienst an der Wissenschaft umgeformt bzw. feiern Galilei als großen Problemlöser (Betrug mit dem Fernrohr, Dienst beim Herzog von Florenz, Ablehnung des Heldentums, Ausweichen vor Hindernissen). Die Anapher „Ich" (S. 122) sowie das Zitieren von Zitaten, die für Galilei typisch sind, unterstreichen dabei seine Kenntnis dieses Mannes und ihre frühere vertrauensvolle Beziehung. Die parataktische Reihung der Zitate erhöht das Tempo des Redebeitrags und kennzeichnet Andreas Begeisterung und Enthusiasmus.

Galilei hingegen bleibt kurz angebunden. Er widerspricht Andrea noch nicht und erwidert lediglich: „Ich entsinne mich." (S. 123) Die Freisprechung durch Andrea erreicht ihren Höhepunkt mit der Entschuldigung und Erklärung des Widerrufs, über den es schließlich zum Bruch zwischen ihm und Galilei gekommen war. Galileis Verneinung seiner wissenschaftlichen Erkenntnisse wird zum Rückzug aus einer „hoffnungslosen politischen Schlägerei" zugunsten des „eigentliche[n] Geschäft[s] der Wissenschaft". Damit relativiert Andrea die Tragweite des Widerrufs („ein[...] volkstümliche[r] Punkt Ihrer Lehren") und verharmlost auch sein Wesen (S. 123).

Hier hakt Galilei ein und fragt erneut in Lehrermanier danach, was dieses „Geschäft" denn sei (S. 123). Den unvollständigen Satz soll Andrea beenden, was dieser auch tut, indem er auf die Inhalte des Werkes „Discorsi" eingeht, womit er gleichzeitig einen Verweis auf dessen Sprengkraft für die Kirche gibt (vgl. S. 123).

Aufgrund Galileis jüngster, unter strenger Bewachung fertiggestellter Schrift steigert sich Andreas Glorifizierung Galileis: „ein wissenschaftliches Werk [...], das nur Sie schreiben konnten" (S. 123). Die Verherrlichung findet ihren Höhepunkt schließlich darin, dass Andrea Galilei mit einem Heiligen vergleicht, in ihm gleichsam einen Märtyrer der Wissenschaft gesehen hätte, wenn er nicht widerrufen hätte, sondern verbrannt worden wäre. Der Widerruf wird damit entschuldigt, dass „die andern die Sieger gewesen" (S. 123) wären, wenn das geschehen wäre.

An dieser Stelle setzt sich Galilei zur Wehr. Das Gespräch wendet sich. Galilei beendet Andreas Konstrukt eines Planes zum Wohle der Wissenschaft und die Rechtfertigung seines Widerrufs, indem er unmissverständlich klarstellt: „Sie sind die Sieger. Und es gibt kein wissenschaftliches Werk, das nur ein Mann schreiben kann." (S. 123)

3. Abschnitt: Dekonstruktion der Rechtfertigung des Widerrufs

Andrea ist schockiert. Sein Enthusiasmus bricht jäh zusammen und er stellt die Frage, die ihn, der Galilei zuvor jahrelang verurteilt hatte, wohl am stärksten bewegt hat: „Warum dann haben Sie widerrufen?" (S. 123)

Galilei antwortet wahrheitsgemäß. Seine sinnliche Seite gewann die Übermacht über den Wissenschaftler. Die Angst vor Schmerz im Angesicht der Folterinstrumente der Inquisition war größer als der wissenschaftliche Idealismus. Das von Andrea aufgebaute positive Bild des Galilei fällt damit in sich zusammen. Sein Ausruf „Nein!" zeigt den Schock, den diese Enthüllung auslöst (S. 123). Ungläubig fragt der geschockte Andrea noch einmal: „So war es kein Plan?" (S. 123) Der Nebentext „*Pause*" (S. 124) zeigt die Sprachlosigkeit Andreas, der sich erst sammeln muss, bevor er auf diese Wahrheit reagieren kann.

Seine dann folgende Reaktion ist trotzig und entschlossen (vgl. Regieanweisung: „*laut*"). Er sieht keine menschlichen oder moralisch-ethischen Aspekte auf dem Gebiet der Wissenschaft als Kriterien greifen und offenbart sich als Vertreter einer Einstellung getreu dem Motto „Der Zweck heiligt die Mittel", denn für ihn gilt: „Die Wissenschaft kennt nur ein Gebot: den wissenschaftlichen Beitrag." (S. 124)

4. Abschnitt:
Selbstanklage
Galileis als
Wissenschaftler

Galilei kontert dieses Aufbegehren Andreas prompt und weist ihn damit in seine Schranken. Er beginnt mit seiner Selbstanklage als Wissenschaftler: „Willkommen in der Gosse, Bruder in der Wissenschaft und Vetter im Verrat!", ruft er aus, wobei besonders die Alliteration prägnant ist (S. 124), da er hier Andrea miteinbezieht. Die folgende metaphorische Verwendung von „Fisch" für die Wissenschaft treibt die Verquickung der beiden Seiten der Figur Galilei auf die Spitze (sinnlicher Mensch, wissbegieriger Wissenschaftler). Die Wissenschaft wird nun als Ware bzw. Lebensmittel dargestellt, das gekauft und konsumiert werden kann. Der Wissenschaftler wird damit zum Händler, der in den Augen Galileis schmutzige Geschäfte mit seiner

Ware „Wissenschaft" machen kann (vgl. S. 124). Galilei sieht sich also selbstkritisch als jemand, der mit der Ware Wissenschaft moralisch anstößig umgegangen ist.

„Ich verkaufe aus, du bist ein Käufer." (S. 124) Durch diesen Ausspruch wird Andrea als Schüler Galileis zum Käufer der Ware „Wissenschaft" gemacht, also zu demjenigen, der durch Galilei in gleicher Weise der Wissenschaft verfallen ist, ohne moralisches Verantwortungsbewusstsein entwickelt zu haben. Dies erklärt sich aus den nachfolgenden Ausführungen. Die Wissenschaft wird einer Droge gleich dargestellt, die dem Wissenschaftler das Wasser im Munde zusammenlaufen und Gegenwehr verstummen lässt („die Flüche ersaufen") und deren Anblick unwiderstehlich ist (vgl. S. 124). Galilei stellt die Wissenschaft als weiblich dar und nutzt eine sexuelle Anspielung (sie „öffnet die Schenkel", S. 124) zum Zwecke der Aufnahme der Wortwahl Andreas („und alles ist anders!", S. 124; vgl. S. 122), um so angesichts neuer wissenschaftlicher Erkenntnisse die Blindheit des Wissenschaftlers für deren Folgen bildhaft darzustellen. Die Verwendung sexueller Metaphorik rückt dabei das wissenschaftliche Handeln in den Bereich der Triebhaftigkeit.

Der Schlusssatz „Geheiliget sei unsre schachernde, weißwaschende, todfürchtende Gemeinschaft!" (S. 124) fasst die Kritik Galileis an den Wissenschaftlern noch einmal zusammen, indem Elemente seiner selbst und Andreas verarbeitet werden: schachernd (Galilei: Fernrohr, eigener Vorteil), weißwaschend (Andreas entschuldigende Versuche hinsichtlich der Verfehlungen des Galilei), todfürchtend (Galileis mangelnde Standhaftigkeit angesichts der Folterinstrumente). Galilei nutzt die Ironie, um seine Ablehnung des Gebotes der reinen Wissenschaft auszudrücken („Geheiliget sei" ist als „verflucht sei" zu verstehen).

Andrea greift den letzten Punkt auf, um seine Sicht auf die Wissenschaft zu verteidigen: „Todesfurcht ist menschlich!

Menschliche Schwächen gehen die Wissenschaft nichts an." (S. 124) Er versucht also, das Gebot des wissenschaftlichen Beitrags zu verteidigen.

Galileis Replik darauf zeugt vom deutlichen Überlegenheitsgefühl gegenüber seinem Schüler. Der Ausruf „Nein!" (S. 124) beinhaltet nicht nur die Ablehnung von Andreas Standpunkt, sondern gleichzeitig auch die Aufforderung an Andrea, darüber noch einmal nachzudenken.

Galilei hat zum Ende des Textauszugs Andrea also dahin gebracht, sich seine kritischen Äußerungen anzuhören, da er sich in eine überlegene Position manövriert hat. Dass Andrea dem nichts entgegenzusetzen weiß, macht auch die _„kleine Pause"_ (Nebentext) deutlich, die eine Erwiderung Andreas, die ausfällt, ersetzt (S. 124).

Schluss:
Zusammen-
fassung und
Funktion des
Textauszugs

Es lässt sich festhalten, dass Andrea ein begeisterter Anhänger der Wissenschaft ist. Galileis Widerruf wird angesichts der Schrift „Discorsi" nahezu vergessen bzw. durch sie gerechtfertigt. Galilei hingegen lehnt diese Rechtfertigung ab. Seine Sicht auf die Wissenschaft und den Wissenschaftler ist sehr kritisch geworden, denn er nimmt die Wissenschaft als eine gefährliche Ware wahr, weil sie in die falschen Hände verkauft werden kann. Deshalb lehnt er Andreas „Gebot der Wissenschaft" ab.

Der Textauszug hat mehrere Funktionen. Er zeichnet Andrea als einen Schüler Galileis aus dessen Zeit vor dem Widerruf, in der sich Galilei vollständig und unerbittlich der Wissenschaft verschrieben hatte, ohne Rücksicht auf mögliche negative Konsequenzen seiner Forschungen zu nehmen. Genau diese Haltung hat Andrea übernommen.

Galilei wird als noch immer anerkannte Autoritätsperson dargestellt, deren Forscherdrang ungebrochen ist. Er dekonstruiert sich aber selbst als Held. Der Widerruf des Galilei wird so durch diesen Textauszug nicht gerechtfertigt, sondern bleibt als Makel und Vergehen bestehen. Auf diese Weise wird die Verantwortlichkeit des Wissenschaftlers für sein Tun im Folgenden stärker in den Fokus gerückt. Der Auszug aus Bild 14 bereitet so die Rede Galileis vor, in der er Andrea die moralische Verantwortung des Wissenschaftlers für seine Forschungen und für die Gefahren der Wissenschaft darlegt. Diese Rede bildet den Kern des Dramas. Es bleibt schließlich noch zu erwähnen, dass die Übergabe der Schrift „Discorsi" an Andrea deren Ausführung aus Italien zur Folge hat. Die Forschungen Galileis werden so dem Zugriff der kirchlichen Obrigkeit entzogen und der europäischen Öffentlichkeit zugänglich gemacht.

Beispiel einer aspektgeleiteten Textanalyse

Auszug aus Bild 6: Auftritt des sehr alten Kardinals als Sinnbild für die Situation der alten Kirche (S. 61 bis S. 63)

Aufgabe: Analysieren Sie den vorliegenden Textauszug aus Bild 6 im Hinblick auf die Figurengestaltung des sehr alten Kardinals, indem Sie seinen Standpunkt, seine Rhetorik sowie seine körperliche Verfassung untersuchen.

Der Auszug stammt aus der 1955/56 vollendeten dritten Fassung des Dramas „Leben des Galilei" von Bertolt Brecht. In diesem Werk wird am Beispiel des Wissenschaftlers der Kampf des Menschen gegen ihn unterdrückende Ideologien thematisiert, indem die Hauptfigur Galilei gegen die Lehre der Kirche für die Akzeptanz des kopernikanischen Weltbildes eintritt.

Einleitung mit knapper Inhaltsangabe der Szene

Das sechste Bild behandelt am Beispiel des sehr alten Kardinals die Haltung der Kirche zu Galileis Forschung. Der Kardinal wartet 1616 im Collegium Romanum, dem Forschungsinstitut des Vatikans, neben anderen hohen geistlichen Würdenträgern und ihm untergeordneten Kirchenvertretern, etwa einem dicken Prälaten und einem Mönch, auf das Untersuchungsergebnis Clavius' zu Galileis Forschungsergebnissen. Galilei ist ebenfalls anwesend.

Der gewählte Textauszug beleuchtet die Position des sehr alten Kardinals. Die Empörung darüber, dass sich die Untersuchung der Clavius-Kommission so lange hinzieht, bildet den Anlass für diesen spontanen, sich in seiner Expressionskraft steigernden Monolog. Darin führt der Kardinal aus, dass er den Menschen als den Gipfel der göttlichen Schöpfung ansieht. Dieser Stellenwert werde in Galileis Weltbild nicht gewürdigt, weshalb dieser sich als Feind des Menschen erwiesen habe (S. 61). Als der Kardinal darauf hingewiesen wird, dass Galilei selbst anwesend ist, wendet er sich an diesen, indem er ihm droht und die erhabene Position des Menschen im ptolemäischen Weltbild an sich selbst zu demonstrieren sucht (S. 61 f.). Schließlich bricht er zusammen, sodass er Clavius' Untersuchungsergebnis nicht mehr hört (S. 62).

Einordnung der Szene in das Drama

In den vorangegangenen Szenen konnte Galilei, nachdem ihm in Padua eine neue Erfindung – das Fernrohr – zugänglich gemacht wurde, durch die Entdeckung von Jupitermonden das ptolemäische Weltbild widerlegen. Dies stößt in der Kirche und beim Adel auf Gegenwehr, weil diese ihr Weltbild und ihre Autorität bedroht sehen. Der päpstliche Hauptastronom Christopher Clavius soll Galileis Behauptungen vom wissenschaftlichen Standpunkt her beurteilen, worauf einige Geistliche und Galilei im Saal des Collegium Romanum nun warten. Die anwesenden Kirchenvertreter machen sich während der Wartezeit über Galilei und seine Erkenntnisse lustig oder beschimpfen ihn. Er lässt sich davon aber nicht beeindrucken. Das Bild endet mit dem Ergebnis von Clavius' Untersuchung: Er bestätigt Galileis Forschungen. Dieses Resultat macht Galilei weithin berühmt, ruft aber auch hohe kirchliche Würdenträger auf den Plan, die durch Galileis Forschungen beunruhigt werden, und führt ihn schließlich sogar der Inquisition zu.

Um die Figurendarstellung des sehr alten Kardinals zu analysieren, wird im Folgenden auf seinen Standpunkt, die Art,
wie er ihn sprachlich vorträgt, ihr Gesprächsverhalten und
die körperliche Verfassung der Figur eingegangen.

Untersuchungs-
aspekte

Als überzeugter Vertreter des alten Weltbildes steht für ihn
der Ausgang der Beratung bereits fest (S. 61: „Können sie
mit dieser Kleinigkeit wirklich nicht schneller fertig werden?"). Besonderes Missfallen hat bei ihm die Rolle des Menschen im verhandelten neuen Weltbild hervorgerufen. Dass
der Mensch der Mittelpunkt der Erde sei, „die Krone der
Schöpfung" (S. 61), sei seiner Meinung nach eine anerkannte Wahrheit. Er glorifiziert den Menschen zum „Wunderwerk" (S. 61). Seine Argumentationsbasis bildet die Schöpfungsgeschichte. Laut dieser habe Gott den Menschen nach
seinem Ebenbild geschaffen (vgl. S. 62). Demzufolge wider-
spreche es dem göttlichen Willen, dem Menschen eine
Randposition im Weltall zuzuschreiben (vgl. S. 61, ebenso
S. 62). Hier wird die Verbindung von Schöpfungsgeschichte
und ptolemäischem Weltbild deutlich. Der Mensch befindet
sich danach auf der Erde im Mittelpunkt des Weltalls. Diese
Erde wird von Fixsternen und der Sonne umkreist (vgl.
S. 62).

Deutung
1. Der Stand-
punkt des sehr
alten Kardinals

Die Repräsentanz der Machtinstitution Kirche im Allgemeinen sowie seine Stellung als Kardinal im Besonderen werden im rhetorischen Auftreten der Figur eindrucksvoll
deutlich. So verwendet er seine Sprache, um seinen Gegner anzugreifen und ihm zu drohen. Da Galilei die Gegen-
meinung vertritt, ist er in den Augen des Kardinals ein
„Feind des Menschengeschlechts". Aus diesem Bild ergibt
sich eine erste Drohung: „Als solcher muß er behandelt
werden." (S. 61) Nach einem Hinweis, dass Galilei anwesend sei, droht er diesem durch einen Vergleich mit dem
durch die Inquisition verbrannten Giordano Bruno noch
ein zweites Mal. Dabei setzt er dem Einzelnen (Bruno) die
Wir-Gruppe der Kirche gegenüber (vgl. S. 62).

2. Die Rhetorik
des sehr alten
Kardinals

Indem Galileis Aussagen mittels rhetorischer Fragen in Zweifel gezogen bzw. ad absurdum geführt werden (vgl. S. 61 f.), nutzt der Kirchenvertreter eine weitere rhetorische Strategie, um den Feind verbal zu denunzieren. Die eigene Position wird hingegen durch Ausrufe gestärkt (vgl. S. 61 f.). Letztlich benutzt der Kardinal hauptsächlich indirekte Argumente, d. h., er entkräftet vornehmlich die Gegenposition.

Sehr prägnant wird auch sprachlich zwischen Vertretern der alten Welt und ihren modernen Gegenspielern bzw. deren Theorie unterschieden. So wertet der Kardinal das kopernikanische Weltbild zur Lappalie ab (vgl. S. 61: „Kleinigkeit") oder beleidigt die Vertreter des neuen Weltbildes und ihre Anhänger: „Wie kann es Leute geben, so pervers, daß sie diesen Sklaven ihrer Rechentafeln Glauben schenken!" (S. 61) Eine sprachliche Distanzierung von ihnen erreicht er auch über die Verwendung von Demonstrativpronomina (S. 61: „dieser Herr Galilei", „diesen Sklaven"; S. 62: „diesem Menschen"). Dem entgegengesetzt wird das Herausstellen der eigenen Position und Stellung besonders in der massiven Verwendung von Personal- und Possessivpronomina in der 1. Person Singular (vgl. S. 62).

3. Die körperliche Verfassung des sehr alten Kardinals

Auch die körperliche Verfassung der Figur unterstreicht ihre klare Zugehörigkeit zur alten Welt.

Am Anfang des Bildes wird der sehr alte Kardinal von einem Mönch gestützt (vgl. S. 61). Er kann sich folglich nicht mehr selbst auf den Beinen halten. Ebenso lassen seine Augen Mangelerscheinungen aufgrund des fortgeschrittenen Alters deutlich werden (vgl. S. 62). Insofern steht die körperliche Verfassung metaphorisch für den Zustand des alten Weltbildes: Es ist haltlos und verbraucht.

Ein letztes körperliches Aufbäumen während seines Monologs – der Kardinal schüttelt den Mönch ab, stößt ihn sogar hochmütig zurück und „*beginnt stolz auf und ab zu schreiten*" (S. 62) – kann in dieser Lesart als letzte fast hilflose

Reaktion der Kirche auf die Thesen Galileis gesehen werden. Das Zusammensinken des Kirchenvertreters am Ende (vgl. S. 62) zwingt ihn aber, seinen Monolog zu beenden, und verweist auf die Brüchigkeit der hier dargebotenen Argumentation, kann insofern als Vorausdeutung auf das Ende des alten Weltbildes gelesen werden, dessen „Lebenszeit" ebenso fast abgelaufen ist. Die egozentrische Selbstinszenierung des Kardinals und dessen körperlicher Zusammenbruch bilden einen deutlichen Kontrast. Clavius' wortkarge Bestätigung des neuen Weltbildes bekommt er aufgrund seines Schwächeanfalls bereits nicht mehr mit. In ihrer Verstörung und wahrscheinlich auch aus Angst vor seiner Reaktion teilen die anderen geistlichen Anwesenden dem sehr alten Kardinal das Ergebnis nicht mit.

In diesem Textauszug wird die starke Abneigung des sehr alten Kardinals gegenüber Galilei und dem von ihm vertretenen Weltbild offensichtlich. Der Kardinal steht für die Kirche, die Welt der Macht, deren Anspruch, über allem zu stehen, durch Gesten wie das Wegstoßen des Mönchs und das „Stolzieren" widergespiegelt wird. Gleichzeitig wird aber auch der Zusammenbruch der kirchlichen Macht durch den Zusammenbruch des Kardinals verdeutlicht. Im Gesprächsverlauf wird vor allem sichtbar, dass der Kardinal Galilei für einen Ketzer hält und ihn als einen Feind des Menschen ansieht. Rhetorisch wird das besonders durch Drohungen, die Verwendung rhetorischer Fragen und diverse Beleidigungen ausgedrückt.

Schluss: Zusammenfassung und Funktion des Textauszugs

Funktional gesehen nährt die Szene die Hoffnung des Zuschauers auf den Sieg der Wissenschaft, da Galilei für einen Moment recht bekommt, bevor die Kirche sich wieder „aufbäumt" und ihn zum Widerruf zwingt. Das Verhalten des sehr alten Kardinals veranschaulicht die engstirnige, herablassende und aggressive Einstellung der Obrigkeit. Seine Haltung wird sich gegen diejenige der aufgeklärteren Kirchenvertreter wie Clavius oder auch Barberini und Bellarmin letztlich durchsetzen. Allerdings unterscheidet er sich von Barberini und Bellarmin, da er das, was er behauptet, auch tatsächlich zu glauben scheint, während Barberini und Bellarmin aus Machtkalkül die Position der alten Welt vertreten, obwohl sie die wissenschaftlichen Zusammenhänge durchschauen. Damit trägt die Szene auch zur Konfliktsteigerung bei.

Der Blick auf die Prüfung: Themenfelder

Dieses Kapitel dient zur unmittelbaren Vorbereitung auf die Prüfung: Schulaufgabe bzw. Klausur oder schriftliche bzw. mündliche Abiturprüfung. Die wichtigsten Themenfelder werden in einer übersichtlichen grafischen Form dargeboten. Außerdem verweist eine kommentierte Liste mit Internetadressen (S. 203) auf mögliche Quellen für Zusatzinformationen im Netz.

Die schematischen Übersichten können dazu genutzt werden,
- die wesentlichen Deutungsaspekte des Stückes kurz vor der Prüfungssituation im Überblick zu wiederholen,
- die Kerngedanken des Dramas noch einmal selbstständig zu durchdenken und
- mögliche Verständnislücken nachzuarbeiten.

Zum Verständnis der Schemata ist die Kenntnis der vorangegangenen Kapitel unerlässlich. Die folgende Schwerpunktsetzung beruht auf Erfahrungen aus jahrelanger Prüfungspraxis. Die Übersicht III (Vergleichsmöglichkeiten mit anderen literarischen Werken) soll als Anregung dienen, um den eigenen Lektürekanon auf möglicherweise interessante Vergleichspunkte hin abzuklopfen.

Übersicht I: Der Grundkonflikt zwischen alter und neuer Zeit

	Der Grundkonflikt zeigt sich ….	
kopernikanisches Weltbild: Galilei, Andrea, Sagredo, Federzoni, der kleine Mönch	**im vertretenen Weltbild und deren Vertretern**	ptolemäisches Weltbild: Kirche, Hofgelehrte, landbesitzender Adel
Verlust der Mittelpunktstellung, Leben auf einem Planeten von vielen	**hinsichtlich der Ansicht zur Position des Menschen im Weltall**	Mensch als „Krone der Schöpfung" im Mittelpunkt des Weltalls
Zweifel und Kritik an überlieferten Vorstellungen; Vernunftbegabung; Aktivität; Wissbegierde und Forscherdrang; auch bildungsferne Schichten beteiligen	**im Menschenbild**	Glaube an das Tradierte; Aberglaube; emotionales und unüberlegtes Handeln (Sagredo, Bild 3); Passivität
Zweifel an der Autorität der Kirche und deren Alleinanspruch auf richtige Bibelauslegung	**in der Rolle der Kirche**	uneingeschränkter Machtanspruch; Religion als Sinnstifter für menschliches Elend; Einfluss der Kirche auf weltliche Herrscher
Hinterfragen der vorgegebenen gesellschaftlichen Verhältnisse	**im Aufbau der Gesellschaft**	konservativ-feudale Gesellschaftsordnung mit landbesitzendem Adel an der Spitze; Volk soll in Unkenntnis gehalten werden (z. B. Latein als Sprache), um Machtposition und Ausbeutungsmöglichkeit zu sichern
Verbesserung der sozialen Situation mittels neuer Erfindungen (z. B. Verbesserung der Produktionsverhältnisse, Bild 1); Wachrütteln des Volkes, um als unveränderbar erscheinende Dinge zu hinterfragen	**in der sozialen Situation des Volkes**	Elend breiter Bevölkerungskreise, v. a. der Campagnabauern; unreflektierte Akzeptanz gegebener gesellschaftlicher Verhältnisse, die auf dem ptolemäischen Weltbild basieren

Verantwortung für die Durchsetzung der Wahrheit/Aufklärungswille; soziale Verantwortung gegenüber dem Volk (Erfindungen, die das Leben erleichtern; Befähigung der Menschen zum kritischen Denken ausbilden)	**in der Rolle des Wissenschaftlers**	Helfer der Kirche bei der Aufrechterhaltung der Glaubenslehre
genaue Beobachtung (Empirie), z. B. mittels Fernrohr; Aufstellen von Hypothesen und Sammeln von Beweisen; Experimentieren; Überprüfung von überlieferten Autoritäten	**beim methodischen Vorgehen (v. a. Bild 4)**	Übernahme der Lehrmeinung von Autoritäten, v. a. Aristoteles, und Herleiten von Phänomenen in Übereinstimmung mit diesen, die sich auch im Einklang mit der Bibel befinden; formaler Disput anstelle praktischer Überprüfung neuer Erkenntnisse
Freiheit der Forschung und Lehre; Vermarktbarkeit für Wirtschaft und Handel: Prinzip von Angebot und Nachfrage bei der Entlohnung der Wissenschaftler	**im Umgang mit Forschungsergebnissen**	Vereinbarkeit mit vorhandenen Lehrmeinungen; Einhaltung der Glaubenslehre; Prüfungen im Collegium Romanum; (Publikations-)Verbote, Drohungen, Prozesse durch das päpstliche Inquisitionsgericht, Hinrichtungen (z. B. G. Bruno)
Umgangssprache, um auch Nichtakademiker zu beteiligen	**beim Gebrauch der Sprache (v. a. Bilder 4, 9)**	Latein als Sprache der Wissenschaft (→ Standesdünkel: Aufwertung der eigenen Person, Ausschluss weiter Bevölkerungskreise)
ab Bild 9 Anhänger Galileis	**in der Figur des kleinen Mönchs**	Befürwortung des Dekrets zum Verbot der kopernikanischen Lehre (Bild 8)
Barberinis wissenschaftsfreundliche Einstellung in den Bildern 7 und 12	**in der Figur Barberini**	Dekret zum Verbot der kopernikanischen Lehre; als Papst Urban VIII. erlaubt er Galileis Verhör durch die Inquisition

Übersicht II: Elemente des epischen Theaters im Stück „Leben des Galilei"

Ziel:

- Distanzierung von der Figur Galilei statt Identifikation mit ihr durch Illusion; kritisch-reflexiver Blick des Zuschauers
- Handlungsbefähigung des Zuschauers: Durch kritische Distanz und Reflexion gewinnt der Zuschauer die Fähigkeit zur politischen Aktion.
- Handlungsbefähigung des Zuschauers: Ideologien durchschauen (gesamtes Drama – altes Weltbild als Machtgrundlage von Kirche und Adel; Masken der Kardinäle in Bild 7) und sich dagegen wehren können
- Handlungsanreiz: Galilei hätte sich mehrfach anders entscheiden können. Veränderung der Gesellschaft ist durch menschliches Handeln möglich.

Verfremdungseffekte und epische Elemente:

- Historisierung: Rückversetzung in die frühe Neuzeit, genauer: in das frühe 17. Jahrhundert, andererseits ist Galilei anachronistisch seiner Zeit weit voraus (vgl. S. 125, S.127)
- kein Erzähler, aber Einfügung des Fastnachtslieds (Bild 10) und vieler Mono- und Dialoge (Rede Galileis, Bild 14) zur Reflexion der Geschehnisse → Kommentarfunktion
- direkte Ansprache der Zuschauer (vgl. Epigramm zu Bild 15, S. 128) → Durchbrechung der „Vierten Wand" zum Zuschauer
- Verfremdung der Hauptfigur durch ihre dialektische Anlage zur Vermeidung von Identifikation
- Die Titel der Bilder und die Epigramme geben einen Überblick über den Inhalt, lenken die Aufmerksamkeit vom „Was" auf das „Wie".
- Verlesung und Projektionen von Originaltextauszügen (Widerspruch S. 112; Auszug aus der Schrift „Discorsi" S. 114; Brief an Cosmo de Medici S. 39)

Aber: Elemente des klassischen Theaters:

- Galilei trägt, trotz aller dem entgegenwirkenden Versuche Brechts, Züge einer Heldenfigur mit Identifikationspotenzial.
- Verfremdungsmittel lassen sich aufgrund der Gebundenheit an den historischen Stoff nur begrenzt einsetzen.
- Der historische Stoff selbst erweckt für die Handlung den Eindruck der Geschlossenheit, trotz der epischen Reihung ist eine Ähnlichkeit zur pyramidalen Form des klassischen Dramas nicht von der Hand zu weisen.

Bauform:

- offene Form statt klassischer Geschlossenheit des Dramas; Prinzip der epischen Reihung: lose Szenenfolge in 15 Bildern (aber: siehe oben!)
- Aufhebung der klassischen Einheit von Ort, Zeit und Handlung, stattdessen Vielfalt der Figuren, Vielfalt der Schauplätze, langer Zeitraum
- Symmetrie und Dialektik im Drama „Leben des Galilei": Elemente beider Bauformen sind zu finden.

Übersicht III: Vergleichsmöglichkeiten mit anderen literarischen Werken

Brechts Drama „Leben des Galilei"

Figurenvergleiche, z. B.

- Galilei mit Möbius aus Dürrenmatts „Die Physiker", mit Kipphardts Oppenheimer, mit Goethes Faust, mit Walter Faber aus Frischs „Homo Faber"
- Frau Sarti mit anderen Bediensteten, z. B. Sophie aus Schillers „Kabale und Liebe", Arkas aus Goethes „Iphigenie auf Tauris", Waitwell, Norton, Betty und Hannah aus Lessings „Miss Sara Sampson"
- Andrea mit Wagner aus Goethes „Faust"

Brechts Dramenkonzeption im Vergleich, z. B.

- mit einem offenen Drama, z. B. Büchners „Woyzeck"
- mit einem geschlossenen Drama der Weimarer Klassik, z. B. Schillers „Wilhelm Tell"
- mit einem anderen Drama des epischen Theaters, z. B. Brechts „Mutter Courage und ihre Kinder"
- mit einem Drama des Naturalismus, z. B. Hauptmanns „Die Weber"

Motivvergleiche, z. B.

- die Verantwortung des Wissenschaftlers in Dürrenmatts „Die Physiker" oder Kipphardts „In der Sache J. Robert Oppenheimer"
- das Verhältnis zu Machthabern bzw. Herrschenden in Wolfs „Kassandra", in Kleists „Prinz Friedrich von Homburg" (Kurfürst Friedrich Wilhelm), in Büchners „Woyzeck" (Doktor, Hauptmann), in Schillers „Don Carlos" (Philipp II.), in Thomas Manns „Mario und der Zauberer" (Cipolla), in Kafkas „Vor dem Gesetz" (Türhüter)
- das Erkenntnisstreben in Goethes „Faust"
- die Einstellung zur Wahrheit in Goethes „Iphigenie auf Tauris"
- die Überwachung in Wolfs „Kassandra" oder Orwells „1984"
- die Erziehbarkeit des Menschen in Lessings „Nathan der Weise" und Büchners „Woyzeck"
- das Lehrer-Schüler-Verhältnis in Thomas Manns „Buddenbrooks" (Hanno), in Musils „Die Verwirrungen des Zöglings Törleß" (Törleß)
- die Vater-Tochter-Beziehung in Schillers „Kabale und Liebe" (Luise/Miller), in Lessings „Emilia Galotti" (Emilia/Odoardo Galotti)

Internetadressen

Unter diesen Adressen kann man sich zusätzlich informieren:

www.bildungsserver.de/Bertolt-Brecht-1898-1956--4203.
html
(eine umfangreiche Linkliste zum Autor, seinen Werken, Archiven und (Schul-)Projekten; guter Ausgangspunkt für eine Recherche)

www.ub.fu-berlin.de/service_neu/internetquellen/
fachinformation/germanistik/autoren/autorb/brecht.html
(umfangreiche Linkliste der Freien Universität Berlin zu Bertolt Brecht; u. a. Verweise auf Institutionen, wissenschaftliche Abhandlungen, Schulprojekte und aktuelle Literatur)

www.brechtsociety.org/
(englischsprachige Seite mit einer Bibliografie, Übersetzungen und umfangreicher internationaler Linkliste, auch zu den Mitarbeitern Brechts)

http://bildungsserver.hamburg.de/leben-des-galilei/
(Hintergrundinformationen und Schulmaterialien zum Drama „Leben des Galilei")

[Stand: 15.11.2013]

Literatur

Textausgabe:
Brecht, Bertolt: Leben des Galilei. Text und Kommentar, Frankfurt a. M. [74]2012 (= edition Suhrkamp)

Brecht, Bertolt: Gesammelte Werke, Frankfurt a. M. 1990

Brecht, Bertolt: Schriften zum Theater, Frankfurt a.M. 1957

Berg, Günter/Jeske, Wolfgang: Bertolt Brecht, Stuttgart/ Weimar 1998

Hecht, Werner (Hrsg.): Bertolt Brechts Arbeitsjournal, Bd. 2, Frankfurt a.M. 1974

Hecht, Werner (Hrsg.): Brechts Theorie des Theaters, Frankfurt a.M. 1986

Grimm, Roderich: Verfremdung in Bertolt Brechts „Leben des Galilei", Frankfurt a. M. 1987

Hallet, Wolfgang: Bertolt Brecht. Leben des Galilei, München 2000

Knopf, Jan: Brecht-Handbuch. 2 Bände, Stuttgart 1980/ 1984

Knopf, Jan: Bertolt Brecht, Stuttgart 2000

Knopf, Jan: Bertolt Brecht. Leben, Werk, Wirkung, Frankfurt a. M. 2006 (= Suhrkamp BasisBiografie 16)

Knust, Herbert: Bertolt Brecht. Leben des Galilei. Grundlagen und Gedanken zum Verständnis des Dramas, Frankfurt a. M. [5]1990

Kugli, Ana/Opitz, Michael (Hrsg.): Brecht-Lexikon, Stuttgart/Weimar 2006

Langemeyer, Peter: Bertolt Brecht. Leben des Galilei. Erläuterungen und Dokumente, Stuttgart 2001 (= Reclams Universal-Bibliothek Nr. 16020)

Müller, Klaus-Detlef: Bertolt Brecht. Epoche – Werk – Wirkung, München 2009

Schumacher, Ernst: Drama und Geschichte. Bertolt Brechts „Leben des Galilei" und andere Stücke, Berlin (Ost) 1968

Wyss, Monika (Hrsg.): Brecht in der Kritik, München 1977